U0925783

“十二五”国家重点图书出版规划——老龄问题研究与对策
国家应对人口老龄化战略研究

老年妇女问题研究

国家应对人口老龄化战略研究
老 年 妇 女 问 题 研 究 课 题 组　著

课题负责人：谭　琳

课题组成员：贾云竹　杨　慧
马　焱　史凯亮

华龄出版社

责任编辑：程　扬
责任校对：阎祯圆
责任印制：李未圻

图书在版编目（CIP）数据

老年妇女问题研究 / 国家应对人口老龄化战略研究老年妇女问题研究课题组著. -- 北京：华龄出版社，2014. 2
（老龄问题研究与对策：国家应对人口老龄化战略研究）
ISBN 978-7-5169-0311-7

Ⅰ. ①老… Ⅱ. ①国… Ⅲ. ①老年人－妇女问题－研究 Ⅳ. ①C913. 68

中国版本图书馆 CIP 数据核字（2013）第 302691 号

书　　名：老年妇女问题研究
作　　者：国家应对人口老龄化战略研究·老年妇女问题研究课题组　著
出版发行：华龄出版社
印　　刷：科伦克·三莱印务（北京）有限公司
版　　次：2014年3月第1版　2014年3月第1次印刷
开　　本：889×1194　1/16　　印　张：14.5
字　　数：260千字
定　　价：45.00元

地　　址：北京西城区鼓楼西大街41号　　邮编：100009
电　　话：84044445　　传真：84039173
网　　址：http://www.hualingpress.com

总课题组

组　长　李立国　李学举

副组长　陈传书　卢向东　傅绍林　朱　勇　曹炳良　由明春

成　员　（按姓氏笔画为序）

于学军　王素英　尹志远　李　宏　苏　国　杨瑾峰
吴玉韶　张　立　陆　颖　郝福庆　阎青春　符金陵
鲍学全

总课题组秘书组

组　长　朱　勇　曹炳良

副组长　肖才伟　吕晓莉　党俊武

成　员　（按姓氏笔画为序）

孔　伟　孙娟娟　孙慧峰　李　霞　李志宏　肖文印
张　宝　张一鸣　张民巍　周　宏　庞　涛　钟长征
骆开定　徐　平　陶　红　龚仁伟　彭　捷

子课题组负责人（按姓氏笔画为序）

于　宁　王小章　王天夫　邓文奎　米勇生　李　军
李　爽　杨立雄　杨菊华　何　平　陈文辉　张肖敏
张建军　张恺悌　林　义　周尚意　郑秉文　陆杰华
饶克勤　莫　荣　贾旭东　郭志刚　崔卓兰　谭　琳

专家委员会

主　任　蒋正华

副主任　李宝库　李子彬　王建伦　齐小秋

成　员　（按姓氏笔画为序）

邓文奎　朱苏力　郄沧萍　李　强　杨燕绥

何传启　陈可冀　张车伟　郑功成　姚　远

桂世勋　原　新　翟振武

编辑委员会

主　任　陈传书

委　员　（按姓氏笔画为序）

吕晓莉　朱　勇　李志宏　肖才伟　吴玉韶

张民巍　庞　涛　党俊武　阎青春　曹炳良

鲍学全

总　　序

回良玉

“十二五”国家重点出版规划之《老龄问题研究与对策 · 国家应对人口老龄化战略研究》丛书出版在即。这是我国社会科学领域一项重大系统工程的成果，凝聚着众多部门专家学者、工作人员的智慧和汗水，是我国老龄问题研究道路上的一座丰碑，对构建中国特色的老龄问题理论研究体系具有重大促进意义，对制定实施积极应对人口老龄化国家战略具有重大决策参考价值。在此，我向所有为此次战略研究作出贡献的专家学者、工作人员表示衷心的祝贺！

人口老龄化是经济社会发展进步的产物，也是21世纪人类社会共同面临的重大课题。人口老龄化作为一种不可逆转的客观发展趋势，同全球化、城镇化、工业化一道成为重塑世界发展格局的基础性力量。本世纪上半叶，是我国建成富强、民主、文明、和谐的社会主义现代化国家，实现中华民族伟大复兴的重要时期，也是我国人口老龄化快速发展、老龄问题日益凸显的时期。快速发展的人口老龄化与经济体制转轨、社会结构转型、文化观念转变、利益结构调整相叠加，给我国发展带来的影响全面、持久而深刻，已经成为影响国计民生、民族兴衰和国家长治久安的重大战略性问题。

我国是发展中人口大国，老龄问题具有自身的特殊性，在应对人口老龄化的道路上没有哪个国家能够为我们提供现成的经验，我们必须在前进中不断摸索，探寻规律，探索出一条具有中国特色的积极应对人口老龄化之路。这是一项关系社会主义现代化建设全局的重大课题，也是我国一项长期性战略任务。在此背景下，必须树立战略思维、加强战略研究，谋划出符合我国基本国情、切实可行的积极应对人口老龄化的战略。正是基于这个初衷，全国老龄工作委员会于2009年起组织实施了国家应对人口老龄化战略研究。

此次战略研究，是摸清我国人口老龄化的基本态势、存在的突出问题、面临的严峻挑战、应对的现实基础等问题的一项重大国情研究，是探索我国人口老龄化发展规律及其与经济社会发展的相互关系、建构具有中国特色的老龄问题理论体系的一项重要基础研究，是找准我国老龄问题的矛盾症结、理清我国应对人口老龄化战略思路、明确我国老龄事业发展道路的一项重大决策研究。党中央、国务院对此高度重视，胡锦涛总书记、温家宝总理都提出了明确要求。这次战略研究，也是首次从国家层面、战略高度全面审视中国的人口老龄化问题。20 多个省（区、市）、30 多个国家部委、40 多个科研单位、400 多名专家学者参与其中，历时三载，形成囊括 8 个重点领域、24 个子课题、520 多万字的研究成果。这次研究的突出成果可以概括为三“有”：

一是研究上有更大突破。此次战略研究在人口老龄化与人口长期均衡发展，与经济可持续发展，与社会和谐稳定，与养老、医疗、服务等民生保障建设等问题，以及人口老龄化条件下的城乡统筹发展、老年人问题及解决途径、老年人社会管理等领域，取得了崭新的研究成果。其中，人口老龄化态势发展预测模型、影响经济发展的途径和机制、整个社会的养老成本测算方法、老龄事业发展指标体系等研究成果，填补了当前老龄问题研究领域的空白。

二是认识上有更深发展。实现了“四个提升”。即把解决老年群体的问题提升到解决全体公民老年期的问题上来，确保全体公民进入老年期后能够享有更有尊严、更加体面的幸福生活。把解决单纯的养老问题提升到全面应对人口老龄化问题上来，从经济、政治、文化、社会发展各个领域全面作出安排。把被动解决人口老龄化带来的问题提升到积极应对人口老龄化的导向上来，主动适应人口老龄化的客观要求，提前作好全局规划和战略准备。把应对人口老龄化挑战提升到全面激发经济社会发展活力上来，从调整经济结构、转变增长方式、培育人力资本、扩大社会参与、创新社会管理、加强公共服务等方面，最大限度地保持和激发各方面的积极性、主动性和创造性，实现经济社会长期发展、繁荣稳定。

三是对策上有更多创新。此次战略研究系统提出了有中国特色的积极应对人口老龄化的战略框架，进一步完善和发展了“六个体系”。在老龄战略管理体系方面，提出要更加注重对老龄化态势的动态监测、对老龄问题的风险预警、对规划实施的监测评估与监督管理；在养老保障体系方面，提出要更加注重合理界定政府、社会、企业、家庭、个人的责任界限，建立完善多主体、多层次、可持续的制度架构；在健康支持体系方面，提出要更加注重面向全民的健康管理、健康促进和健康保障，面向老年人的预防保健、疾病治疗和康复护理。在养老服务体系方面，提出要更加注重巩固发展家庭养老功能，建立完善长期护理保障制度，充分发挥市场在资源配置中的基础作用。在宜居环境体系方面，提出要更加注重城乡规划、住房建设、公共环境建设的前瞻性和预见性，营造更加安全、便捷和舒适的老年生活环境。在老龄工作体系方面，提出要更加注重老龄工作体制的完善和政府主导作用的发挥、社会力量的参与、老年群众组织的建设和老年人社会管理体制的创新。

总的看，这次战略研究领导有力、组织周密、参与广泛、配合默契，注重理论研究与实践发展相结合、战略研究与成果转化相结合、定性判断和定量测算相结合、系统研究与结构分析相结合，带动了地方和部门、学术机构和社会团体对老龄问题的深入研究，取得了一批高质量、高水平的研究成果，达到了"摸清底数、探索规律、理清思路"的预期目的，引发了社会各界对老龄问题的普遍关注，营造了积极应对人口老龄化的良好氛围。为推动我国老龄事业进入视野更开阔、思想更深刻、认识更全面、工作更务实的新阶段奠定了坚实基础，为中央立足长远、谋划全局、科学决策、积极应对人口老龄化提供了重要依据。

此次战略研究成果显示，我国人口老龄化比原来估计的形势更加严峻、影响更加深远、任务更加紧迫。

形势更加严峻，突出表现在"三个超出预期"。一是老年人口规模超出预期。到 2050 年，我国老年人口将上升到 4.83 亿，比此前国家人口发展战略预测的多出 5200 万。二是老龄化程度超出预期。到 2050 年，我国人口老龄化水平将上升到 34.1%，比之前的预测高出 4 个百分点，比同期全球老龄化平均速度快一倍多。三是社会抚养负担超出预期。到 2050 年，我国社会抚养比将上升到 98.8%，比之前的预测高出 13.6 个百分点，社会抚养负担愈发沉重。

影响更加深远，突出表现在"六个持续"。一是经济运行下行压力持续增大。人口老龄化改变劳动力供给结构、提高经济运行成本、降低国民储蓄率和资本积累，对经济发展方式转变、国家税源结构、金融市场稳定、实体经济发展产生重要影响。二是养老保障压力持续增加。随着人口老龄化程度不断加深，我国老年抚养比将由目前的近 5 个劳动力抚养 1 个老年人发展到 2050 年前后的 1.5 个劳动力抚养 1 个老年人。社会养老保险潜在缴费者不断减少，领取者不断增加，养老保障体系压力日益沉重。三是医疗卫生服务负担持续增重。伴随着疾病谱向慢性病转型，社会医疗卫生服务需求和疾病经济负担大幅增加，老年人口疾病经济负担占国内生产总值（GDP）的比重将由现在的2%上升到2050年的5%，医疗卫生资源供需矛盾日益突出。四是社会养老服务需求持续增长。据研究，2050 年我国 80 岁及以上的高龄老年人将超过1亿，临终无子女的老年人将达到7900万左右，均比现在增长近4倍，失能、半失能老年人将达到1亿左右，比现在增长近2倍。社会养老服务需求日益增长，健全养老服务体系任重而道远。五是统筹城乡协调发展难度持续增强。在工业化、城镇化的发展进程中，农村人口老龄化程度将长期高于城市，这将对解决“三农”问题、统筹城乡发展构成巨大挑战。六是社会管理服务要求持续增高。到2050年，我国老年人口将占到总人口的三分之一，逐渐成为重要的社会利益群体，对社会管理、公共服务、意识形态、社会稳定、代际关系、文化教育等诸多领域将带来广泛而深刻的影响。

任务更加紧迫，突出表现在“三个不足”。一是思想认识不足。2020年后，我国将迎来第二次老年人口增长高峰，人口老龄化对经济社会发展各方面的压力将急剧放大，可能出现老龄问题集中爆发、同步呈现的严峻形势，但从整个社会来看，对此问题的认识仍然不够。二是制度建设不足。我国现行的养老、医疗、服务等制度体系的设计和运行下了很大功夫，取得了很大成效，但仍滞后于应对人口老龄化的客观需要。三是工作准备不足。当前，我国老龄工作的组织架构、管理体制、运行机制、监督机制还不健全，基层老龄工作基础仍很薄弱，难以适应统筹应对人口老龄化复杂形势的客观要求。

人口老龄化将贯穿21世纪我国社会主义现代化建设全过程，特别是21世纪前半叶。我们必须深刻认识我国经济社会发展的人口基础将要发生的重要变化，将其作为想问题、作决策、办事情始终应当把握的基本国情，增强发展老龄事业的责任感、紧迫感和使命感，树立“积极老龄观”，实施有中国特色的积极应对人口老龄化战略。

树立“积极老龄观”，就是要做到“三个积极看待”。一要积极看待老年人。老年人曾为国家建设作出重要贡献，在经验、知识、技能方面具有独特优势，是经济社会发展可以依靠的重要力量。全社会都要尊重和接纳老年人，形成敬老、爱老、助老的良好氛围，同时要继续发挥老年人的作用。二要积极看待老年生活。老年期是人生发展的重要阶段，人人都要积极面对老年生活，提前规划老年生活，乐于安享老年生活。三要积极看待人口老龄化。我国的人口老龄化是经济社会发展进步的产物。我们既要看到人口老龄化带来的不利影响和各种挑战，又要看到应对人口老龄化的有利条件和发展机遇，既发挥老年人作用，又努力满足广大老年人不断增长的物质文化精神需求。

实施积极应对人口老龄化战略，就是要以科学发展观为指导，立足我国改革开放和现代化建设大局，贯彻“积极老龄观”，主动适应人口老龄化发展的客观规律，抓住“发展、保障、健康、参与、和谐”五个关键。

一是把握发展重点。人口老龄化将是长期影响我国经济社会发展的基础性因素，对经济可持续发展、城乡统筹发展和人口长期均衡发展的影响尤其深远。要推进经济结构战略性调整，把经济增长转变到依靠科技进步和体制创新上来，实现经济持续、稳定发展，为积极应对人口老龄化提供坚实物质基础；要统筹城乡协调发展，加快城乡一体化进程，加快发展农村社会事业，促进公共资源在城乡之间均衡配置，确保城乡老年人共同分享改革发展成果；要促进人口长期均衡发展，稳妥处理人口规模与结构之间的矛盾，提高人口素质，加快由人口大国向人力资源强国转变。

二是完善保障制度。保障制度不仅关系到老年人切身利益，而且关系到经济发展活力与社会和谐稳定。要加快完善多支柱的养老保障体系、多层次的医疗保障体系、多元化的养老服务体系，坚持“广覆盖、保基本、多层次、可持续”的基本方针，以增强公平性、适应流动性、保证可持续性为重点，创新制度设计、做好制度衔接、加大投入力度、加强监督管理，为全体公民进入老年期享有稳定、充足、公平的保障提前做好制度安排。

三是实施健康促进。健康是人生中最宝贵的财富，是人全面发展的基础，关系到千家万户的幸福，也是一个国家人力资本的重要组成部分，是保持和发展生产力的重要因素。实施健康促进行动，完善健康支持体系，是延长国民健康寿命、提高生活质量的民生之举，也是低成本应对人口老龄化、保持国家经济社会发展活力的优先之选。要合理配置公共卫生和医疗服务资源，加快建设重大疾病防控体系，加快发展老年保健事业，提升为老服务能力，减少老年病的发生率，最大程度延长老年人独立、自主生活时间。要倡导健康文明的生活方式，开展健康教育，增加健康投资，促进健康老龄化目标的实现。

四是扩大社会参与。在人口老龄化的背景下，经济社会发展离不开老年人的参与。要建立健全老年人参与社会的体制机制，改善参与的环境条件，鼓励支持广大老年人积极参与经济、政治、文化、社会建设活动，使老年人参与权利得到保障、参与愿望得到尊重、参与才能得到发挥。要完善老年人力资源开发政策，推进老年人才市场建设，为老年人自立自强、自我发展、自我实现创造条件。要进一步完善党政主导、老龄委协调、部门尽责、社会参与、全民关怀的大老龄工作格局，推动形成人人参与、人人共建、人人共享的良好局面。

五是促进和谐共融。要以实现家庭和睦为目标，加强家庭美德教育，完善家庭支持政策，健全家庭服务体系，提高家庭发展能力，巩固家庭养老功能。要以实现代际和顺为目标，统筹解决好未成年人、成年人和老年人三大年龄群体间的责任分担、利益调处、资源共享和权益保障。要以实现社会和谐为目标，增强文化融合和社会认同，实现社会管理体制由成年型向老年型的适应性转变，充分发挥老年人在促进社会和谐稳定中的积极作用。

总的来说，积极应对人口老龄化是我国一项长期性、基础性、全局性战略任务，我们要充分利用当前经济社会平稳较快发展和社会抚养比相对较低的有利时机，以更加坚定的决心、更加得力的举措、更加完善的制度、更加积极的行动，着力破解老龄工作和老龄事业发展领域的突出矛盾和问题，从物质、精神、服务、政策、制度和体制机制等方面打好应对人口老龄化挑战的基础，确保人口老龄化条件下经济社会的长期繁荣稳定，为实现中华民族伟大复兴的中国梦奠定坚实基础。

目　　录

总　　论

第一篇　人口老龄化的女性化趋势研究

第二篇　老年妇女经济保障政策研究

第三篇　老年妇女健康和照料支持的政策研究

第四篇　老年妇女社会参与政策研究

总　论

导 言

一、研究背景及意义

中国的老年人口规模和增长速度举世瞩目。第六次全国人口普查结果显示，2010 年中国大陆 60 岁及以上人口达到 1.78 亿人，其中，65 岁及以上的老年人口已达 1.19 亿人；60 岁及以上人口和 65 岁及以上人口占总人口的比例分别为 13.6% 和 8.9%，比 10 年前分别高 2.93 和 1.91 个百分点。毋庸置疑，中国已经进入人口老龄化的快速发展阶段，亟需制定科学系统的国家应对人口老龄化战略。

老年妇女问题研究是国家应对人口老龄化战略研究的子课题之一。这一课题的提出主要基于两方面的背景，一是我国人口老龄化发展的基本趋势及其性别特征，特别是老年妇女群体在未来数十年中发展变化的基本趋势，即老年妇女的人口规模大于老年男性；老年人口中的女性比例高于男性；老年妇女占老年人口的比例随年龄的增高而增大；高龄老人中女性比例明显高于男性。老年妇女群体将成为未来数十年日益庞大的社会群体，充分认识这一群体的基本状况和政策需求，从国家战略的高度做好应对准备，有利于目前和未来社会的稳定和协调发展，否则将会失去重要机遇和战略主动性，可能为未来社会的稳定协调发展带来巨大的障碍和困难。二是我国正在全面贯彻落实科学发展观，构建社会主义和谐社会。无论是我国国民经济和社会发展“十二五”规划，还是国家应对人口老龄化战略，其战略目标都充分体现了“以人为本”和“社会公平”的发展理念，强调在社会发展战略和策略中关注所有社会成员的利益，特别要体现对社会中各类弱势群体的关注。老年妇女群体是老年群体这一社会弱势群体中更加具有弱势特点的群体。与老年男性相比，老年妇女的受教育水平较低、享受与就业经历相关社会保障的程度较低、承担的家庭照料等无报酬劳动较多、健康状况较差，特别是农村、高龄、贫困和寡居的老年妇女群体面临的问题更为突出。老年妇女群体的相对弱势状态是生命周期各个阶段相对弱势的累积，也是性别不公平、代际不公平、阶层不公平等多种社会不公平的叠加，因此深入研究老年妇女问题的性质、原因及社会后果，从战略高度制定有针对性的公共政策，是我国在科学发展观的指导下制定国家应对人口老龄化战略不可回避的紧迫任务。

二、研究目标

根据总课题的要求，本课题的研究目标是，抓住人口老龄化的性别特征开展研究，客观分析我国人口老龄化过程中的女性化趋势，深入研究目前和未来的老年妇女在经济保障、生活照料和社会参与等方面面临的突出问题和政策需求，从战略和策略上研究具有性别平等意识的解决方案，力图为国家的老龄化战略规划提供参考依据和对策建议，以促进男女老年人能够以积极的态度、平等的机会参与社会发展过程，分享社会发展成果。

三、研究视角和原则

（一）研究视角

1. 社会性别的视角

社会性别指通过社会化渠道传承，表现在制度、观念等领域，社会对男女两性及两性关系的规范、要求和评价。提出社会性别概念并不是否定男女两性的生理性别差异，而是在承认生理性别差异的基础上考察社会文化规范和制度方面的性别差异。本研究认为，从社会性别视角开展人口老龄化研究，不仅要看到由于男女老年人口在规模、比例等方面的差别，而且要研究由于制度、观念、社会规范、角色分工等因素的影响而产生的男女差异，分析老年妇女与男性相比在社会和家庭的权力关系和结构中的地位。从社会性别视角研究人口老龄化，并不是单纯研究老年妇女，而是将老年妇女视为与男性密切联系的社会群体，从这一视角提出的对策建议应该是有利于赋权老年群体和个人，使其积极参与社会和家庭生活，促进男女两性老年人在社会和家庭中建立平等和谐、互利共赢、良性互动的关系。从社会性别视角来探究和解决老年妇女的相关问题，已经成为国际社会探讨应对老龄化战略和公共政策的普遍共识。例如，世界卫生组织在第二次老龄问题世界大会上提出的“积极老龄化·政策框架”中将“社会性别”与“文化”作为贯穿所有领域的影响因素，就体现其对社会性别视角的高度重视。

本研究将社会性别视角贯彻始终，无论对人口老龄化过程的女性化趋势分析，还是对老年妇女在经济保障、健康照料及社会参与各方面问题的剖析，以及在此基础上提出的战略目标和策略措施，都将性别平等作为最基本的价值观，将改善男女两性老年人的生活质量，营造平等和谐的性别和代际关系作为追求目标。本研究力求在理论上纠正研究老年妇女问题时常见的绝对化和二元对立思维，将老年妇女和老年男性的问题联系在一起分析；在实践上给予老年男性和老年妇女的生活经历以同等重视，看到不平等的社会性别规范对男女两性老年人产生的不同方面的不利影响，提出有利于老年妇女与老年男性共同参与家庭和社会生活的积极措施。

2. 生命周期的视角

生命周期或生命历程是指“在人的一生中通过年龄分化而体现的生活道路”（Glen，1994）。这个研究视角起源于20世纪初的芝加哥学派对于生活史方面的研究。其后，Norman Ryder将“同龄群体”概念引入生命历程研究，Riley提出年龄分层理论，从而逐渐形成了生命周期研究视角的主要分析框架。这个分析框架主要包括三部分内容，一是关注整个生命历程中年龄的意义，二是研究社会模式的代际传递，三是分析宏观事件和结构特征对于个人生命史的影响（李强等，1999）。从生命周期角度出发提出老年群体差异性的优势／劣势累积 (O'Rand，1996)，已经成为老年妇女问题研究的视角之一。在以往的研究中，这一研究视角常常被用于回顾性研究，解释老年妇女群体在社会经济方面的不利境况，指出老年妇女问题的形成是在生命周期中各个阶段遭受的性别歧视与步入晚年后的年龄歧视这双重不利境况的交织和叠加的结果，因此，老年妇女问题具有长期性、累积性的特点。

本研究将生命周期的视角用于战略性研究目的，分析目前处于中年、甚至青年的人群，已经在教育、就业、社会保障等方面显示出来的性别差异将如何影响未来几十年的老年群体的性别特征，特别是目前处于较差人力资本和社会资本积累状况、非正规就业状况、低收入或无收入状况的女性在未来可能陷入老年弱势状况的趋势，提出通过增强目前中青年妇女的发展能力，战略性地预防和解决未来老年妇女问题的思路和方法。在此基础上提出，国家应对人口老龄化战略应避免就事论事地谈老年妇女问题，而要关注到目前生命周期各个阶段的女性人口情况，特别要关注在未来40年内进入老年阶段的中青年妇女群体的社会特征，立足当前，着眼未来，赋权妇女，用发展的眼光提前几十年预防和解决未来可能出现的老年妇女问题。

3. 积极老龄化的视角

“积极老龄化”是世界卫生组织（WHO）在2002年第二次老龄问题世界大会

上提出的应对老龄社会的一个积极发展战略，是在20世纪90年代以来提出的健康老龄化、成功老龄化等思想进一步完善的成果。本研究认为，积极老龄化理念中具有明显的赋权和平等思想，其目的在于使男女两性都能充分认识到自己在一生中能够发挥自己在体力、社会、精神等方面的潜能，增强主体意识，拥有平等机会，按自己的权利、需求、爱好、能力参与社会活动，并得到充分的保护、照料和保障，不断改善生活质量，实现人的全面发展。积极老龄化的实现取决于个人、家庭、社会和国家多个层面的不懈努力，需要全面贯彻以人为本和社会公平等发展理念，逐步消除各种社会偏见和歧视的文化影响，使社会各个层面能够以积极的态度看待人口老龄化过程，以公平的态度对待人口老龄化过程中出现的社会问题。例如，老年人的经济和社会保障、面向老年人的照料服务、鼓励老年人全面参与社会的支持环境等等。

本研究力图突破以往研究的认识局限，从积极老龄化的视角出发全面认识老年妇女及其所处的境遇，提出以下两个方面的问题和应对措施：一是不再简单机械地将老年妇女视为单维度的弱势和被动受助的社会群体，而主张全面、系统地认识老年妇女的积极作用，特别要揭示老年妇女在家庭照料中的主体能动性和作出的积极贡献，并科学估算这种贡献在市场化和老龄化时代的经济价值和社会价值。同时，研究老年妇女的家庭照料负担可能带来的不利影响，以及由此产生的政策需求。二是不再简单地批评家庭性别分工的不公平，主张全面、系统地认识老年男性的家庭角色，强调其在家庭生活中应有的积极参与态度，挖掘其在家庭生活照料中的潜能。在此基础上，研究如何制定赋权性的政策措施，鼓励老年妇女和老年男性都能以积极的、参与的态度对待家庭生活和社会活动，挖掘老年妇女和老年男性群体中蕴藏的人力资源潜能，在一定程度上解决老年家庭生活照料的难题，使国家应对老龄化战略成为充分体现老年赋权的发展战略。

（二）基本原则

1. 性别平等的原则

倡导性别平等是本课题研究遵循的核心原则。性别平等与积极老龄化的理念具有价值观层面的一致性，应该成为国家制定人口老龄化战略所遵循的原则之一。而性别不平等是老年妇女问题产生的根本原因，减少直至消除生命周期各个阶段的性别不平等是解决老年妇女问题的根本途径，具有重要的战略意义。男女平等是我国促进社会发展的一项基本国策，是贯彻科学发展观、构建社会主义和谐社会的题中应有之义。在本研究中，我们主张在社会和家庭中，男女相互尊重，建立平等、互助、互利、和谐的关系，特别是在老年人的经济保障、健康照料和社会参与等方面改变基于性别不平等的状况，建立推进积极老龄化的、平等的、有利于男女老年人身心健康发展的战略策略。

2. 理论与实际相结合的原则

理论与实际相结合，是本课题研究遵循的重要原则。探讨老年妇女问题的过程，应当是不断推动解决老年妇女现实问题的过程。我们遵循从实际出发，在深入研究和解决老年妇女问题的坚实基础上推进理论的发展。研究老年妇女问题，首先必须搞清楚当前老年妇女的基本状况和基本特点。应该看到，中国现阶段老年妇女的经济收入处于较低水平，社会保障条件较差，丧偶比例和存活率高，在经济水平较低和社会保障不健全的情况下，她们的经济和健康问题更为突出，更容易成为社会的脆弱群体；文化素质较低，文盲率、半文盲率高，社会参与率低，也是这个群体的突出特点。同时，也应该看到，过去30多年，我国社会经济飞速发展，社会结构剧烈转型，人民生活状态和方式发生了巨大的变化。特别是最近几年，随着科学发展观的贯彻落实，我国城乡养老保险、医疗保险等社会保障制度不断建立和完善，老年妇女的生存发展状况也有了很大的改善。在研究老年妇女问题的过程中，我们要紧紧抓住现实生活中有关老年妇女生存和发展的重点和难点问题，进行深入的调查研究，并在此基础上提出对策建议，为国家制定体现性别平等的人口老龄化战略提供依据。理论研究的目的是解决实际问题，只有正确地把握并推动解决老年妇女面临的重大现实问题，才能体现理论研究的价值。

3. 现实性与战略性相结合的原则

现实性与战略性相结合，是本课题研究遵循的另一个重要原则。作为国家应对未来人口老龄化的战略性政策，我们认为在处理老年妇女问题时应该把握现实性政策与战略性政策相结合的原则，在课题研究中既保持对现实的高度关注，又注重思考战略性问题。既要立足现实，关注当前老年妇女迫切需要解决的主要问题，满足她们的现实性政策需求；同时，又要放眼长远，采取积极的战略性政策措施，逐步消除性别歧视，促进性别平等，以缩小男女两性在步入晚年时各种社会资本积累和享有上的显著性别差距，使男女老年人能更加平等、和谐地参与社会发展，分享社会发展的成果。

四、以往研究回顾

伴随我国人口老龄化问题研究的不断发展，老年妇女问题研究也受到越来越多的重视，相关的研究成果也比较丰富。既有基于人口普查和老年人口专题调查数据对老年妇女基本状况进行的定量分析；也有基于个人深入访谈等定性调查资料或侧重于从理论或政策上探讨老年妇女问题的定性研究。根据本项研究的需要，我们从以下四个方面回顾以往有关老年妇女的研究。

（一）有关我国老年人口的性别结构和老年妇女的数量规模

许多学者在分析老年妇女问题之前，都对老年人口的性别结构状况和老年妇女数量规模及其变化趋势进行讨论，老年人口的女性化趋势是近年来人口老龄化问题研究中时常提及的看法，但究竟什么是反映女性化趋势的具体指标和数值却并不明确。有学者提出，老年人口中女性所占比例的逐渐加大，老年妇女问题将更加突出（王琳，2004）。刘金塘（2001）关于老年妇女数量变化的预测似乎得到研究者比较一致的认同，2010–2030 年是我国人口老龄化加速发展的时期，这一时期也将是我国老年妇女规模增长速度最快的时期。即在未来的 50 年中，老年妇女的总量将急剧增长，总量将增加 1.5 亿人左右，2050 年 60 岁以上的老年妇女人数将超过 2.16 亿人，是 2000 年的 3.2 倍左右，其比例将由 2000 年的 51.9%升至 2050 年的 54.9%左右。随着预期寿命的延长，特别是由于男女两性预期寿命差距的进一步拉大，老年妇女在老年人口中所占的比重将会越来越大。同时，老年妇女的年龄结构也趋于高龄化。从 1953 年到 2050 年，60 岁组人数在老年妇女总人数中的比例逐渐下降，70 岁组的比例逐渐提高，80 岁组的比例快速提高。老年妇女在女性总人口中的比重在逐年上升，且人口数量大、增长快，是研究者的普遍共识（徐勤、王莉莉、伍小兰，2005；徐勤、王莉莉，2005）。

（二）在老年人经济供养和保障方面的性别差异

几乎所有老年妇女研究都提及其经济支持和保障问题，认为这是老年妇女群体面临的主要问题之一。首先，相比老年男性，老年妇女的经济收入水平更低，也更不稳定。无论是城市还是农村，老年妇女的平均经济收入水平明显低于男性老人（徐勤等，2003），老年妇女感觉自己晚年生活缺乏经济保障的比例明显高于男性老年人（李建民，2003）。王晶等（2010）基于吉林省百村老年妇女生存现状调查得出了孤寡老年妇女贫困化程度高的结论。李巧玲（2009）发现农村妇女的经济生活状况改善对其权益的实现有促进作用，但贫困依然是大多数农村妇女必须面对的生活境遇。与老年男性相比，老年妇女更多地依赖子女或亲属供养（中国老龄科研中心，2003；贾云竹，2007）。姚远和米峙（2005）通过使用2000年中国城乡老年人口状况一次性抽样调查数据研究发现，老年妇女的经济保障状况证实了“处于经济最底层的是老年妇女”的结论。

关于老年妇女经济保障水平低的原因，也有多方面的研究。一是老年妇女生命历程中的社会经济活动参与率低不仅直接影响其收入，而且影响其养老保障水平（徐勤，1995）。2000年中国城乡老年人口状况一次性抽样调查数据显示，在城市有34.7%的老年妇女从未参加过能够直接获取报酬的社会经济活动，亦即通常意义上的“工作”，而老年男性该比例仅为8.8%（翟振武等，2003）。二是传统的社会和家庭劳动分工模式使得女性在劳动年龄阶段更多地承担了生育子女、照料老人、家务劳动等社会不认可其劳动价值的“无偿”劳动，这些劳动既没有经济收入，也没有社会保障（谭琳，1996）。三是由于男女劳动者退休年龄的差异和实际经济活动参与状况的不同，表面上男女劳动者一视同仁的养老金制度实质上在一定程度强化了社会性别的不平等，对老年妇女的养老金以及相关经济利益产生了非常不利的影响（彭希哲，2003；陈卫民、李莹，2004）。四是丧偶老年妇女的经济供养缺乏制度保障。

（三）老年妇女的健康、医疗保障及生活照料

研究表明，与老年男性相比，老年妇女长寿但健康水平不高。国内近年来的大量实证研究都印证了我国老年妇女在躯体健康、生活自理能力以及心理健康等诸多方面的评估指标均显著差于老年男性。老年妇女的带病期相对长于男性，生活自理期短于男性(王梅,1993；柳玉芝，2001；王树新、曾宪新，2001；张文娟，2003；牛飚、黄润，2003；王德文、叶文振，2006)。2000年全国城乡老年人口一次性调查显示，无论城乡，老年妇女患有慢性病的比例均明显高于同一地域的老年男性，而老年男性的躯体健康状况均好于老年妇女，生活自理能力以及自述健康状况也都是男高女低，且城乡差异显著（刘向红，1995；王树新，2001）。

2006年第二次全国残疾人口抽样调查的开展，为我们认识残疾老年妇女的生存状况提供了第一手资料。总体而言，在老年残疾人口中，老年妇女占到52.7%，且女性在视力、听力及多重残疾等方面都显著高于老年残疾男性（丁志宏，2008）。

在老年妇女医疗保障方面，研究表明，尽管老年妇女健康状况差，对医疗保健

的要求高于其他年龄组，但是她们绝大多数不享受社会医疗保险，自身经济状况较差，因此可利用的医疗卫生资源非常有限，这在农村地区尤为突出。由于缺乏必要的医疗保障条件，老年妇女的就医率低于老年男性，老年妇女的医药费用支出也明显低于老年男性（徐勤等，2003）。

在老年妇女照料方面，研究表明，由于老年妇女健康状况较差，老年妇女中需要他人照料的比例高于男性老人。但在实际生活中，老年男性可以获得的照料资源远比老年妇女要充足（贾云竹，2008）。研究还表明，在家庭成员范围内，配偶是老年人照料资源的第一提供者。老年男性丧偶率低于老年妇女，所以，在城乡接受照顾的老年男性中，超过60%的人能够得到配偶的照料，而老年妇女能够得到配偶照料的比例不足40%（徐勤，2003），致使她们不得不更多地依赖无法全身心提供照顾的子女或孙子女。

（四）老年妇女的社会参与

以往有关老年妇女社会参与的研究重点是老年妇女的经济参与和社区活动参与等。研究发现，老年妇女的社会经济活动参与率较低，城乡差异大。根据2000年全国人口普查数据计算，老年妇女的经济活动参与率为23.7%，老年男性为42.7%，女性为男性的一半（徐勤、王莉莉，2005）。2005年全国1%人口抽样调查数据显示，农村老年男女性的经济参与率分别为50.9%和26.4%，城市老年男女分别为6.7%和2.2%，无论城乡，老年妇女经济参与率低于老年男性，2000年和2006年老龄科研中心的调查结果也与此一致。2006年的数据显示，城市老年妇女的就业比例为3.0%，老年男性为8.9%；而在农村，老年妇女继续“干农活”的比例为36.4%，男性则为54.9%。城市老年妇女愿意从事有收入工作的比例为16.1%，虽然低于男性的24%，却显著高于老年妇女实际的就业比例（张恺悌、郭平，2010）。韦璞（2007）对上海老年妇女的社会参与情况分析发现，老年妇女在社会参与上主要限于使用户外健身器材和到老年活动室打麻将等，侧重于个人身体锻炼和娱乐活动。

从上述四个方面的回顾看，老年妇女研究取得了诸多进展，但仍有许多值得深入研究的问题。首先，虽然对中国人口老龄化过程中的女性化趋势有所描述，但缺乏比较研究和分析，例如，与相关国际趋势的比较分析和城乡比较分析都很不足；对这一趋势产生的原因、可能带来的挑战和机遇也缺乏深入的分析。其次，以往有关老年妇女或老年群体性别差异的研究中，影响较大的“双重危险/歧视说”和“生命历程累积说”都比较强调老年妇女弱势和被动的一面。比如，对老年妇女在经济保障、健康照料等方面的弱势地位揭示的比较充分，这些研究往往把老年妇女视为弱势和被动的社会群体，对于老年妇女在社会、家庭中积极、能动的一面揭示的比较少。再次，在社会参与方面，以往的研究对积极老龄化的认识不够全面，比较关注男女两性老年人在老年大学、老年协会等正式组织中的参与状况和作用的发挥，但对他们在家庭照料中的参与和贡献等方面重视不够，分析不足。此外，以往的研究重点放在问题分析，战略研究和政策研究相对不足，具有社会性别意识的分析更加缺乏。

本研究按照国家应对人口老龄化战略研究的要求，基于对国际和国内人口老龄化背景的深刻认识，将研究重点放在准确把握我国人口老龄化过程的女性化趋势，深入分析目前和今后数十年我国老年妇女在经济保障、健康照料和社会参与方面面临的突出问题，从战略的高度提出解决老年妇女问题的政策建议。本研究致力于弥补以往研究的不足，力图突破以往老年妇女研究的认识局限，从社会性别视角出发，重新认识老年妇女在社会和家庭中的角色和作用，不仅看到老年妇女弱势、被动的一面，而且更强调老年妇女能动、积极的一面，并试图提出基于这一认识的政策建议，以使国家应对老龄化战略更多地体现性别平等理念。

五、本研究的理论框架

为提出具有战略意义和性别平等意识的政策建议，本研究兼顾积极老龄化、生命周期和社会性别三个研究视角，首先，在本战略研究第一章提供的基于第六次全国人口普查数据的人口预测数据基础上，分析和把握我国目前和未来40年人口老龄化过程中的女性化趋势及其影响。其次，利用2005年全国1%人口抽样调查资料、2006年中国城乡老年人口状况追踪调查数据、2008年国家统计局时间利用调查资料及全国妇联妇女研究所2008年在北京、山西、陕西、甘肃、四川五省市的老年妇女社会参与调查资料和2010年在北京做的老年妇女政策需求调查，并结合以往研究的文献回顾，分析老年妇女在经济保障、生活照料及家庭和社区生活参与的状况，抓住目前和今后数十年老年妇女群体在经济保障、健康照料和社会参与三个方面的突出问题和政策需求进行深入分析。在此基础上，提出具有战略意义的、有利于促进积极老龄化和性别平等的政策建议（见图0-0-1）。

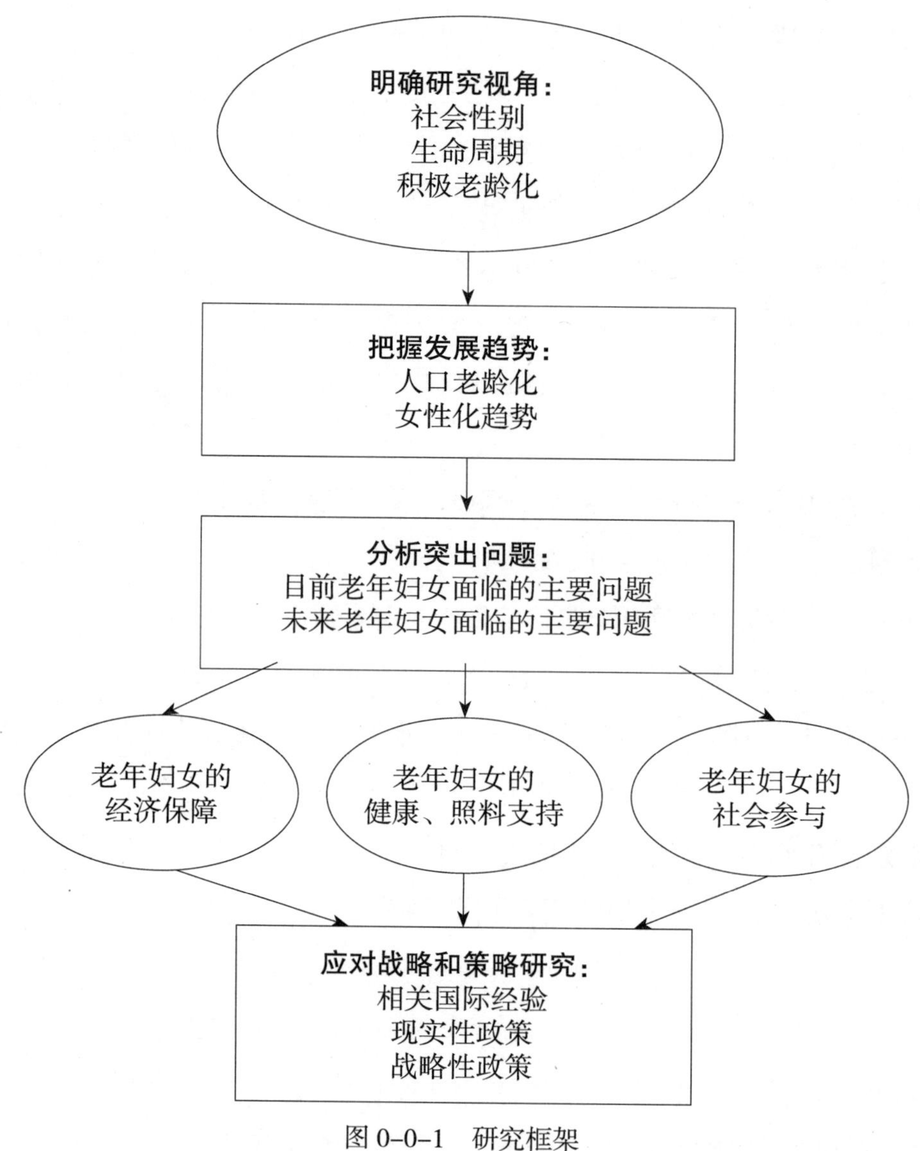

图 0-0-1 研究框架

第一章 中国人口老龄化过程中的女性化趋势

在本研究中，人口老龄化过程中的女性化趋势包括两层含义：狭义上讲，主要是指在人口老龄化过程中，老年人口的性别结构呈现出女性所占的比例明显高于男性的现象，并且女性所占的比例随年龄增长而升高，这是世界大多数国家在人口老龄化过程中呈现出来的一个普遍特点。广义上讲，人口老龄化过程中的女性化趋势还包括在人口老龄化过程中，老年人的经济保障、生活照料及社会参与等方面所显示出的性别特征日益明显。今后几十年我国的人口老龄化过程是否具有女性化趋势？

程度如何？特点如何？对上述问题的准确认识，对我们科学制定应对人口老龄化战略无疑是非常必要的。

一、我国人口老龄化过程的女性化趋势（1950–2050 年）

（一）我国老年人口的女性化趋势（1950–2050 年）

在这 100 年间，我国 60 岁及以上人口的女性比例均保持在 51% 以上，即老年妇女在总体规模上多于男性；80 岁及以上高龄人口的女性比例，联合国 World Population Prospects 2010 年版的数据是保持在 58% 以上的水平，而本战略子课题的结果则是在 59% 以上，都印证了越到高龄女性人口所占比例越高的说法。这充分说明我国老年人口的女性化现象是长期、客观存在的。但值得关注的是，在 1950–2010 年的 60 年间，我国老年人口的女性比例总体呈缓慢下降的态势，而在未来的几十年间，则呈缓慢回升的走势，从 2011 年的 51.5% 小幅回升到 2050 年 53.2% 左右。我国高龄人口的女性化水平在过去的半个多世纪呈近乎线性的下降走势，从 1950 年接近 70% 的高位逐步降至目前的 61% 左右，在未来的数十年间我国高龄人口的女性化水平基本维持在 60% 左右小幅波动。

（二）我国老年妇女的高龄化趋势（2010–2050 年）

在 1950–2050 年间，我国老年人口的高龄化程度呈稳步上升的趋势，与我国人口老龄化水平的走势基本一致。从分性别的情况来看，老年妇女的高龄化水平显著高于老年男性，其差距也随高龄化水平的提高而呈扩大的趋势：男女之间的差距从 1950 年的 2.2 个百分点逐步扩大到 2010 年的 4.0 和 2050 年的 6.1 个百分点。这说明我国老年妇女的高龄化程度更突出，发展态势更迅猛。

（三）我国老年人口女性化与人口老龄化的关系

为了更进一步洞察老年人口女性化与人口老龄化之间的关系，我们将老年人口中的女性比例与人口老龄化水平（总人口中 60 岁及以上人口所占比例）及女性出生平均预期寿命这三个指标进行了比较，以观察彼此的发展是否存在一致或相关性。

在 1950–2050 年的 100 年间，随着我国人口老龄化程度的加深及女性平均预期寿命的增长（男女平均预期寿命的差距也在增大），我国老年人口的女性化水平不升反降。这是各国人口老龄化与老年人口女性化程度的普遍现象，还是我国所特有？对这一似乎有悖常理的现象应该如何理解，本文将在后文中讨论。

二、人口老龄化过程中女性化趋势的国际比较（1950–2050年）

为了更清楚地认识我国老年人口女性化水平的发展特点，我们根据人口规模、老龄化程度及社会经济发展水平等多个指标，选取了世界不同地区的12个国家与中国进行对比，主要是人口老龄化发展程度相对较高、同时人口规模也相对较大的发达地区的国家：美国、加拿大、德国、法国、英国、意大利、日本、澳大利亚；同时也选取了与中国并称“金砖四国”的其他三个发展中国家：印度、巴西、俄罗斯以及预期寿命与中国较为接近的埃及。通过对中国与这12个国家情况的对比，以期更深入地认识我国人口老龄化过程中女性化趋势的特点。

（一）老年人口中女性比例的变化状况

在1950–2050年的100年间，除印度和加拿大（仅在1950年为48.5%）在一段时间内略低于50%外，中国与其他10个国家老年人口的女性比例都在50%以上，表明各国在人口老龄化过程中的确存在老年妇女所占比例高于老年男性的普遍现象。

而且，世界各国老年人口中的女性比例呈现出较大的波动起伏，波动主要是在上世纪后半叶，进入21世纪后，各国老年人口中女性比例相对稳定，并且有逐渐收敛于53%~57%的区间的趋势。

中国老年人口中女性比例的变化趋势是先降后升，与上述各国均不相近。随着印度老年人口中女性比例的提升，当前中国老年人口中女性比例的水平已低于上述诸国。

（二）高龄老年人口中女性比例的变化状况

在1950–2050年的100年间，上述13个国家高龄人口的女性比例绝大多数超过60%。与老年人口女性比例的波动相比，各国高龄人口女性比例的波动幅度更大。但高龄人口女性比例的发展趋势则不尽相同。在过去的60年间，欧美等发达国家多为先升后降的倒“U”型，但各国达到最高点的时间和峰值各不同，如法国、英国、意大利和澳大利亚在1980年前后达到峰值；而德国和加拿大则是在2000年达到峰值；日本的曲线近似于舒缓的“∽”型；巴西、印度和埃及等发展中国家则更接近正“U”型。未来40年，除俄罗斯外，其他各国高龄人口的女性比例也将逐步收敛于57%~63%的区间内。

中国高龄人口女性比例一路下降的变动趋势也与各国不尽相同。从当前的水平来看，中国高龄人口的女性比例仅高于古巴和印度两个发展中国家，处于偏低的水平。

（三）老年妇女的高龄化状况

数据显示，伴随着各国人口老龄化程度的提高，各国老年妇女人口中高龄女性所占比例呈现出稳步增长的趋势。与其他国家相比，我国高龄妇女在老年妇女中的比例相对较低，目前仅为13%左右，2050年将升至25%左右，与当前欧美等国的水平相当。这意味着在相当一段时间内，我国老年妇女中80岁以下的中低龄老年妇女所占比重相对较大，但将在随后的一个时期陆续进入高龄阶段。因此，在这些中低龄老年妇女进入高龄之前，抓紧机遇完善相关政策措施，以更从容地应对随之而来的高度高龄化。

（四）人口老龄化程度与老年人口女性比例的关系研究

以目前国际通行的60岁及以上人口在总人口中所占比例达到10%为一个国家或地区步入老龄化社会的标志，在1950–2000年的50年间，上述各国的人口老龄化程度与老年人口中女性比例之间并没有呈现出明显的、简单的线性关系，即人口老龄化程度的加深并不一定就带来该国老年人口中女性比例的线性增长或降低，相反，几乎所有国家都是呈现出一个先增后减的势态，但各自的增减幅度和拐点却相去甚远（见图1–1–7）。

就老龄化发端最早的法国而言，随着其人口老龄化程度的提高，老年人口中的女性比例呈现出逐步下降的态势，美国、加拿大、澳大利亚以及英国等国的变化趋势与之较为接近；日本则是在人口老龄化程度不断深化的过程中，老年人口中的女性比例呈现出缓慢起伏的状态；而意大利的情况则是随着人口老龄化程度的加深，老年人口中的女性比例在增至58%左右后呈现出稳中略有下降的态势；德国则是在老龄化程度达到20%后，出现了一个较明显的回潮，老年人口中的女性比例也在此期间达到65%的峰值。这可能是德国在二战期间大量的青壮年男性战亡的人口队列进入老年期所致，随后德国老年人口中的女性比例也急速下降到58%左右，接近其他欧美国家的水平。

此外，即便是在老龄化程度相同的情况下，各国老年人口中的女性比例也各不相同，各国老年人口中女性比例达到峰值时的人口老龄化程度也相去甚远。

三、人口老龄化过程中女性化趋势的原因探析

（一）老年人口女性化的原因简析

从世界各国的出生预期寿命来看，女性都普遍高于男性（印度1980年前是男高

女低，这可能由印度传统文化习俗中存在严重的对女性歧视所致，也可能与数据质量有关）。

对于影响男女死亡率差异的因素研究较多，大致可以从生理和社会两个层面对其进行解释。

1. 生理差异导致的女性死亡风险小于男性

从生理因素看，有研究显示，女性的雌性激素对心脏功能具有更强的保护作用；女性的免疫系统较男性完善；女性具有两个 X 染色体，等等。这些生理因素可能导致女性死亡率低于男性。正常人口的出生性别比在 103~107 之间，即男婴略多于女婴，这本身就是人类应对男婴死亡率高于女婴的适应性结果。

2. 社会性别分工可能导致男性死亡风险高于女性

从社会文化因素看，受“男主外、女主内”等传统文化的影响，男女在社会和家庭中的分工不同，社会对男女两性的期望和要求各异，女性更多集中在死亡风险较低的工作和活动领域，而男性则被鼓励从事风险更大的工作和活动，且其承担的社会压力也比女性大，抽烟、喝酒等不良生活习惯也更多。这些社会文化因素都可能导致男性死亡率高于女性。

生理因素（激素的和免疫的两性差异）和社会文化因素（冒险因素、生活方式），在多大程度上决定了两性平均期望寿命的差别，目前尚无定论。但不可否认，基于传统社会性别角色的影响而导致的男女两性在处事态度和冒险行为的差异，是导致男性死亡概率大于同年龄组女性的一个重要社会文化原因。

（二）影响我国人口老龄化女性化趋势的因素探析

从前面的分析可以看到，在 1950–2050 年的 100 年间，我国 60 岁及以上人口的女性比例均保持在 51% 以上，即老年妇女在总体规模上多于男性；80 岁及以上高龄人口的女性比例则保持在 58% 以上的水平，印证了越到高龄女性人口所占比例越高的说法。这充分说明我国老年人口的女性化现象是客观存在的。

值得关注的是，在 1950–2010 年的 60 年间，我国老年人口的女性比例总体呈缓慢下降的态势：从 1965 年的 57.2% 降至 2015 年的 51.3%；而在未来的几十年间，则将呈缓慢回升的走势，到 2050 年小幅回升到 53.2% 左右；我国高龄人口的女性化水平在过去的半个多世纪呈近乎线性的下降走势，从 1950 年接近 70% 的高位一路下滑至目前的 61% 左右，在未来的数十年间我国高龄人口的女性化水平基本维持在 59% 左右的水平，绝对水平显著低于世界多数国家的相应水平，这意味着相对世界多数国家而言，我国老年人口中女性人口是相对偏少的。对于我国人口老龄化过程中女性化趋势的这一特点，我们认为应该从多个角度予以解释。

1. *老年人口性别结构的影响因素*

任何一个地区的总人口性别比都是由各个年龄（即各个不同出生队列）的性别比综合而成。它取决于以下四个因素：第一，出生婴儿性别比；第二，男女两性死亡率的差异；第三，迁移人口的性别差异；第四，人口的年龄结构（查瑞传等，1996）。鉴于我国总体上国际迁移的规模很小，故迁移的影响往往可以忽略不计。

我国第三次人口普查结束后，国内外学者便发现与世界绝大多数国家相比，在过去的半个多世纪中我国人口各个年龄段的性别比均相对偏高，但总的趋势是逐渐缓慢下降（邬沧萍，1988；查瑞传等，1996)，我国老年人口的性别比的变动趋势与总人口的性别比的变动趋势是一致的。

邬沧萍在20世纪80年代回答我国人口性别比为何偏高时指出：第一，我国人口出生性别比高是造成我国总人口性别比高的基础；第二，我国男女死亡率差异小是导致我国人口性别比高的主要原因；第三，我国人口年龄结构相对年轻是造成我国人口性别比高的重要原因。60岁及以上人口作为总人口中的组成部分，其性别结构自然也会受上述三个因素的影响。

对于第一个因素，即我国出生性别比长期偏高于世界大多数国家，这主要是因为我国有较为强烈的男性偏好，这方面国内已有大量的研究，在此不再赘述。对于第三个因素，即我国老年人口的年龄结构相对年轻问题，前面关于我国老年人口高龄化程度的描述中已经做了说明，故也不再赘述。第二个因素，即我国男女死亡水平差异对我国老年人口女性比例相对偏低状况，以及预期寿命增长与老年妇女比例下降的关系是我们研究、探析的主要方向。

2. *男女死亡水平差异的变化规律*

20世纪七八十年代，联合国相关机构在总结各国人口死亡模式的基础上指出，世界各国男女两性死亡率的差异大致经历三个阶段：第一阶段，所有或大部分年龄组的女性死亡率都高于男性的“传统模式”，对应的是人口的高死亡水平；第二阶段，女婴和育龄妇女死亡率高于同年龄组男性的“过渡模式”；第三阶段，所有年龄组的女性死亡率都低于男性。这是与人口的死亡率水平相联系的“现代模式”，对应人口的低死亡水平（UN，1955；1975）。

黄荣清（2009）将建国以来我国的人口死亡变动划分为四个时期：死亡率迅速

下降期（1949–1957 年）；死亡率变化的反复期（1958–1965 年）；死亡率的稳定下降期（1966–1981 年）及迈入人口低死亡率时期（1982–2008 年）。上述的四个时期可以近似地与前面的三个阶段相契合，这意味着在短短的几十年间，我国男女两性死亡率的差异状况发生了巨大的变化，也正是因为转变的时间短促，因而转变还不够彻底，同时也带有我国社会经济发展的深刻烙印和特点。如虽然已经迈入了低死亡率时期，但我国女婴的死亡率在较长时间内一直高于男婴，育龄妇女死亡率（1990 年为 94.7/10 万，2010 年为 30.0/10 万）（卫生部，2011）也还有较大的下降空间等，也即女性的“生存优势”效应并没有得到充分的释放，还没有真正进入到“现代模式”。

3. 对出生预期寿命性别差距扩大与老年人口女性化水平下降的认识

女性平均预期寿命的增长，特别是与男性预期寿命差距的扩大，往往被视为是老年人口女性化的一个重要推动力，通常认为两者之间存在正向相关性。但在我国女性出生平均预期寿命的增长、两性预期寿命差距扩大的情况下，我国老年人口中女性比例却呈现出不升反降的走势。对此我们认为应该从两个方面看待这一现象：

（1）我国男女两性预期寿命的差距偏小

在过去的数十年间，我国女性平均预期寿命的平均增速均高于男性，男女两性的平均预期寿命的差距呈扩大的趋势。但与发达国家相比，同为女性出生预期寿命为 70 岁左右的水平下（我国是 20 世纪 80 年代后，发达国家则是 20 世纪 50–70 年代），我国男女两性的预期寿命差距要明显小于发达国家。这在很大程度上还是归于我国存在较严重性别歧视的文化传统习俗，多数学者认为这是导致我国“女性生存优势”难以充分实现的重要原因（刘爽，2010；马瀛通，2009）。

（2）我国女性预期寿命的增长主要得益于低龄女性人口死亡率的下降，老年妇女的死亡风险降幅与男性趋近

在 1980–2000 年的 20 年间，我国男女预期寿命的增长主要都是得益于 15 岁以下及 60 岁以上人口死亡率的下降。但对于预期寿命性别差异的扩大，在前 10 年 15 岁以下女童死亡率的下降贡献最大。其次是 30–44 岁的育龄妇女和 60 岁及以上的老年。而进入 20 世纪 90 年代后，预期寿命性别差异的扩大则更多得益于 15–44 岁育龄女性死亡率的下降，而在 45 岁及以上的年龄组的贡献甚微，45–59 岁年龄组甚至是负向的贡献。这说明在 1989–2000 年的 10 年间，中高年龄组女性的死亡风险下降幅度与同龄的男性基本一致，两性之间的死亡风险差距没有进一步拉大。而这些年

龄组的人口正是当下步入老年阶段的队列，正是他们的进入在一定程度上抑制了当下我国老年人口女性化水平的提高，使其处于相对偏低的水平。

综上，我国老年人口的女性化趋势与世界各国有一定的共性，即在老年人口中女性比例高于男性，并且随着年岁的增长，女性比例增高。但相对世界多数国家而言，我国目前老年人口的女性化程度水平还相对较低，女性人口的高龄化程度也较低，也即低龄老年妇女所占的比重在相当一段时间内都较高。在未来我国人口老龄化加速发展阶段，我国老年人口的女性化程度将会逐步提高。

四、老年妇女总体规模的发展趋势及特点

未来40年是我国人口老龄化加速发展的时期。老年妇女总体规模也将大幅增长，将从2011年的9 541万人增至2050年的2.57亿人左右，增长2.70倍左右，显著超过老年人口总规模和老年男性人口规模的增长程度（2.51倍），老年妇女与老年男性在规模上的差异将由2011年的549万人左右增至2050年的3 132万人左右。

我国老年妇女人口规模的变化，按照增幅可以大致划分成以下三个阶段：

第一阶段，2011–2020年前后，老年妇女规模的增长幅度比较平缓，年度增幅呈逐年递减的态势。

第二阶段，2020–2030年，老年妇女规模呈较快增长，年增幅开始急速攀升。

第三阶段，2030–2050年，老年妇女规模的增长又趋平缓，年增幅总体趋势是在小起伏中逐步下降，但其中前面5年左右的增长依然较快。

（一）城乡老年妇女的规模和结构

在未来40年间，随着我国城市化水平的稳步提升，我国老年妇女的城乡结构也将由目前的农村为主逐步转变为城市为主的格局。预测数据显示，目前我国老年妇女中近6成生活在农村地区，但在未来40年，将有越来越多的老年妇女生活在各种公共服务设施相对完善的城市地区。城市老年妇女的总体规模将从2011年的3 979万人左右以显著高于农村老年妇女的增幅递增，到2023年前后将超过农村老年妇女的总体规模，到2050年左右则将达到1.8亿人左右，占到老年妇女的70.8%左右。

从老年妇女群体内部分年龄的情况来看，不同年龄组老年妇女的城市化进程不尽相同。总体而言，低龄老年妇女的城市化进程要显著快于中高龄老年妇女群体，这与改革开放后的乡城流动形势相吻合，低龄组老年妇女受乡城流动的影响要明显

大于高龄老年妇女。

不同年龄组老年妇女城市化水平的这一差异，意味着在高龄老年妇女群体中，居住在医疗养老服务设施相对较差的农村的比例相对更大。已有关于老年妇女照料资源的研究表明，由于老年妇女的丧偶率远远高于老年男性，老年妇女最主要的照料提供者更多是成年子女，并且农村高龄丧偶老年妇女对子女的依赖程度更高。但是伴随着青壮年人口更快的城市化步伐，这些居住在农村地区的高龄老年妇女可依托的照料提供者将会更加的短缺，这是农村高龄老年妇女在照料问题上面临的一个巨大挑战。在国家的老年照料体系的建设中，这是一个不能忽视的重要问题。

（二）高龄老年妇女规模和结构

在未来的 40 年间，我国高龄老人将有一个大幅度的增长，高龄老年妇女将由 2011 年的 1 276 万人左右增至 2050 年的 6 471 万人左右，增长了 5.07 倍左右，远高于中低老年群体的增幅。届时每 4 位老年妇女中就有 1 位是年过八旬的高龄老年妇女。据预测，在未来几十年间我国高龄人口中的性别结构基本稳定在女性占 60% 左右的水平，并没有大的改观，但城乡差异较明显。

预测显示，未来 40 年，我国城市高龄老年人口中的女性比例呈现为一个峰值右偏的“M”型，即在城市地区，高龄老年妇女的比例将在 2025 年前均保持平缓上升的一个趋势，此后有所回落，到 2030 年后则又将继续提高，至 2040 年左右到达 60.5% 左右的峰值，之后呈急剧下降的趋势。

而在农村，高龄老年人口中的女性比例则是一个近似“U”型的变化态势。预测数据显示，农村地区高龄老年人口中的女性比例将从目前的近 61.0% 逐渐下降到 2025 年前后的 59.8% 左右，此后则将与全国总体的变化趋势趋于一致，高龄老年人口中的女性比例将逐步提高。

在未来 40 年，我国高龄老年妇女也将从目前的以农村为主逐步转变为城市为主。预测数据显示，目前我国高龄老年妇女中有近 6 成生活在农村地区，而到 2020 年左右将有接近一半的高龄老年妇女居住生活在公共设施，特别是医疗卫生条件相对较好的城市，到 2050 年左右，则将有 6 成多的高龄老年妇女生活在城市之中。

（三）丧偶老年妇女的发展趋势

受到我国人口老龄化快速发展，特别是规模急剧增长的影响，我国丧偶老年人口的总体规模呈现出增长的态势，其中丧偶老年妇女总体规模的增速也显著高于丧偶老年男性群体：2010 年，丧偶老年妇女总规模已达到 3 345 万人，丧偶老年妇女占整个丧偶老年人口的 70% 左右，有 4 成多丧偶老年妇女生活在社会经济发展水平相对落后的农村地区。

未来 40 年，老年人口丧偶率的性别差异不会有大的变化，在丧偶老年人口中老年妇女的比例依旧会保持在 70% 左右，但是随着我国老年人口城乡结构的变化，丧偶的农村老年妇女在整个女性丧偶老年人口中的比例会逐步降低，而城镇女性丧偶老人的比例将由 2010 年的不到 30% 上升到 2100 年的近 60%。按照上述预测的结果可以推算，2010 年我国丧偶的老年妇女总体规模约为 3 200 万人左右，2030 年则达到 6 600 万人，2055 年我国丧偶老年妇女将可能超过 1 亿人。

丧偶老年妇女的经济独立性更差，66.1% 的人主要依靠家庭其他成员供养，比老年妇女整体的 52.6% 高出了 13.5 个百分点。同时无论城乡，与丧偶老年男性相比，丧偶老年妇女的主要生活来源更多是依靠家庭其他成员的供养，这一性别差异在农村地区更为凸显。现有研究表明婚姻对健康和长寿有益，有配偶者的健康状况（包括生理和心理）均好于无配偶者，而且死亡风险也低于无配偶者（曾毅等，2010）。同时丧偶老年妇女中身体不健康的比例占到了 28.0%，其中 5.7% 的人处于生活不能自理的状态，这两项指标均远远高于有偶的老年妇女，同时也高于丧偶老年男性的相应水平。

对于绝大多数老人而言，配偶在缓解老年人的心理压力、排遣孤独等方面起着积极而重要的作用（李建新，2010），丧偶则会对老年人的身心健康带来不利的影响。对于长期以来在社会经济状况方面处于相对弱势的老年妇女而言，丧偶往往还会因缺少了男性配偶的收入来源支持而更容易在经济上陷入困境。丧偶往往也会导致子女对老年人家庭财产的重新分割，特别是房产和土地，因此对于丧偶老年妇女而言，其经济的独立性将进一步被削弱，特别是缺乏独立收入来源的老年妇女，这一群体也是最容易遭遇子女赡养纠纷和老年虐待的群体。

五、我国未来 40 年人口老龄化过程中女性化趋势的启示

预测数据显示，我国老年人口女性化的程度在未来 40 年间还将进一步加深，而女性的社会经济地位处于相对弱势的境况无疑也会长期存在。而老年妇女作为深受年龄和性别双重劣势影响的一个群体，她们生存状况的改善，无疑是整个老年人口境况改善的关键所在。中国作为一个将男女平等作为基本国策的社会主义国家，在

制定国家应对人口老龄化战略时，应该实事求是地根据我国人口老龄化过程的女性化趋势和老年妇女群体的特殊需求，积极采取具有社会性别视角的有针对性、有优先级、有重点的策略措施。全面系统的应对措施还应包括有利于发挥老年妇女作用，特别是低龄、健康的老年妇女作用的积极措施。

基于老年妇女群体本身的差异性，我们在此重点地提及以下四个特别需要政策支持和社会关注的老年妇女子群体：居住、生活在社会经济条件相对较差的农村地区的老年妇女、高龄老年妇女、丧偶老年妇女及残疾老年妇女 。

（一）关注农村老年妇女

在 2023 年以前，我国一直都会有半数以上的老年妇女生活在农村，其总体规模相当巨大。众所周知，尽管新型农村养老保障和新型农村合作医疗的覆盖率正在迅速提高，但是，我国农村的社会保障水平、医疗服务、老年照料服务、农村社区建设等与养老相关的公共设施和服务的基础还非常薄弱，在这种情况下，农村老年妇女的境况更值得关注。

农村老年妇女晚年的生活在过去和当下都是主要依靠家庭成员，特别是子女来解决。但随着农村子女规模的缩减，农村青壮年劳动力大量优先向城市转移，加之农村老年妇女较高的丧偶率，因此，与农村老年男性相比，农村老年妇女可能受年轻人乡城流动的影响更甚。

相对而言，通过建立完善覆盖全民的养老保障体系可以在很大程度上提高农村老年妇女的经济保障能力和水平，增强其经济的独立性。但是如何才能提高农村老年妇女的健康水平，为其提供所需的基本医疗保障服务，特别是满足其照料需求，这对政策的设计而言无疑是巨大的挑战，也是值得我们去深入研究和探索的一个重大课题。

从更为长远的战略眼光来看，需要我们在社会政策中对未来的老年妇女，亦即当今的中青年农村女性进行更多的发展资源上的倾斜，增强她们的生存发展能力、提高她们在农村社会中的社会经济地位。这才是切实提高未来农村老年妇女生存境况的关键所在。而农村老年妇女的心理健康状况的改善、精神文化需求的满足则是需要农村基层组织的不断完善、农村社会经济文化的极大发展才能真正实现。

（二）关注高龄老年妇女

未来 40 年，我国高龄人口的女性化程度都将维持在 60% 以上的水平，并且其规模的增幅远远高于中低龄老年人口。高龄老人对养老资源，特别是医疗卫生服务和照料资源的需求远高于中低年龄组的老年人，是各种社会养老资源最主要的“用户群”，这是我们的生活经历和国内外大量的实证研究所共同证实的一个客观事实。

未来40年内的高龄老年妇女正是当下已经迈过了不惑之年的中老年妇女群体。她们这一群体具有鲜明的时代烙印，相对同龄的男性而言，这一群体中的女性在各种改革和变动中更多地成为利益受损或者说“为改革做出贡献或牺牲”的人群，“4050人员”“下岗女工”“失地妇女”“流动妇女”“留守妇女”等等这些社会公众耳熟能详的专门称谓，正是这一群体的独特代名词。

正是因为这一群体独特的社会经历，她们中许多人自身所积累的社会资本十分有限，使得她们抵御风险的能力相对较弱。随着年龄的增长，这些中老年妇女的生存境况将面临更大的挑战。如何使这一群体与其他年龄组的人平等地分享社会发展的成果，安度自己的晚年，需要政府采取适当的弥补性政策措施，否则这些未来的高龄老年妇女将很难跟上社会发展的步伐，而只能继续被时代抛在脑后，深陷在社会的底层和弱势群体中不能自拔。

（三）关注丧偶老年妇女

“女高男低”的平均期望寿命和“男大女小”的婚姻模式，导致了老年丧偶寡居的女性化现象。根据相关的预测数据推算，我国丧偶老年妇女的规模目前已达到3 200多万人，未来的几十年间还将不断增长，这是无可更改的客观情况。

受传统观念影响，大多数女性的收入都不及男性配偶，一旦配偶离世，特别是 那些缺乏独立收入来源的女性陷入贫困的风险会大大提高。因此，应积极探索建立并不断完善遗属保险制度，为丧偶的老年妇女构建起一个避免陷入贫困的社会安全网。

此外，丧偶老年妇女在精神健康及生活照料方面的特殊需求也是未来的老年战略不可回避的一个重要议题。对于绝大多数老人而言，丧偶是其晚年生活经历中最具灾难性也是最有压力的事件，与子女之间良好的代际支持是老人度过丧偶困境最重要的支持力量，而与子女同住会显著提高老人获得代际支持的可能、有助于改善丧偶老人的生活质量。但受家庭结构核心化、子女流动、养老观念转变以及丧偶老人自身社会经济状况、健康、居住条件等的改善诸多因素的影响，与子女长期共同居住的传统逐渐式微，而与子女相邻而居、季节性同住以及长期独居等多样化的居住安排则在兴起。在居家养老仍然是我国老年人最主要的养老方式的情况下，对于缺少配偶支持的丧偶老人，她们亟待其所居住社区建立针对丧偶老人的照护体系，以帮助她们安度丧偶之后的晚年时光。

（四）关注残疾老年妇女

2006 年，我国残疾老年妇女的规模约为 2 327.6 万人，占老年妇女的 24.0%，占残疾老人的 52.7%，且越到高龄比重越高。相对而言，残疾老年妇女的受教育程度、有偶率及社会经济状况均显著差于老年残疾男性。

残疾老年妇女是老年妇女中特别弱势的一个特殊群体，由于残疾使得她们的社会参与和融入能力更为困难，她们自身所能积蓄的养老资源非常有限，同时也难以与正常的老年妇女一样获得相关的社会支持资源，常常成为一个被忽视的群体。在我们的老年政策中应该特别关注到这一群体的生存状况和需求，通过细致的社会助老工作及完善的助残社会服务为其提供一个相对较好的社会生活环境，提高其生活质量和水平。

第二章　目前老年妇女存在的主要问题

根据国家应对人口老龄化战略研究目标的要求，本课题不是面面俱到地研究老年妇女存在的问题，而是提出与老年妇女和性别相关的战略性问题，以便基于这些问题提出具有社会性别意识的政策建议，纳入国家应对人口老龄化战略。

根据我们的研究框架，在对人口老龄化过程的女性化趋势及特点进行分析把握的基础上，本章将对三个方面，即老年妇女的经济保障、老年妇女的生活照料以及老年妇女的家庭和社区参与进行重点分析。在分析中，力图既保持对现实的高度关注又注重思考战略性问题。

一、老年妇女的经济保障

总的来看，随着我国覆盖城乡的社会保障体系建设不断加快，特别是新型农村社会养老保险试点不断推广，老年妇女的经济保障状况不断改善，但是，在目前社会养老保障水平仍然较低，退休政策男女有别，以及中年妇女的就业状况得不到明显改善的情况下，无论是目前的老年妇女，还是未来 40 年陆续进入老年阶段的妇女，经济保障状况都不容乐观。主要问题表现在以下几个方面。

（一）老年妇女养老金覆盖率低、高龄老人享受养老金的性别差异显著

根据 2005 年全国 1% 人口抽样调查数据计算，从分城乡分性别老年人养老金享有情况来看，2005 年我国城市老年妇女养老金享有率为 57.0%，城市老年男性的养老金享有率则高达 85.0%，城市老年妇女养老金享有率仅相当于男性的 66.7%。农村能够享受退休金或养老金待遇的男女老年人比例分别为 3.1% 和 1.1%，农村老年妇女养老金享有率约为老年男性的 1/3 左右，该差异远远大于城市。此外，养老金享有率的城乡差异远远大于性别差异，城市社会养老的比例是农村的数十倍。

2006 年中国城乡老年人口状况追踪调查数据显示，男性享受离退休金的比例高于女性，城市远远高于农村，而且丧偶者享受离退休金的比例低于有配偶同住者；从分年龄组的丧偶老年人享受离退休金的比例看，在 60–64 岁组城市女性该比例高于城市男性，而后随着年龄增长老年妇女该比例逐渐低于男性老人，年龄越大差距越大，80 岁以上城市男性丧偶老人享受离退休金的比例为 26.5%，而女性丧偶老人该比例为 9.2%，二者相差 17.3 个百分点，而且城乡差异非常大，农村丧偶老年人享受离退休金的比例非常低。

（二）老年妇女经济保障水平低、贫困率高

老年妇女月均养老金低于男性。根据 2006 年城乡老年人生活状况追踪调查数据计算，2006 年城市老年妇女平均退休金仅为男性的 72.4%。从不同年龄组男女老年人月均养老金的差距来看，差距最小的是 60–64 岁组，老年妇女比老年男性低 237 元，差距最大的是 75–79 岁组，老年妇女比老年男性低 435 元以上。月均 237~435 元的养老金差距，无论在提高老年妇女家庭和社会地位方面，还是在确保老年妇女生活质量方面，都会产生不利影响。

在老年人享受社会养老保险、政府救助方面，存在着明显的城乡、性别、年龄等差异。2006 年城乡老年人生活状况追踪调查数据显示，老年妇女享受社会养老保险的比例低于老年男性，而且丧偶老年妇女享受社会保险的比例低于有配偶同住者。随着年龄增长，城市男性丧偶老年人享受社会保险的比例逐步增大，其与丧偶老年妇女该比例之差由负变正，城市丧偶老年妇女该比例则随着年龄呈现先增后减的趋势，值得注意的是城市高龄丧偶老年妇女该比例远远低于城市高龄丧偶男性。城市远远高于农村（见图 0–2–1、图 0–2–2）。

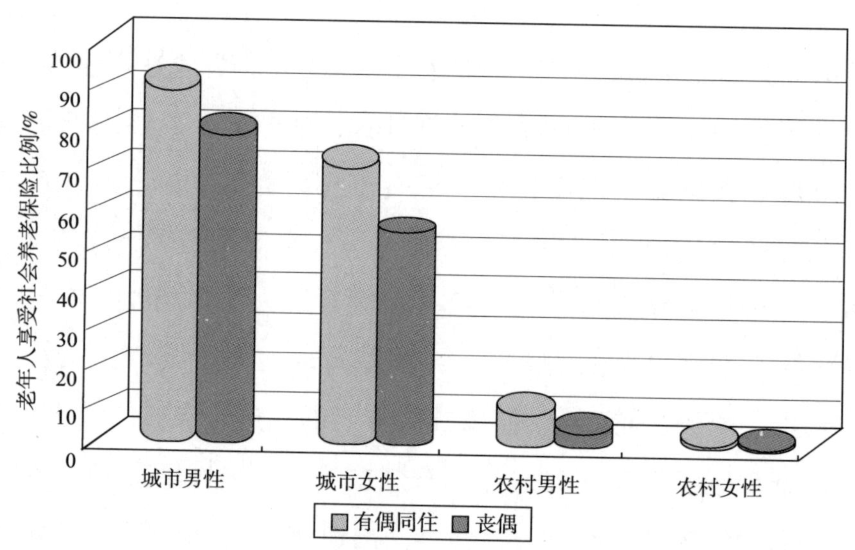

图 0–2–1　不同婚姻状况老年人享受社会养老保险的比例

资料来源：2006 年中国城乡老年人口状况追踪调查。

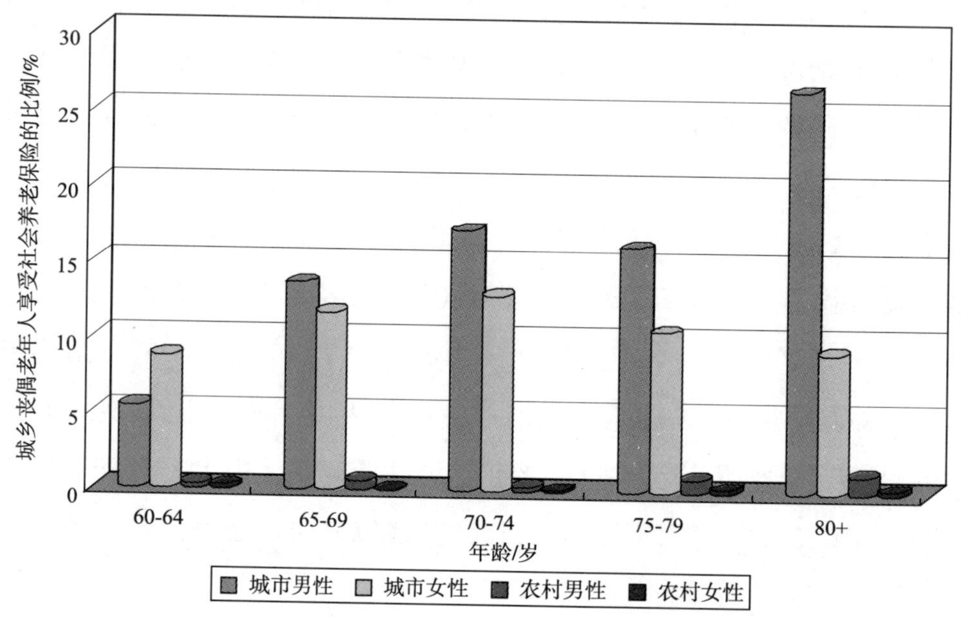

图 0–2–2　分年龄、性别和城乡丧偶老年人享受社会养老保险的比例

资料来源：2006 年中国城乡老年人口状况追踪调查。

老年人对政府救助的依赖也存在着明显的城乡、性别、年龄等差异。2006 年城乡老年人生活状况追踪调查数据显示，与有配偶同住老年人相比，丧偶老年人依赖政府救助的比例更高，城市女性高于城市男性，农村女性则低于农村男性；随着年龄增大，丧偶老年人依赖政府救助的比例呈增加趋势，但农村丧偶老年妇女的该比例变化相对较小，且农村高龄丧偶妇女的比例显著低于男性。这种情况可能与城市老年男性社会劳动参与程度和水平较高、较多享受离退休金、有稳定的收入，而老年妇女较少享受离退休金、生活相对贫困有关；在农村，男女两性老年人获得离退休金与养老金比例均较小，绝大部分农村老年人没有稳定性收入。同时，男性老人可能因为终生未婚而享受“五保户”等政府救助，农村老年妇女很难享受这类政府救助。

根据《中国人口老龄化与老年人状况蓝皮书》提供的数据，2005 年，城镇老年妇女月均收入为 763.8 元，仅为老年男性月均收入的 60.1%；而低收入的老年妇女数量高达 28.8%，是城市老年男性的 2.2 倍。农村老年妇女家庭年收入更低，老年妇女的家庭经营性人均年收入比老年男性低近 1 000 元，无收入的老年妇女是老年男性的 1.6 倍。

老年妇女贫困率远高于男性。2005 年城市老年妇女贫困率为 3.8%，是男性的 2.2 倍，农村老年妇女的贫困率（4.3%）比男性高 1.6 个百分点。此外，2006 年全国城乡居民生活综合研究（CGSS）调查数据显示，在 968 位收入低于低保线的被访者中，男性占 26.7%，妇女占 73.4%。《中国民政统计年鉴（2008）》显示，2005 年享受城市最低生活保障的贫困老人，老年男性的平均收入是老年妇女的 1.5 倍。城市丧偶老年妇女的贫困自评率高达 16.4%。“女性贫困化”和“贫困女性化”在老年妇女中表现突出。

（三）老年妇女在经济上依赖家庭供养的程度仍然较高

随着社会养老保险覆盖面的扩大和越来越多享有养老保险的妇女进入老年，老年妇女群体的经济独立性有所增强，但与老年男性相比，老年妇女在经济上对家庭供养的依赖性仍然较高。2008 年，一半左右的老年妇女最主要的生活来源是家庭其他成员的供养，比 1994 年下降了 27.1 个百分点，但仍显著高于男性（23.5%）；靠自己的劳动收入（3 成左右）和退休金的比例均比 1994 年有显著提高。无论城乡，老年妇女对家庭其他成员的经济依赖都显著高于老年男性，特别是生活在农村的老年妇女，对家庭成员的依赖程度更高。

2005 年全国 1% 人口抽样调查数据显示，老年人以劳动收入、离退休金、养老金、最低生活保障金为主要生活来源的比例存在显著的年龄、性别、城乡差异。城市与镇老年人主要以离退休金为主要生活来源，而农村老年人则主要依靠劳动收入。男性依靠劳动收入、离退休金及养老金的比例高于女性，而城市和镇女性依靠最低生活保障金的比例高于男性，这与城市、镇的男性参与有酬社会劳动的比例高于女性有关。数据同时显示，农村中男性依靠最低生活保障金的比例高于女性，这与农村中男性获得离退休金与养老金比例小有很大关系，在绝大部分农村老年人没有稳定性收入的情况下，最低生活保障金这一稀有资源更多地倾向于老年男性。高龄老年妇女依靠最低生活保障金的比例显著偏高。可见，与男性老人相比，老年妇女在收入方面处于劣势，获得劳动收入和离退休金及养老金的相对较少，因而老年妇女，尤其生活在农村的、高龄的女性老年人的经济保障问题应引起广泛关注。

老年人轮流到子女家居住的比例存在显著的性别差异，女性远远高于男性，而且随着年龄增大该比例呈增加趋势，农村高龄老年妇女该比例很高。与有偶同住老年人相比，丧偶老年人轮流到子女家居住的比例最高，其中城市丧偶老年妇女的比例为甚。

（四）老年妇女掌控家庭资产的程度较低

由于继承制度和分配习俗中的重男轻女，男性在家庭财产占有方面的传统优势普遍存在。通常，家庭的房产、储蓄账户等更多是置于男性家庭成员的名下，女性对家庭资产的掌控程度较男性低。2006 年城乡老年人生活状况追踪调查数据显示，城市老年妇女对住房拥有自有产权的比例低于男性，而且随着年龄增长呈现递减的趋势，老年妇女与老年男性之间的差距随年龄的增长呈现扩大趋势。60–64 岁老年妇女对住房拥有自有产权的比例低于老年男性 1.6%，80 岁及以上这一差距达到了 17.7%，80 岁及以上城市高龄老年男性该比例为 62.6%，而老年妇女该比例为 44.9%。老年妇女较低的住房产权所有率使得她们更容易在家庭赡养纠纷中处于弱势地位。

存有一定数额的养老钱有助于应对老年生活。2006 年城乡老年人生活状况追踪调查数据显示，男性存养老钱的比例高于女性、城市远高于农村。随着年龄增长城市男性该比例呈增大趋势，而城乡老年妇女该比例则呈现逐步减小的趋势，且男性与女性差距呈扩大趋势。80 岁及以上城乡高龄老年妇女存养老钱比例分别为 14.0% 和 5.1%，而这一年龄段男性分别为 29.2% 和 8.3%。较低的存款比例，使老年妇女尤其是农村、高龄老年妇女的贫困风险明显增加，这进一步提高了老年妇女经济保障的不稳定性，加重了她们对家庭成员的经济依赖程度。

（五）未来 40 年老年妇女经济保障的发展趋势

从生命周期的视角看，中青年女性的经济保障状况对其将来进入老年期以后的生存状况具有重要影响。

1. 中青年女性养老保险参保率偏低

国家统计局社会和科技统计司数据显示：在参加基本养老保险就业人口的性别

构成中，城镇女性仅占 39.7%，不足男性的 2/3。进城务工妇女普遍缺乏养老保障，中国发展门户网显示，仅有 15.0% 的女性农民工参加了养老保险。①根据 2005 年全国 1% 人口抽样调查资料计算，20–59 岁在非正规行业就业的女性未参加养老保险的比例很高，而且该比例随着年龄增加呈增长趋势；50–59 岁女性未参加养老保险的比例几乎高达 100%。如果现行的养老保障制度不变，则这些妇女在未来 40 年内陆续步入老年后，由于养老金享有率很低，生存状况将令人担忧。

基于农村社会养老保险坚持以“个人缴纳为主，集体补助为辅，国家给予政策扶持”原则，由于一些村集体无力或不愿对农村社会养老保险给予补助，造成绝大多数普通农民得不到任何补贴。生活困难、缴费困难的妇女在得不到政策扶持条件下，②再一次被排除在新型农村社会养老保障之外。无论是城镇在业妇女还是农村妇女，偏低的养老保险参保率，不但给青壮年妇女的养老安排带来了较大忧虑，还将直接导致她们年老后对家庭成员的较高依赖。

2. 许多中青年女性集中在低收入行业就业

《人口与就业统计年鉴 2010 年》数据显示，目前中年女性多在非正规部门从事低收入、保障差的自营劳动，按就业身份计算，在 16 岁及以上女性就业人员中雇主比例仅为 1.3%，男性雇主比例为 3.1%；女性雇员比例为 28.7%，比男性低 5.6%；而作为自营劳动者和家庭帮工的女性就业者比例高达 70.0%。尽管上世纪八九十年代因国有企业改革而出现的 40–50 岁人员已经陆续退休，但是，目前 40–59 岁的中年劳动者仍然难以成为雇主或雇员、难以获得正规部门的就业机会，更多地成为自营劳动者和家庭帮工，这种情况在中年女性中表现得尤为明显。

在养老金的行业差距不断扩大的过程中，受行业职业性别隔离的影响，女性越来越多地集中在低收入行业就业。据《中国劳动统计年鉴 2006》的数据显示，2005 年企业单位人均退休费仅 8 565 元 / 年，而机关单位人均退休费高达 17 633 元 / 年，同年妇女在城镇单位企业就业的比例为 36.0%，而在机关就业比例仅为 26.6%，由此可见，在养老金行业差距不断拉大的趋势下，妇女集中分布在低收入行业，这必将导致男女养老金性别差距进一步扩大，女性在社会养老保障中的弱势地位被进一步强化。

① 基本社会保障性别差距明显 女性参与非正规就业高于男性 [EB/OL]. 2008 . 中国发展门户网 http://www.chinagate.com.cn.

② 北京：新农保实施顺利 尚待完善 [EB/OL]. 2009. 社会保障网 . http://www.cnss.cn/new/sbss/ylbx/200909/t20090922_242895.htm

此外，在收入变化趋势方面，受传统社会分工的影响，妇女就业率低于男性，加之就业性别歧视与行业隔离，女性多从事低收入工作，男女收入差异显著。近2 000万名妇女集中在家政工职业中就业，她们不但没有稳定的收入，更没有养老保险和其他社会保险，在缺乏必要的家庭和社会支持情况下，很容易在年老后陷入低收入或贫困状态。

在正规部门就业机会缺乏、非正规部门就业比例提高的状况，有可能导致今后数十年内进入老年人口群体的女性经济独立性相对不足。此外，青壮年时期的低收入或无收入，极易顺延到老年。

3. 不在业人口中女性“料理家务”的比例偏高、“正在寻找工作”的比例偏低

2005年全国1%人口抽样调查资料显示，20–59岁年龄段不在业人口中女性“料理家务”的比例远远高于男性。分城、镇、乡来看，城市中女性料理家务占不在业人口的比例小于镇，镇小于乡村；分年龄来看，20–59岁整个年龄段，女性料理家务的比例都显著地高于男性。与之相反，不在业人口中女性正在寻找工作的比例低于男性，而且城市低于镇，镇低于乡村，这种趋势在20–59岁整个年龄段都表现非常明显。可见，不在业女性将更多的精力投入到没有报酬的家务劳动中，而寻找工作的比例却很小。这些年龄段的女性人口在未来40年内将全部进入老年人口队列，目前的这种不在业状况的劣势会使女性有更大的可能积累更多的劣势，中青年时期存在的不平等会在老年时期进一步增强。

从生命周期和社会性别的视角出发，可以看到人们对女性以家庭为中心的性别期待，造成女性一生中承担了大量家务劳动及养育子女的责任，这在很大程度上影响了女性社会劳动的参与，难以获得正规部门的工作机会，更多从事低薪、保障水平相对较差的工作。而社会养老保障等现代养老制度主要是建立在个体社会劳动的贡献基础之上，女性承担的大量家务劳动和老人、幼儿的照料等贡献未能在这一制度中得到认可，这强化了妇女在经济上对家庭其他成员的依赖性。随着我国经济改革的市场化程度不断提高，劳动力市场竞争的加剧，而社会公共服务体系（包括托幼、老人照料等）发展不足等诸多原因，使得近10多年来我国中青年女性的劳动参与率有较大幅度下降，而国家基本养老保障制度也还未健全，这对其进入老年后的经济保障造成不利的影响。特别是身处农村、丧偶和无稳定收入来源的老年妇女，她们陷入贫困的风险显著高于其他群体。

二、老年妇女的健康、医疗保障及长期照料

与其他国家一样，中国老年妇女与老年男性相比，在健康方面同样存在寿命较长、健康状况较差、医疗保障以及照料资源等相对较少等问题，老年妇女在健康方面往往面临着比同龄男性更多的困境和压力，而身处农村、高龄、丧偶、独居、贫困的老年妇女，在健康和医疗保健方面的境况更值得关注。

（一）平均期望寿命较长，但健康预期寿命相对较短

2005 年，我国女性人口的平均期望寿命已经达到 75.3 岁，比男性高 4.4 岁。但无论城乡，各年龄段女性健康期望寿命占余寿的比重都低于男性（见表 0–2–1）。

表 0–2–1　2004 年中国分性别老年人生活自理预期寿命的变化

	男性			女性		
	自理余寿 / 岁	平均余寿 / 岁	自理比例 /%	自理余寿 / 岁	平均余寿 / 岁	自理比例 /%
60	15.7	17.2	91.0	17.6	20.2	87.2
65	12.1	13.6	88.7	13.7	16.2	84.3
70	8.9	10.4	85.5	10.1	12.6	80.1
75	6.3	7.9	80.4	7.1	9.5	74.4
80	4.2	5.7	73.6	4.6	7.0	65.4

资料来源：杜鹏．中国老年人的照料需求发展趋势与对策 [J]．中国老龄，2006（8）。

从表 0–2–1 可以看出，随着年龄增长，老年妇女健康期望寿命占余寿的比重与男性老人该比例之间的差距越来越大，60 岁时二者的差距是 3.8%，而 80 岁时二者的差距则高达 8.2%。

分区域的研究显示，1994–2004 年的 10 年间，在中西部地区，随着老年妇女平均期望寿命的增长，其健康预期寿命的增幅相对较小，生活不能自理的时间相对延长；而在社会经济条件较好的东部地区，老年妇女健康预期寿命的增长则略高于平均期望寿命的增长，生活能自理的时间相对增加 (杜鹏、张文娟，2009) 。

（二）自评健康更差，慢性病患病率、多重疾患率高，生殖系统疾病风险高

我国老年妇女健康自评为“差”的比例高于老年男性。女性比男性更多经受导致痛苦但不致命的慢性疾病，如关节炎、大小便失禁、骨关节炎、骨质疏松和白内

障等。这些疾病会导致功能上的残障，并降低老年妇女的生活质量。老年妇女同时患有两种以上慢性病的比例高于老年男性。老年妇女面临着更高的与生殖系统相关的疾病风险，例如乳腺癌、宫颈癌和子宫癌，还要面临子宫切除后可能出现的并发症等。中国老龄科研中心 1992–2006 年的三次大型调查均显示，无论城乡，老年妇女慢性病自报率均高于同地域的老年男性。

国内近年来所开展的大量实证研究也都印证了我国老年妇女在躯体健康、自理能力以及心理健康等诸多方面的评估指标均显著差于老年男性。2005 年全国 1% 人口抽样调查数据显示，无论城、镇、乡，各个年龄段老年妇女的身体健康状况都差于老年男性，而且随着年龄增长，老年人口的健康状况逐渐恶化（见图 0–2–3）。

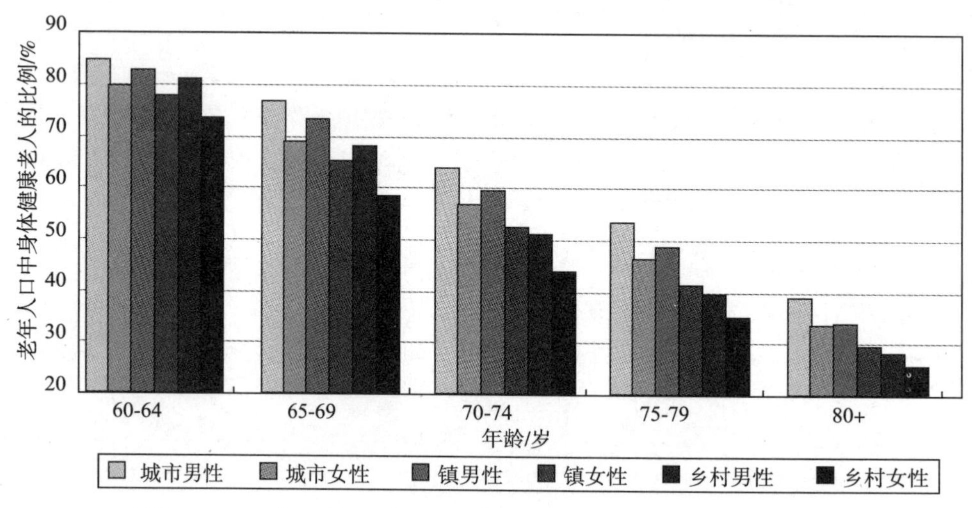

图 0–2–3　分年龄、城乡和性别老年人口中身体健康的比例

资料来源：根据“2005 年全国 1% 人口抽样调查资料”，表 9–2a、表 9–2b、表 9–2c 计算所得。

（三）生活自理困难的比例高，高龄组自理能力缺损严重

我国一系列老年人生活自理能力的调查数据均显示，在相同地域内，各个年龄组老年妇女生活不能自理的自报率均高于男性，年龄越大不能自理的比例越高。农村老年妇女生活不能自理的比例最高。2005 年全国 1% 人口抽样调查数据就反映了这一趋势，无论城、镇、乡，各个年龄段老年妇女的生活自理状况都差于老年男性，尤其是农村高龄女性不能正常工作或生活不能自理的比例超过了 46.0%（见图 0–2–4）。

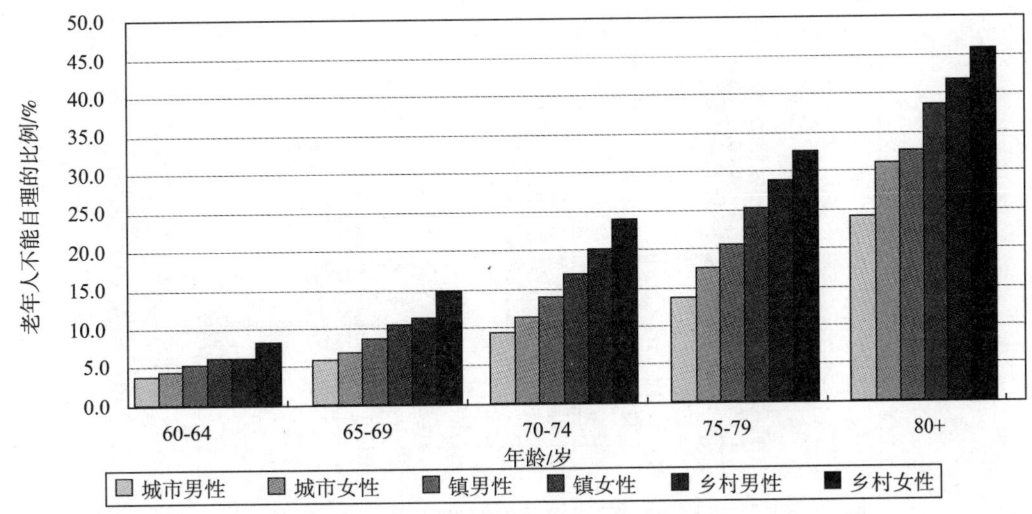

图 0–2–4　分年龄、城乡和性别老年人不能自理的比例

资料来源："2005 年全国 1% 人口抽样调查资料"，根据表 9–2a、表 9–2b、表 9–2c 计算所得。

2006 年中国城乡老年人口状况追踪调查数据显示，在 80 岁以上老年妇女中，仅 4 成左右能够完全自理，低于同龄男性 8 个百分点左右 (见图 0–2–5) 。

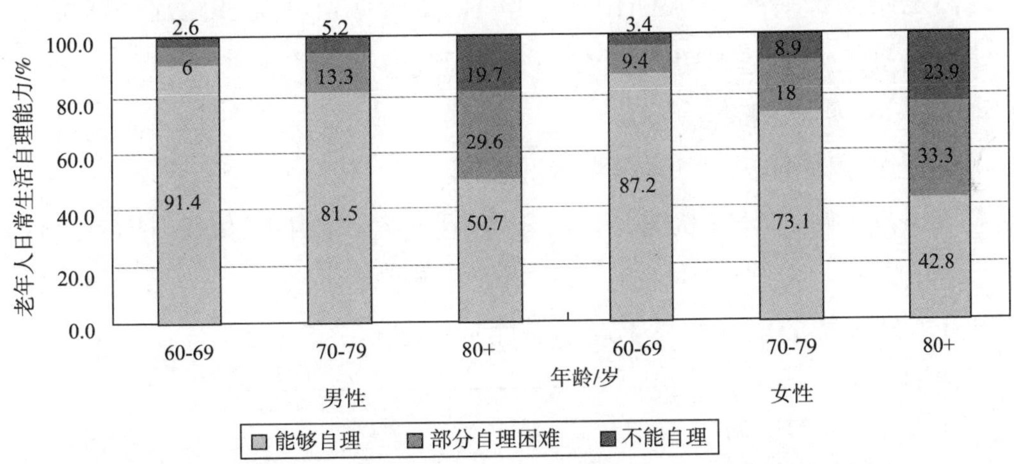

图 0–2–5　2006 年分年龄、分性别老年人日常生活自理能力

资料来源：张凯悌，郭平．中国人口老龄化与老年人状况蓝皮书 [M]．北京：中国社会出版社，2010：137.

从不同婚姻状况看，老年人需要人照顾的比例存在着明显的性别差异。无论城乡，丧偶老人需要人照顾的比例远远高于有偶同住者，而且二者差异较大；农村丧偶老年妇女该比例高于男性，城市丧偶老年男性该比例高于女性（见图 0–2–6）。

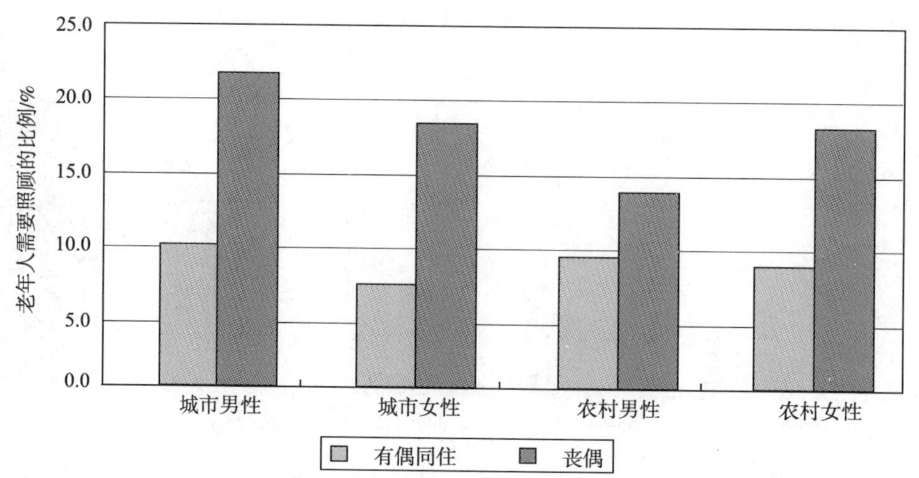

图 0-2-6　不同婚姻状况分城乡和性别老年人需要照顾的比例

资料来源：2006 年中国城乡老年人口状况追踪调查。

客观上，老年妇女，尤其是农村、丧偶、高龄及残疾老年妇女有着比男性更多的健康、照料需求。在规模日益增大的高龄老年妇女中有近 6 成需要不同程度的日常照料，她们是需要长期照料的主体，但她们自身的经济状况和医疗保障水平都相对较低，如何满足她们的基本照料需求，使她们能够有尊严地度过晚年是未来老龄政策必须面对的一个巨大挑战。

（四）负性情感比例高、心理健康状况较差

我国老年男性的心理健康状况总体好于老年妇女。老年妇女表露出有负性情感的比例高于老年男性。中国老龄科研中心 2006 年的调查数据显示，无论城乡，老年妇女表露出有负性情感的比例均高于老年男性（见图 0-2-7）。

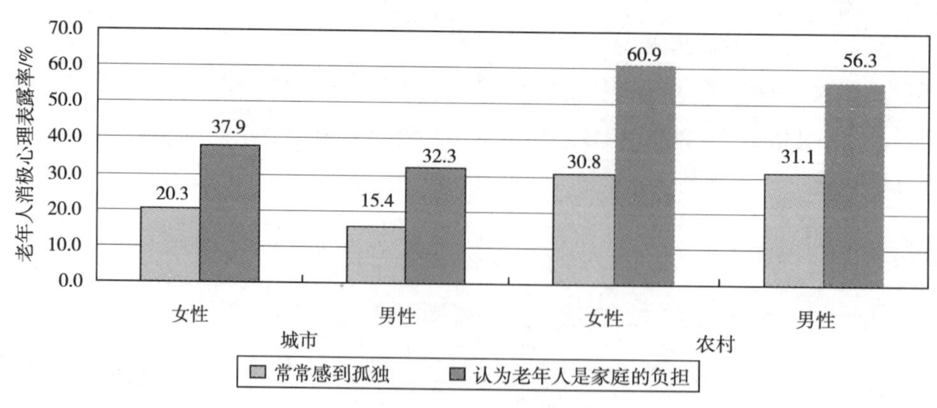

图 0-2-7　2006 年老年人消极心理比较

资料来源：张凯悌，郭平．中国人口老龄化与老年人状况蓝皮书 [M]．北京：中国社会出版社，2010：210-212。

从生活满意度上看，与有配偶同住者相比，丧偶者对生活满意的比例相对较低（见图 0-2-8）。2006 年中国城乡老年人口状况追踪调查数据显示，城市低龄老年妇女生活满意的比例高于男性，而 70 岁以上老年妇女该比例逐渐低于同年龄段老年男性，而且年龄越大差距越显著，尤其是高龄丧偶老年妇女该比例只有 15.2 %，低于男性 4.1%（见图 0–2–9）。

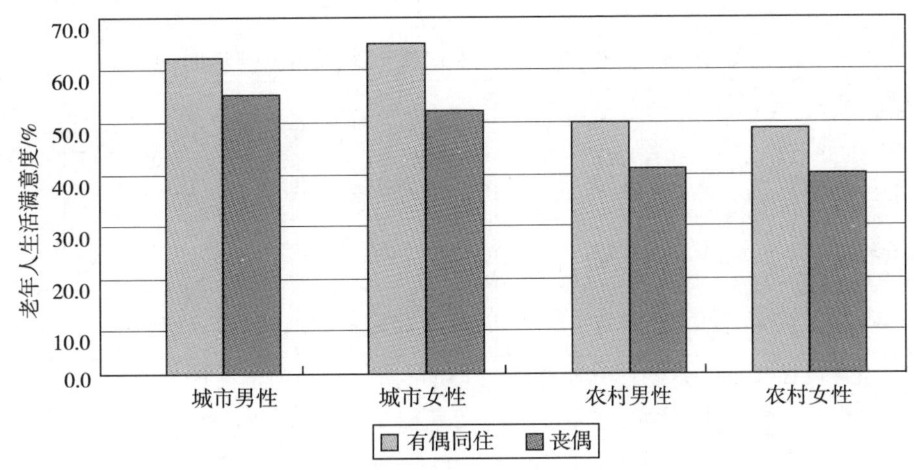

图 0–2–8 不同婚姻状态老年人生活满意度

资料来源：2006 年中国城乡老年人口状况追踪调查，此处生活满意包括“比较满意”和“非常满意”两项。

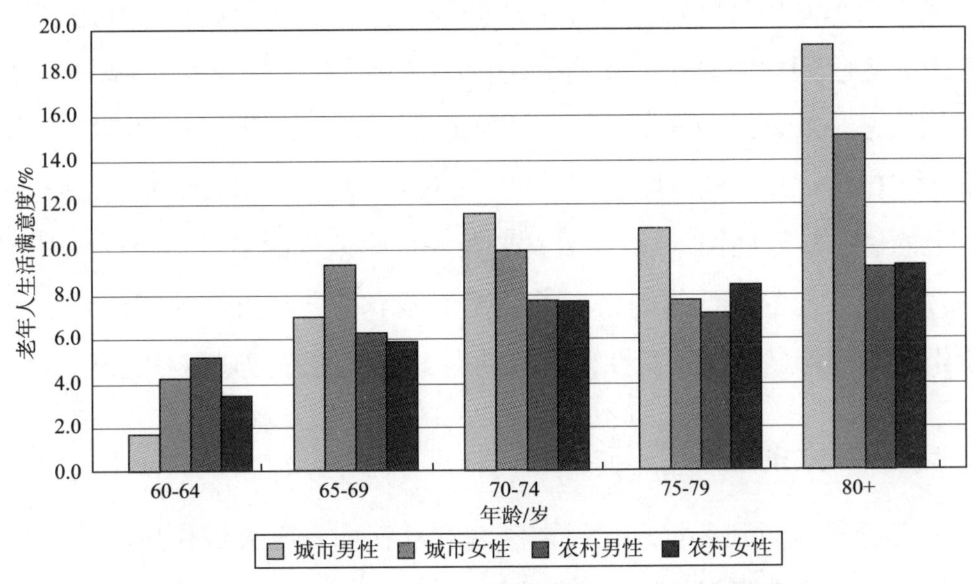

图 0–2–9 分年龄、城乡和性别丧偶老年人生活满意度

资料来源：2006 年中国城乡老年人口状况追踪调查，此处生活满意包括“比较满意”和“非常满意”两项。

（五）家庭照料负担重，自我健康维护状况较差

坚持锻炼身体是健康维护的重要手段，特别是对于一些慢性疾病康复和维护非常有益，但现实生活中我国老年妇女的体育锻炼参与率显著低于同龄男性，并且农村老年妇女的体育活动参与率最低。国家统计局 2008 年时间利用调查证实：老年妇女用于个人闲暇活动的时间（包括体育锻炼）明显少于同龄男性，而从事家庭事务照料的

时间明显高于同龄男性。本课题组估算了 60–74 岁的老年妇女每天平均从事无酬的家庭照料劳动的时间约为 276 分钟，是同龄男性 2 倍左右（见表 0–2–2）。[①]繁重的家务劳动占用了老年妇女的大量时间，这直接影响了她们对体育活动的参与率。

表 0–2–2　分性别老年人平均每天家庭事务照料时间

年龄	男 / 分钟	女 / 分钟	女 – 男 / 分钟	女 / 男
60–64 岁	130	294	164	2.0
65–69 岁	143	280	137	2
70–74 岁	141	253	112	1.8

资料来源：国家统计局社会和科技统计司编．2008 年时间利用调查资料汇编 [M]．北京：中国统计出版社，2009: 表 4–10。

尽管老年妇女健康状况差，相应地对医疗保健的需求也更高，但是受制于个体的经济收入水平和医疗保障制度，老年妇女实际享用的医疗卫生资源还较为有限，这在农村尤为突出。慢性疾病会增加医疗保健开支，但无论城乡，在患有慢性疾病的老年人中，老年妇女的医疗开支均显著少于老年男性，2005 年，我国城镇老年妇女的医疗费用总支出约为 2 806.4 元，仅为男性（4 075.7 元）的 68.9% 左右；农村老年妇女为 1 011 元，为同地域老年男性（1 901.4 元）的 91.1% 左右。在医疗保障费用开支上的这一显著性别差异，与男女老年人家庭地位的高低、自身经济保障水平、特别是医疗保障状况的高低等因素有关。无论城乡，老年男性的医疗开支由基本医疗保险承担的比例均显著高于女性，而女性自己承担的比例则相对更高。

三、老年妇女的社会参与

国际社会已经认识到老年人往往在家庭和社区内发挥关键作用，并且他们的许多有价值的贡献无法以经济尺度来衡量，这一判断非常切合我国老年妇女的社会参与现状。

（一）社会经济活动参与率低，且城乡差异大

无论城乡，老年妇女经济参与率低于老年男性，2000 年和 2006 年老龄科研中心的调查结果也与此一致。2006 年中国城乡老年人口状况追踪调查数据显示，城市

① 本数据和北京市老龄委 2005 年的调查数据有一定差异，北京市老龄委 2005 年调查数据显示，老年人平均每天用于家务劳动的时间存在显著的性别差异：老年妇女为 184 分钟左右，而男性老年人则为 120 分钟，女性比男性老人多出一个多小时。

老年男性在业比例高于女性，尤其是60–64岁组的男女老年人在业比例差距最大。在农村，老年妇女继续从事农业生产的比例为26.1%，男性则为44.7%。从分年龄来看，随着年龄的增长，男女老年人从事农业生产的比例都在逐步降低，同时，各个年龄段的老年妇女从事农业生产的比例都显著低于老年男性。但调查数据也显示，城市老年妇女愿意从事有收入工作的比例为15.5%，虽然低于男性的21.0%（见表0–2–3），却显著高于城市妇女2.7%的实际从事有收入的就业比例。

表0–2–3　分年龄、性别城市老年人愿意从事有收入工作的比例 %

	合计	60–64岁	65–69岁	70–74岁	75–79岁	80–85岁	85+岁
男性	21.0	38.5	27.0	17.2	10.0	6.8	4.5
女性	15.5	27.8	19.7	12.2	8.1	3.5	5.1

资料来源：2006年中国城乡老年人口状况追踪调查数据。

（二）社区参与积极性高，但参与机会少

在我国城市地区，低龄老年妇女是社区活动的参与主体，相对男性而言，女性老年人更乐于参与集体性的、有组织的社区活动，她们是社区建设的一支重要人力资源。低年龄组老年妇女的社会公益活动参与率均高于男性，而进入高年龄组则开始低于男性（段世江，2009）。从2006年中国城乡老年人口状况追踪调查显示，无论城乡，低年龄组（60–64岁）老年妇女经常参加所在社区老年活动室活动、社区老年大学、社区老干部活动中心活动的比例均高于同年龄组老年男性，然而，65岁及以上各个年龄组老年妇女的这一比例都要显著低于同年龄组老年男性。

（三）社区活动的参与范围相对单一

受我国社区建设发展水平的制约，目前社区在老年活动的组织策划、场地保障等方面都还存在许多问题，限制了老年妇女的参与机会。包括老年妇女在内的所有老年人在社区事务的管理和社区建设等方面的参与都还非常有限。老年妇女在社区文化活动的参与上选择相对单一，2008年全国妇联妇女研究所在北京、山西、陕西、甘肃、四川五省市的调查发现，老年妇女目前的社会活动以自发组织的活动为主，尤其以健身保健和娱乐活动为主。

2006年中国城乡老年人口状况追踪调查数据显示，老年妇女在社区活动的参与上具有选择相对单一的特点。老年妇女在打太极拳、做保健操、唱歌、跳舞等方面的比例明显高于老年男性，而在读书看报、（学）用手机、学电脑、上网、看电影、听戏、散步等方面，老年男性的参与比例显著高于老年妇女。另外，值得注意的是，即使是健身保健和娱乐这类老年妇女参与较多的活动，其参与者也主要是城市老年妇女，农村老年妇女参与的比重仍然较低，使得老年妇女总体社会活动参与比重不高。

在社区事务的管理和社区建设等方面，包括老年妇女在内的所有老年人的参与都非常有限（姜振华，2010）。从2006年中国城乡老年人口状况追踪调查数据可以发现，在这有限的参与中，性别差异也非常明显。

在农村，老年妇女参与各类社区公共管理事务的比例普遍低于老年男性。调查数据显示，农村老年妇女无论是关心村务公开情况、参加村委会选举还是了解集体经济收入情况等方面，均比同龄的老年男性比例低。

（四）家庭事务的参与率高，贡献巨大，但得不到社会承认，社会支持的程度较低

如前所述，我国60–74岁老年妇女每天平均从事无酬的家庭照料劳动的时间约为276分钟，是同龄男性的2倍左右。如果一名老年妇女按照目前的平均家庭照料时间度过60–74岁的15年，她将花费25 155小时用于家务照料劳动，按一年365天、每小时7元左右的最低劳动工资保守估算，[①]这些劳动所创造的经济价值约为176 083元（见表0–2–4）。再按2008年我国60–74岁老年妇女总体规模约为7 228万人左右推算，这些老年妇女承担的家务和照料劳动所产生市场价值总量每年将达到8 550亿元左右，相当于当年我国第三产业国内生产总值（120 486.6亿元）的7.3%。老年妇女在家庭照料活动中所作出的贡献不仅具有巨大的经济价值，而且具有明显的社会价值，应该引起政府和社会的重视，并在应对老龄化的公共政策中予以体现。

表0–2–4　我国60–74岁老年人平均家庭照料劳动时间总和及价值估计

年龄组	家庭照料时间总量估计 / 小时		劳动价值总量估计 / 元	
	男	女	男	女
60–64岁	3 954	8 943	27 679	62 598
65–69岁	4 350	8 517	30 447	59 617
70–74岁	4 289	7 695	30 021	53 868
合计	12 593	25 155	88 147	176 083

资料来源：国家统计局社会和科技统计司编的2008年时间利用调查资料汇编，根据表2–13整理，并结合全国平均最低小时工资进行估算。

① 目前我国各地的工资水平差异较大，小时最低工资从4.6元（北京）到9元左右不等，7元是目前我国各地非正规就业最低工资标准的中间值，但实际我们认为家庭事务劳动和照料工作的价值应该高于非正规就业的最低工资。

老年妇女对社会和家庭的贡献超出她们的经济活动。相比男性而言，她们往往在家庭和社区内发挥关键作用。她们许多有价值的贡献无法以社会的经济价值尺度来衡量，例如照顾家人、从事家务劳动以及在社区内从事志愿活动，等等。女性承担了大量不纳入国民经济核算系统的无酬劳动，这使得女性的劳动价值被低估甚至被忽视。在未来的40年，健康、低龄的老年妇女是老年妇女的主体，她们的文化程度、社会参与意愿和能力都有较大的提高，是解决未来我国老龄化战略一系列重大挑战的重要人力资源宝库。

应该看到，老年妇女从事无酬劳动所做出的巨大贡献，一定程度上是以牺牲自己的身心健康为代价的。前述许多调查数据显示，老年妇女在各个年龄段的健康状况都比同年龄段的老年男性差，各个年龄段老年妇女对照料的需求也高于老年男性。而且，许多调查数据也显示，各个年龄段老年男性的生活自理能力都好于同年龄段的老年妇女。这就出现了一个看似很矛盾的现象：总体来看，健康状况好、生活自理能力强的老年男性享受着来自健康状况差、生活自理能力弱的老年妇女的照顾。归根结底，还是受“男主外、女主内”的传统社会性别角色分工的影响，使得男女老年人在家务劳动分担上存在显著的男少女多的格局，老年妇女花在家务劳动等无酬劳动上的时间要显著多于男性。尽管女性在社会劳动上的时间总体少于男性，但女性在劳动时间（社会劳动和家务劳动）的总量上大大超过男性。

四、我国老年妇女问题的特点

老年妇女问题是一个普遍性的问题，我国老年妇女群体所面临的问题与世界其他国家类似，也具有以下主要特点：

（一）长期累积性

老年妇女问题是妇女生命周期中劣势累积的结果，是广泛存在的不平等社会性别关系在长期的社会生活中逐渐累积而形成的。女性在晚年时期面临的困境，特别是经济上的不利状况，常常源于中青年时期的职业发展不利，甚至可以追溯到她们在儿童时期父母的教育期望和投资的性别差异和偏好等。

老年妇女与老年男性在许多领域面临的问题具有共性，但在程度上往往更为严重，陷入困境的风险更高，如老年妇女经济保障水平低、贫困率更高、慢性病患病率更高。同时老年妇女还面临着一些特殊的问题，如丧偶比例高、再婚机会少、独居概率高、长期照料的需求更强，以及老年妇女的贡献和社会价值被低估和忽视等。

（二）复杂多样性

由于城乡差异、年龄差异、婚姻状况等因素，不同的老年妇女所面临的主要问题也各不相同，使老年妇女问题呈现出复杂多样性，这是性别不平等与其他方面的不平等（如地域、阶层等）相互交织的结果。

相对而言，农村、丧偶和城市无保障老年妇女在经济保障方面最为弱势，而对于社会经济发展水平相对较好地区的健康、低龄并且经济状况相对较好的老年妇女，她们面临的主要问题更多是如何更好地参与社会、实现个人的价值等问题。

（三）隐蔽难辨性

老年妇女的需求和问题长期被掩盖在家庭之中，往往被视为是家庭内部的问题而得不到社会公共政策的关注。例如，在农村，一些有子女但实际无人赡养的丧偶老年妇女，生活极度困顿，但这种状况由于她们有子女而被隐蔽在“家庭事务”或“家庭纠纷”之中，公共权力机构往往对此感到无能为力：因为她们有子女，所以无法作为“五保户”获得来自公共政策的扶助。但与此同时，相应的法律法规对于子女不尽赡养义务也缺乏行之有效的约束和惩戒效力，无法解决这些老年妇女的实际难题。

受传统“男主外、女主内”社会角色分工的影响，女性社会劳动的参与程度相对较低，而其承担的大量家务劳动和照料责任等常常被当作是理所应当的事情，得不到社会承认，也难以纳入国民核算系统的无酬劳动，这使得女性的劳动价值被低估甚至被忽视。社会养老保障等现代养老制度主要是建立在个体社会劳动的贡献基础之上，在有着数千年家庭养老文化传统的中国，人们也更容易把对老年妇女需求的满足视为家庭私领域的责任，而难以纳入社会公共政策的视野。

第三章　应对的战略和策略——社会性别视角的建议

一、相关国际经验

世界各国已经普遍认识到，老年妇女占老年人群体的多数，而且具有比较明显的弱势特征。因此，许多国家的社会保障、社会福利服务政策都力争确保老年妇女是主要的受益者。也就是说，世界各国的老年妇女社会支持政策并不是一个独立的政策体系，而是包含在老年社会政策及社会福利政策之中，这也是国际社会倡导社会性别主流化的结果。同时，由于在就业等经济政策中性别不平等问题普遍存在，使得妇女在生命历程中积累起来的弱势特征日益明显，成为老年妇女弱势状况的普遍性原因，因此，更具有赋权性和战略性地解决老年妇女问题的政策措施也是各国目前政策研究的重点。

（一）老年妇女的社会保障政策

1. 老年妇女能够享受到普遍的社会保障待遇

发达国家的社会保障政策比较完善，养老和医疗社会保障的覆盖面很宽，比如在社会保障制度发展最早的德国，其社会保障体系几乎覆盖到了全体国民，同时在养老和医疗方面的支出占到整个社会保障支出的50%以上（郑功成，2000）。而养老金和医疗保险及其服务对于老年人，特别是孤寡老年妇女来说是最重要的。在英国、北欧及英联邦国家实行了普遍养老金计划，凡是达到年龄标准的老年人全部纳入普遍年金计划，由政府支付一笔养老金（董克用、王燕，2000）。此外，对于实行了普遍社会救助的社会保障计划的国家，老年妇女也都可以得到社会保障的保护。

2. 老年妇女能够获得专门的社会保障待遇

实行老年妇女遗属年金或单项的妇女津贴制度。例如，瑞典实行了妻子津贴计划，规定退休者的妻子年龄达到60岁以上、自己没有退休金的，可以领取“妻子津贴补助”。瑞典还实行了“寡妇抚恤金计划”（胡汝泉，1991）。瑞典新近改革后的养老金制度又规定，养老金数量将根据每个人一生工作年限的总收入确定，除了同收入相关外，照料孩子也被考虑在计算养老金量的年限范围内。[①]

美国对符合条件的退休者的配偶、遗属实行养老金津贴计划。英国对由退休人员供养的配偶实行附加津贴制度。法国对于有退休金者的遗孀、离婚或被遗弃的妻子等，即凡符合家庭经济调查所规定的条件者，均可领取受保人退休金的50%作为抚恤金，并有最低标准线的规定。当配偶没有正式工作时，对有退休金者的退休金标准给予相应的提高。日本在上个世纪80年代年金制度改革时，确立了妇女独立的年金权，把国民年金的适用范围扩大到被雇佣者的妻子，同时妻子在无工作时可以领取厚生年金（对企业雇员建立的养老金）中的基础年金。这等于说是确立了女性独立的养老保险权利。日本的国民年金制度计划中，设立了寡妇年金和母子年金的

① 中国保险资讯网，http://www.chinabx.com/show.asp?id=2405, 2004-7-29.

种类，以保障老年妇女的经济收入（胡汝泉，1991）。

3. 在退休年龄上出现了公平化的趋势

在退休制度的退休年龄规定上，有较多的发达国家在男女退休年龄上做到了统一标准。但是有些发展中国家标准不统一，女性比男性早退休5年左右。目前国际上实行两性同样年龄退休的有103个国家(美国社会保障署,2002)，有60多个国家正在推进两性平等退休的法律（清华大学公共管理学院社会政策研究所，2001）。由于女性寿命长于男性，在女性提前退休的国家中，女性的退休生活时间就要长于男性。而且，由于退休金一般是按退休前工资的一定比例计算的，而在工资不断上涨的过程中，早退休者所得到的退休金收入就要低于晚退休者。在男女年龄不统一的退休制度下，老年妇女的经济收入受到了不利影响。

这些社会保障方面的政策为老年妇女晚年的基本生活来源提供了比较稳定的保证，体现了国家和社会对老年妇女生活保障的责任。除此项收入之外，发达国家老年人的终生养老理财计划也发挥了重要作用，例如通过年轻时购买房产、股票、债券等，为养老积累了一笔财富，也减轻了社会养老保障的压力，这是我们今后在市场经济发展中必须借鉴的有益做法。

（二）老年妇女社会福利服务政策

通过社会团体兴办老年福利事业的做法值得提倡。发达国家的老年社会福利服务事业发展得比较完善，使老年妇女从中受益。例如，为了支持老年妇女的家庭生活、家务劳动和老年人的家庭护理事务，瑞典的地方自治团体制定服务计划，如为老年人提供福利性的住宅，提供交通优惠服务，提供家庭入户服务。这些服务包括打扫卫生、菜肴烹制、送餐到户；建立日间老人活动中心，组织老人开展文化兴趣和体育健身活动，为老人组织舞会、电影晚会、交友会、旅游活动等。瑞典这些老年社会福利服务活动的资金由国家财政解决50%，由老年人自己承担50%（胡汝泉，1991）。

带有救助性质的老年福利政策值得我们借鉴。美国老年人法规定，对有特殊困难的60岁以上的老人及其配偶提供营养计划，提供适当的可靠的配餐，并对有关人员进行必要的训练。美国政府还帮助社区建立志愿者工作方案，老人的社会福利服务的实施主要由志愿者来完成（胡汝泉，1991）。

（三）老年社会参与政策

老年社会参与政策有利于提高老年妇女的生活质量，协调人际关系，增加心理健康。随着老年人健康水平的提高和寿命的延长，很多国家把鼓励老年人进老年大学学习作为老龄政策的一个部分，例如法国老年大学的经费由政府财政予以资助，使很多没有工作的老年妇女都参加了老年大学的学习。美国政府制定了“老年人社区服务就业方案”，在社区对经济有困难并具有劳动能力的老年人实行帮助就业——从事社区服务活动，从事有偿工作，并免除其税收（胡汝泉，1991）。

（四）老年人的家庭生活支持政策

支持家庭养老的社会政策有利于保障老年妇女在家庭生活中的权益，提高她们的家庭地位，安度晚年。在具有东方文化传统的日本和韩国，政府实行了一些支持家庭养老的政策措施，例如，年轻人与其供养的老人共同生活，购买住房时可享受价格优惠，还可对老人居住的面积实行部分免费；与老人共同生活的家庭具有使用某些公共设施的优先权；对有老人家庭的职工每年给予适当的照料假期等（穆光宗，2002）。

总之，国外的普遍养老保障计划、养老保险、老年福利方面对老年妇女给以特殊保护或者与男性平等待遇的做法，可以作为我们发展和完善社会保障制度的有益借鉴，我们应该借鉴多数国家两性退休年龄统一和遗属津贴制度，对没有就业的老年妇女给以普遍养老金（国民养老金）待遇；应该借鉴日本和韩国的支持家庭养老的做法。但是我们也应该看到，发达国家老年妇女的境遇仍然在很大程度上不如老年男性，美国的老年妇女仍然是社会中最贫困的群体之一。美国的老年妇女和少数民族老人、独身老人以及高龄老人都被看作是最贫困的群体（N.R. 霍曼，1992）。同时，随着人口老龄化特别是人口高龄化的发展，发达国家实行高福利的老龄政策，使政府财政负担越来越沉重，财政危机成为社会福利政策面临的难题，这也是我们应该汲取教训的方面。

二、从社会性别视角看我国现有老龄政策的主要成就及存在问题

（一）取得的主要成就

男女平等是我国作为社会主义国家一贯奉行的宪法原则，也是我国社会主义制度优越性的主要表现。同时，尊老爱幼既是我国的优良文化传统，也是社会主义价值观的基本内涵。近几十年来，我国适应老龄化的发展趋势，力图将男女平等基本国策落实到相关的老龄政策之中，老年妇女法律保护、政策支持措施有了长足发展，她们面临的诸多实际问题得到政府部门、非政府组织和社区管理和服务者的日益重

视。国务院常务会议讨论通过的《中国老龄事业发展“十二五”规划》明确了“十二五”时期老龄事业发展的重点任务，强调进一步完善老年社会保障制度。实现新型农村社会养老保险和城镇居民社会养老保险制度全覆盖。将符合条件的老年人全部纳入最低生活保障范围，做好老年医疗卫生保健工作。基层医疗卫生机构要为辖区内65岁以上老年人建立健康档案，定期组织体检。广泛开展老年健康教育，更加注重老年精神关怀和心理慰藉；完善家庭养老支持政策。完善老年人口户籍迁移管理政策、家庭养老保障和照料服务扶持政策，提倡亲情互助，弘扬孝亲敬老传统美德；大力发展老龄服务。居家养老服务网络覆盖所有的城市街道、社区和80%以上的乡镇、50%以上的农村社区。推进供养型、养护型、医护型养老机构建设，实现每千名老年人拥有30张养老床位。开展多种形式的老年社区照料服务，加快发展护理康复服务；加快老年活动场所和无障碍设施建设，增加文化、教育和体育健身设施，丰富老年人精神文化生活；完善老龄产业引导和扶持政策，促进老年用品、用具和服务产品开发；加强老龄法制建设和法律服务，加强养老服务行业监管，维护老年人合法权益。会议要求各地区、各有关部门加强组织领导和督促检查，确保规划顺利实施。

目前我国政府已制定和实施了一批老龄政策和法规，例如，20世纪50年代初开始陆续出台了城镇养老保险、医疗保险制度以及农村“五保”社会救济制度；从20世纪80年代开始，国家为适应改革开放及建立社会主义市场经济的需要，改革和完善了城镇养老保险制度和医疗保险制度，调整了缴费机制和养老保障待遇水平，扩大了社会保险的覆盖面，使越来越多的老年人（包括老年妇女）能够享受到社会保障；1996年国家出台了《中华人民共和国老年人权益保障法》，其中对老年人在社会保障、社会参与以及人身、家庭赡养、婚姻等方面的权利做了明确规定；从2001年起，从中央到地方，民政部门把发行福利彩票筹集的福利金绝大部分用于资助城市社区老年人福利服务设施、活动场所和农村乡镇敬老院的建设。总之，随着城乡社会保障制度不断发展，老年妇女享受养老保障人数越来越多；公共卫生的普及与物质生活水平的提高，使女性人口的平均寿命不断延长；面向家庭和老年人的公共服务不断发展，使老年妇女的生活负担减轻，社会参与机会有所增加；广大老年妇女的切身利益得到越来越多的保障。

（二）存在的主要问题

在看到成就的同时，我们也应该看到，我国的老龄政策仍存在比较明显的问题，难以适应社会主义市场经济的新形势，难以适应以人为本的科学发展观的新要求。

从社会性别视角来看，主要表现在以下两个方面：

一是一些老年法律政策难以适应老龄化过程中的女性化趋势，缺乏基于性别差异的有针对性的内容。正如前述分析，农村老年人、贫困老年人、丧偶老人、高龄老人中女性比例均高于男性，这些老年妇女往往在以往的生命历程中积累了健康、教育、收入、保障、社会网络等多重弱势，但我国相关的新型农村社会养老保险政策、新型农村合作医疗制度、农村“五保”社会救济制度及高龄老年津贴政策等都忽视了这些弱势老年群体中的性别差异，面对弱势老年群体中更加弱势的农村、贫困、丧偶、高龄及残疾老年妇女缺乏有针对性的倾斜政策，使得看似公平、性别中立的老龄政策对男女两性老年人产生了不同影响。以遗属生活保障为例，尽管我国早在50年前就注意到失去配偶给老年妇女，尤其是配偶有养老保险而本人没有的老年妇女生活带来的一系列影响，半个世纪以来，也先后出台了一系列遗属政策。如，1957年和1964年，内务部（现民政部）、财政部、国务院人事局曾联合就国家机关、事业单位工作人员遗属临时或者定期补助问题发出通知。1980年民政部和财政部联合颁布了《国家机关、事业单位工作人员死亡后遗属生活困难补助暂行规定》。1999年，我国在城市建立了最低生活保障制度，改善了最贫困的退休者，尤其是女性退休者的收入状况。但是，这仅仅是解决退休女性贫困的临时性措施，遗属基本生活保障始终停留在社会救济和社会优抚层面，尚未纳入社会保险体系。现行的遗属救济方式存在明显的制度性缺陷：第一，覆盖面窄，仅主要覆盖国家机关和企事业单位工作人员；第二，保障不充分，需要通过一系列申请和审批手续，救助标准低、金额少，往往只能缓解暂时的困难；第三，稳定性差，现行遗属补助常常取决于各单位的经济状况，有的单位由于经济状况不好而难以落实遗属补贴；第四，缺乏法律法规的约束，目前，全国各地、各单位的遗属补贴名称各异，标准不一，管理混乱，极易出现政策的真空地带，而且也难以避免受到人为因素干扰而出现无法落实的情况。

二是有的老龄政策难以适应迅速变化的社会经济形势，对男女两性采取不适当的区别对待，往往会对女性产生不利影响。比如，20世纪50年代以来，我国的退休年龄一直沿用男女区别对待的规定，即男性干部、公务员、工人60岁退休，女性干部、公务员55岁退休，女性工人50岁退休。在计划经济时期，这项政策被看作是一个比较公平的政策，体现出对女性的照顾——提前休息和相对较长时间享受养老金待遇。当时工资和物价水平没有多少变动，工资是几十年一贯制，因此早退休和晚退休的退休金水平没有多少差别。但是，随着改革开放的不断深入，尤其是工资和养老保险制度的改革，这种有差别的退休年龄实施结果越来越不利于妇女，特别是党政机关和事业单位的女性知识分子，不仅对女性职业生涯发展的不利影响日益明显，而且导致女性退休后的退休金或养老金明显低于同样年龄、同样职业经历的男性，对老年妇女的生活产生了十分明显的负面影响。联合国消除对妇女歧视委员会和国际劳工组织甚至将此项政策视为中国少有的性别歧视政策的典型案例。有学者的研究表明，这一政策的确对老年妇女造成不公平的影响。按目前我国的工资年增长 5% 的情况估算，女性比男性早退休 5 年，与男性退休时相比，女性工资收入将减少 20% 左右，退休金将减少 10%。另有一项研究证明，由于男女职工退休年龄相隔 10 岁，与在职时工资水平相同的男职工相比，女性的养老金一般仅能达到男性的 80% 左右（陈卫民、李莹，2004）。

上述两个方面的问题虽然表现形式不一样，但是，深层次的原因是相同的，即制定老龄政策时，缺乏性别公平公正的理念和原则，缺乏对基于社会和家庭中不平等的性别分工导致的老年群体性别差异的认识和分析。在很长的时间里，我国对老龄政策重视不够，对老龄政策应该体现的性别公正理念的重视尤其不够，没有认识到实行老年社会政策的一个主要目的是通过政策干预来减少因各种社会因素对老年群体，特别是对弱势老年群体的不利影响，进而增进社会平等和公平，促进社会经济可持续发展。

三、将社会性别纳入国家应对人口老龄化战略的对策建议

国家应对人口老龄化的战略和策略，是国家适应人口老龄化发展趋势而制定的一系列既有战略目标又有策略措施的政策。将社会性别意识纳入应对人口老龄化的战略和策略，并非要建立独立的老年妇女政策体系，而是要在国家应对人口老龄化的战略中体现以下两个方面的原则和内容：

第一，重视男女两性老年人对政策的不同需求，并在国家应对人口老龄化的战略和策略中体现满足这些需求的具体措施。

第二，重视国家既有的老龄政策对男女两性的不同影响，以及由此产生的不平等后果，并在国家应对人口老龄化战略和策略中体现消除不平等的具体措施。

作为国家应对未来人口老龄化的战略性政策，我们认为在处理老年妇女问题时应该把握现实性政策与战略性政策相结合的思路，既要关注当前老年妇女迫切需要解决的主要问题，满足她们的现实性政策需求，同时采取积极的政策措施逐步消除

性别歧视，促进性别平等，以缩小男女两性在步入晚年时各种社会资本积累和享有上的显著性别差距，使男女老年人能更加平等、和谐地参与社会发展，分享社会发展的成果。

（一）现实性政策建议

针对本研究发现的目前老年妇女面临的主要问题，建议在以下几个方面着手，采取积极措施，满足老年妇女的现实性需求。

1. 在社会保障方面，建议推行男女平等的退休政策；完善遗属保障；完善城乡养老保障制度，提高妇女的养老保险参保率

（1）建议推行男女平等的退休政策。建议在男女权利和机会平等的价值观基础之上，充分考虑中国国情，综合解决退休年龄问题。建议采取“两条线”的弹性退休政策，即综合考虑我国的就业和社会保障形势，协调人口就业和养老保障两方面压力，制定一个男女统一的退休年龄“下限”，即“到达这一年龄即可以申请退休”（如50岁或55岁），和一个男女统一的退休年龄“上限”，即“到达这一年龄必须退休”（如60岁），在“上限”和“下限”之间可以供劳动者个人和用人单位根据各自情况弹性选择。同时，建议国务院责成有关部门根据劳动年龄人口和养老保障金等数据具体测算，科学确定退休年龄的“上限”和“下限”，以便尽早废止目前不平等的退休年龄规定。

（2）建议完善遗属保险政策。建议将遗属保险纳入社会保障制度，首先针对有退休金老人的无退休金配偶实行遗属保险计划，然后再扩大到未成年子女和父母。考虑到目前城市已经超过50%的老年人享受退休金，排除夫妇两人均有退休金或者均无退休金的老年人，真正能够享受遗属金的老年人在老年人口中所占比例并不会很高。可由雇主、雇员、政府三方负担资金的筹措，在兼顾公平与效率的原则下，保证遗属享有适当的津贴水平，不低于当地最低生活保障水平；按照基本养老保险支付的方式采取按月支付给丧偶者本人，以确保该笔资金能用于改善其自身的生活；其次，在城乡社会保障制度改革中将遗属保险一并考虑，制定适合中国国情的细则，在试点的基础上逐步推广。

（3）建议在新型农村社会养老保险政策实施过程中重视保障农村高龄老年妇女权益。目前，关系到亿万农村群众福祉的新型农村社会养老保险政策正在全国试点，在乡城流动日益频繁的形势下，这给农村老人，特别是高龄、丧偶的农村老年妇女带来了福音，尤其是其中的基础养老金的政策设计，体现了中央政府对

农村老人生存福祉的关怀。但是，在试点过程中，大部分地区将老年人的基础养老金与子女的养老保险缴费“捆绑”实施，使有的老人，特别是高龄老人（多为老年妇女），虽然有多个子女，但本人无力协调子女之间的关系和矛盾，可能很长时间无法确定哪个子女能够参保缴费，因此，也难以及时领到基础养老金。此外，在一些农村地区，有的留守老人，特别是高龄、生病的老年妇女，与常年外出打工的子女失去联系，也会因为难以满足“捆绑”条件而无法及时领到基础养老金。因此，建议新型农村社会养老保险政策的实施一定要考虑农村贫困高龄老人的特殊困难，避免他们因子女没有缴费而影响其自身享有中央政府提供的基础养老金。

2. 在老年妇女社会福利服务方面，针对前述我国老年妇女，特别是高龄、贫困老年妇女面临的实际问题，提出如下建议：

（1）建议针对城乡贫困的高龄老人实行高于一般高龄老人的高龄津贴。高龄津贴对不同社会阶层的高龄老人来说意义不同。对于生活并不困难的高龄老人，高龄津贴只是锦上添花，或者是长寿者的荣耀。而对于城乡贫困的高龄老人，高龄津贴则可能是维持生活的必需资源。因此，建议区分高龄老人的不同情况，制定有区别的高龄津贴。

（2）建议在保障性住房政策设计中，考虑城市高龄贫困且有长期照料需求的老人的特殊困难，给予优先照顾。由于继承制度和分配习俗中的重男轻女，男性在家庭财产占有方面的传统优势普遍存在。老年妇女较低的住房产权所有率使得她们更容易在家庭赡养纠纷中处于弱势地位。对于城市高龄贫困且有长期照料需求的老人来说，更容易由于没有自己的住房而遭到子女的遗弃，应该在保障性住房政策设计中给予优先考虑。

（3）建议为在家庭中长期照料老人的照料者，特别是长期照料生病配偶的老年妇女，提供心理咨询和照料技能等方面的帮助。在家庭中长期照料老人的照料者，尤其是本人也是老年人的照料者，在心理上常常处于焦虑、无助的状态。同时，在照料技能方面也需要指导，因此，应通过组织社会工作者或志愿者开展相应的支持性活动，给予家庭照料者，特别是身为老年人的家庭照料者以切实的帮助。

3. 在老年妇女社会参与方面，针对本研究发现的主要问题，提出以下建议：

（1）建议将积极老龄化与性别平等的理念结合起来，加强宣传倡导，在社会中树立男女平等、相互照料的新型老年文化。在鼓励男女老年人参与社会活动的同时，有针对性地鼓励男性老人积极主动地参与家庭生活照料工作，改善目前老年妇女家庭照料时间远高于男性的状况，为老年妇女更多地参与社会活动创造条件。

（2）建议重视老年妇女在家庭照料中创造的经济价值，制定适合中国国情的家庭照料者支持计划，由政府为在家庭中照料高龄老人（包括在家照料配偶的老年人）的家庭照料者提供补贴，以补偿她们长期付出的无酬劳动。应鼓励有精力的老年人参与家庭生活照料工作，并将其视为老年人对社会和家庭的贡献。

（3）建议充分发挥低龄老年妇女在社区建设和管理、社区居家养老服务等方面的积极作用。由于不平等的退休年龄以及劳动力市场上的性别歧视，由于退休、下岗、失业等原因，更多的中老年妇女聚集在社区，成为社区活动的主力军。应该充分发挥她们在社区建设和管理、社区居家养老服务及社区托幼服务等方面的作用，将她们视为构建和谐社区的重要人力资源。

（二）战略性政策建议

（1）将性别公平作为国家应对人口老龄化战略的重要目标和原则之一，将社会性别意识纳入各项策略措施之中。

（2）建议开展老年法律政策的社会性别评估，增强老龄社会政策制定和实施过程中的性别平等意识，尽可能减少由于政策的性别盲视对老年妇女生活的不利影响。

（3）建议改善目前中青年妇女的就业和保障状况，遏止劳动力市场上的性别歧视现象，创造平等的就业机会，以积极的赋权妇女的措施，战略性地减少未来老年妇女陷入贫困的可能。

（4）建议宣传倡导性别平等的文化观念，改变基于性别的不平等社会和家庭关系，逐步消除女性在生命周期中的劣势积累效应，增加其优势积累，这是从根本上改善老年妇女不利境地的战略性措施。

人口老龄化的女性化趋势研究

导　言

人口老龄化过程中的女性化趋势是指在人口老龄化过程中，老年妇女所占的比例明显高于男性的现象，并且越到高龄，女性所占的比例越高，这是世界大多数国家在人口老龄化过程中呈现出来的一个普遍特点。

由于社会和家庭中广泛存在的性别不平等观念以及与之相关的各种正式和非正式的制度规范，男女两性在生命周期各个阶段的发展机会和空间都有不同程度的差异，这些差异及其累积效应往往使得妇女在步入晚年时所积累和享有的各种社会资本，如教育水平、收入保障、健康状况、婚姻家庭状况、医疗保障和照料资源等，与同龄男性相比处于明显劣势，即老年妇女的生存境况相对更糟；而与此同时，老年妇女对社区、家庭的和谐稳定与安康作出的巨大贡献却往往被忽视，她们甚至被视为是社会和家庭的负担和累赘，这对于老年妇女而言是非常不公正的。

长期以来，老年群体的社会性别差异，特别是在社会性别关系中处于相对不利境地老年妇女的境况，并未得到相关研究者和决策者的充分关注。其直接的后果是，许多国家的老龄政策和行动中缺乏社会性别意识，没有充分考虑到老年妇女群体的特点和政策需求，导致老年妇女难以平等参与和分享社会发展的成果，她们的贡献也没有得到充分的认可，成为老年群体中的一个特别弱势的群体。

人口规模对社会政策具有较强的刚性制约作用，对在诸多社会资本上处于相对弱势、但却极具贡献性、且规模庞大的老年妇女，国家的老龄政策应当从战略上重视她们面临的特殊问题和政策需求，将社会性别意识充分纳入我国应对人口老龄化的战略政策和行动策略之中。

未来几十年是我国人口老龄化加速发展的时期，我国未来老年人口中的女性比例是降是升？人口老龄化的女性化趋势对我国社会经济发展会带来怎样的影响？我国的老龄政策采取什么措施和策略来正确应对这一客观的社会现象？这是我国在制定科学的老龄化战略时不可回避的重要问题，只有在对我国人口老龄化过程中女性化趋势及其特点有深入认识的基础上，才能更好地回答上述的问题。本课题将分四个章节对我国人口老龄化的女性化趋势进行解答：

第一章首先利用联合国世界人口展望 2010 年的最新数据及本战略研究课题的预

测数据对我国老年人口的女性化趋势进行研究，通过与世界主要国家的比较，揭示出我国人口老龄化女性化趋势的特点，加深对我国老年人口的女性化这一现象的认识和了解。

第二章对老年人口女性化趋势的原因进行探讨，特别结合我国人口老龄化女性化趋势的特点，探究影响我国老年人口女性化程度的人口及社会文化等原因，澄清了出生预期寿命增长与老年人口女性化程度之间的关系。

第三章是以本战略研究课题组提供的相关预测数据资料，揭示我国未来 40 年间老年妇女群体在总体规模和结构变化趋势、地域分布特点等，对需要重点关注的四个老年妇女群体：农村老年妇女、高龄老年妇女、丧偶老年妇女及残疾老年妇女的发展趋势进行简要分析。

第四章重点探讨老年妇女问题的特点，及在国家老龄化战略中应该特别重点关注的四个老年妇女群体的政策需求。

第一章　人口老龄化过程中的女性化情况（1950–2000 年）

老年妇女占老年人口的比例是衡量人口老龄化过程中女性化趋势最常用的一个指标；而在社会政策意义上，高龄（80 岁及以上）妇女规模的增长，以及她们在老年妇女群体中所占比例的变化，则是更为重要的一个信息，它与社会支持、医疗照料需求的关系更为密切。本章主要利用老年人口中女性比例、高龄人口中女性比例以及分性别老年人口的高龄化程度等指标，结合各国的人口老龄化程度、预期寿命的性别差异等来探讨我国人口老龄化过程中女性化趋势的变化特点和规律。

一、我国人口老龄化过程的女性化趋势（1950–2050 年）

（一）我国老年人口的女性化趋势（1950–2050 年）

图 1–1–1 分别利用联合国 World Population Prospects 2010 年版的数据和本战略研究课题的预测数据，对比揭示我国 1950–2050 年这 100 年间 60 岁及以上老年人口的女性比例和 80 岁及以上高龄人口中的女性比例的发展趋势。

从图中可以看到，对于60岁及以上老年人口的女性比例，联合国数据和战略研究课题的预测结果基本吻合。而对于高龄老人的女性化程度，战略研究课题的预测结果则略高于联合国的数据结构。两者在趋势上是基本吻合的，鉴于此，我们在进行国际比较时将统一使用联合国的数据资料。

总的而言，在这100年间，我国60岁及以上人口的女性比例均保持在51%以上，即老年妇女在总体规模上多于男性；80岁及以上高龄人口的女性比例，联合国数据是保持在58%以上的水平，而本战略研究课题的结果则是在59%以上，都印证了越到高龄女性人口所占比例越高的说法。这充分说明我国老年人口的女性化现象是长期且客观存在的。

值得关注的是，在1950–2010年的60年间，我国老年人口的女性比例总体呈缓慢下降的态势，而在未来的几十年间，则呈缓慢回升的走势，从2011年的51.5%小幅回升到2050年的53.2%左右。

我国高龄人口的女性化水平在过去的半个多世纪呈近乎线性的下降走势，从1950年接近70%的高位逐步降至目前的61%左右。根据联合国的预测数据，在未来的数十年间我国高龄人口的女性化水平基本维持在59%左右的水平，本战略研究课题的预测则是在60%左右小幅波动。

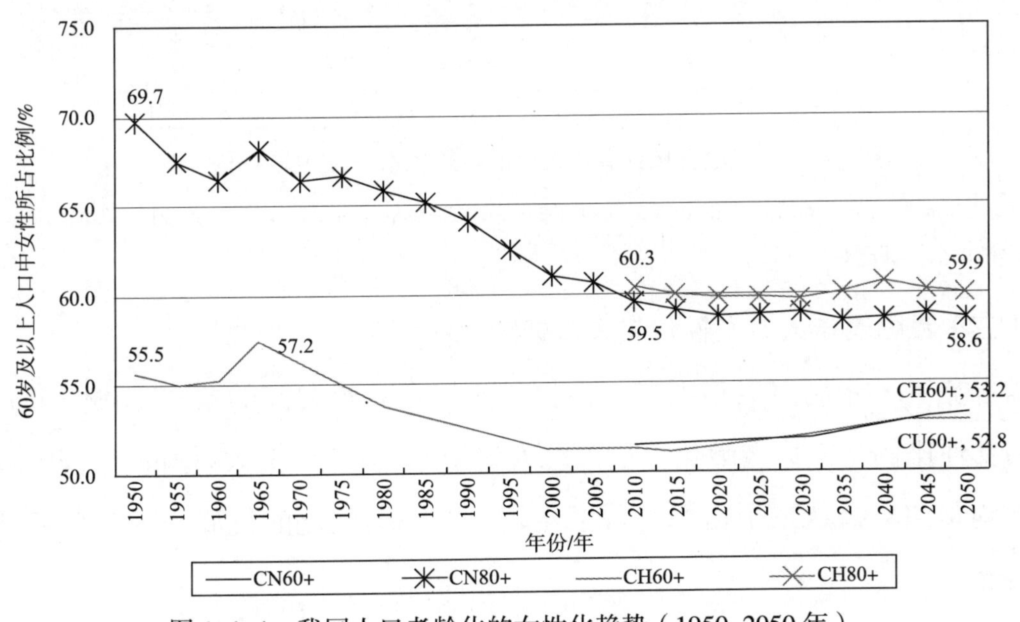

图1–1–1　我国人口老龄化的女性化趋势（1950–2050年）

资料来源：UN：据联合国 World Population Prospects: The 2010 Revision Population Database 中方案预测数据计算；CH：根据本战略研究课题数据计算。

（二）我国老年妇女的高龄化趋势（2010-2050 年）

在 1950-2050 年间，我国老年人口的高龄化程度呈稳步上升的趋势，与我国人口老龄化水平的走势基本一致，本战略研究课题与联合国的数据结果高度吻合。

从分性别的情况来看，老年妇女的高龄化水平显著高于老年男性人口，其差距也随高龄化水平的提高而呈扩大的趋势：男女之间的差距从 1950 年的 2.2 个百分点逐步扩大到 2010 年的 4.0 和 2050 年的 6.1 个百分点（见图 1-1-2）。这说明我国老年妇女的高龄化程度更突出，发展态势更迅猛。

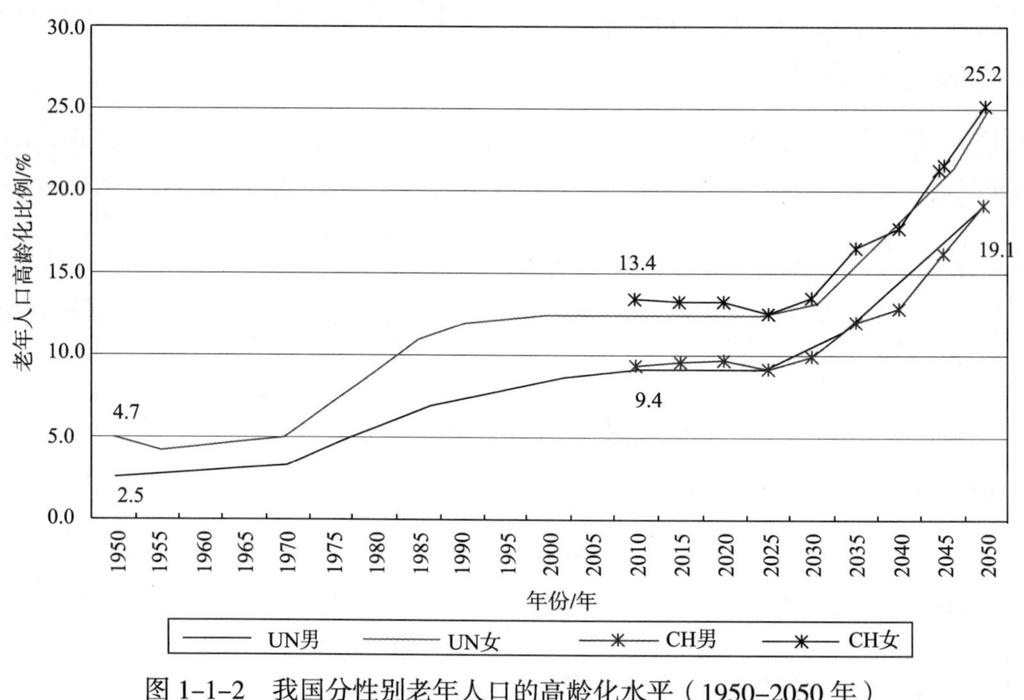

图 1-1-2　我国分性别老年人口的高龄化水平（1950-2050 年）

资料来源：UN: 据联合国 World Population Prospects: The 2010 Revision Population Database 中方案预测数据计算；CH：根据战略研究课题数据计算。

（三）我国老年人口女性化与人口老龄化的关系

为了更进一步洞察老年人口女性化与人口老龄化之间的关系，我们将老年人口中的女性比例与人口老龄化水平（总人口中 60 岁及以上人口所占比例）及女性出生平均预期寿命这三个指标进行了比较，以观察彼此的发展是否存在某种一致或相关性。

从图 1-1-3 中可以看得，在 1950-2050 年的 100 年间，随着我国人口老龄化程度的加深及女性平均预期寿命的增长（男女平均预期寿命的差距也在增大），我国老年人口的女性化水平不升反降。这是各国人口老龄化与老年人口女性化程度的普遍现象，还是我国所特有？对这一似乎有悖常理的现象应该如何理解，本文将在后文讨论。

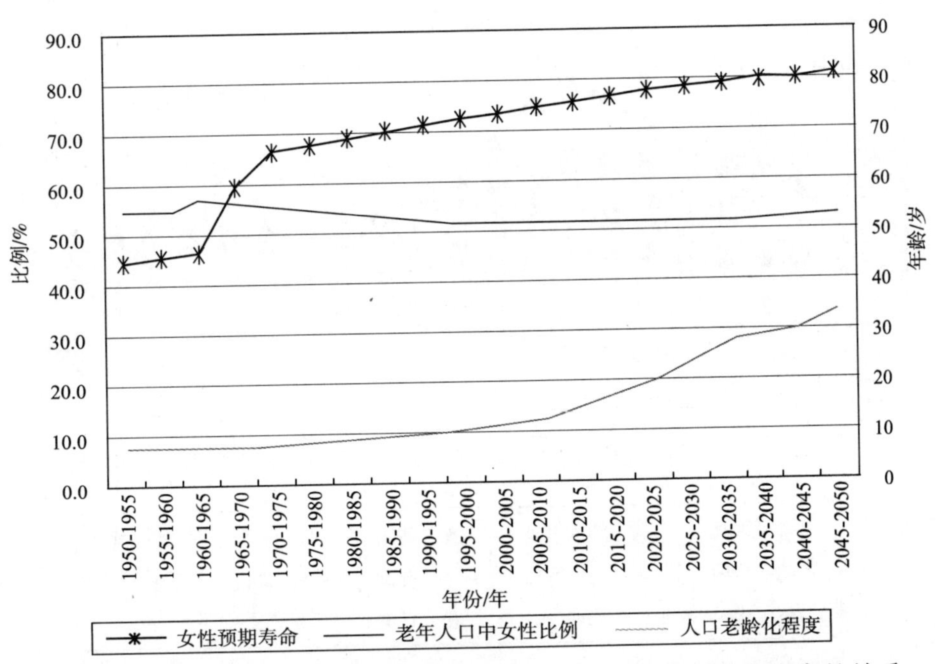

图 1-1-3　我国老年人口女性化程度与人口老龄化、女性预期寿命的关系

资料来源：据联合国 World Population Prospects: The 2010 Revision Population Database 中方案预测数据计算。

二、人口老龄化过程中女性化趋势的国际比较（1950–2050 年）

为了更清楚地认识我国老年人口女性化程度的发展特点，我们选取了世界不同地区的 12 个国家与中国进行比较，主要是人口老龄化发展程度相对较高、同时人口规模也相对较大的发达地区的国家：美国、加拿大、德国、法国、英国、意大利、日本、澳大利亚；同时也选取了与中国并称“金砖四国”的其他三个发展中国家：印度、巴西、俄罗斯和预期寿命与中国较为接近的埃及。通过对中国与这 12 个国家情况的对比，以期更深入地认识我国人口老龄化过程中女性化趋势的特点。

（一）老年人口中女性比例的变化状况

在 1950–2050 年的 100 年间，除印度和加拿大（仅在 1950 年为 48.5%）在一段时间内略低于 50% 外，中国与其他 10 个国家老年人口的女性比例都在 50% 以上，表明各国在人口老龄化过程中的确普遍存在老年妇女所占比例高于老年男性的现象（见图 1-1-4）。

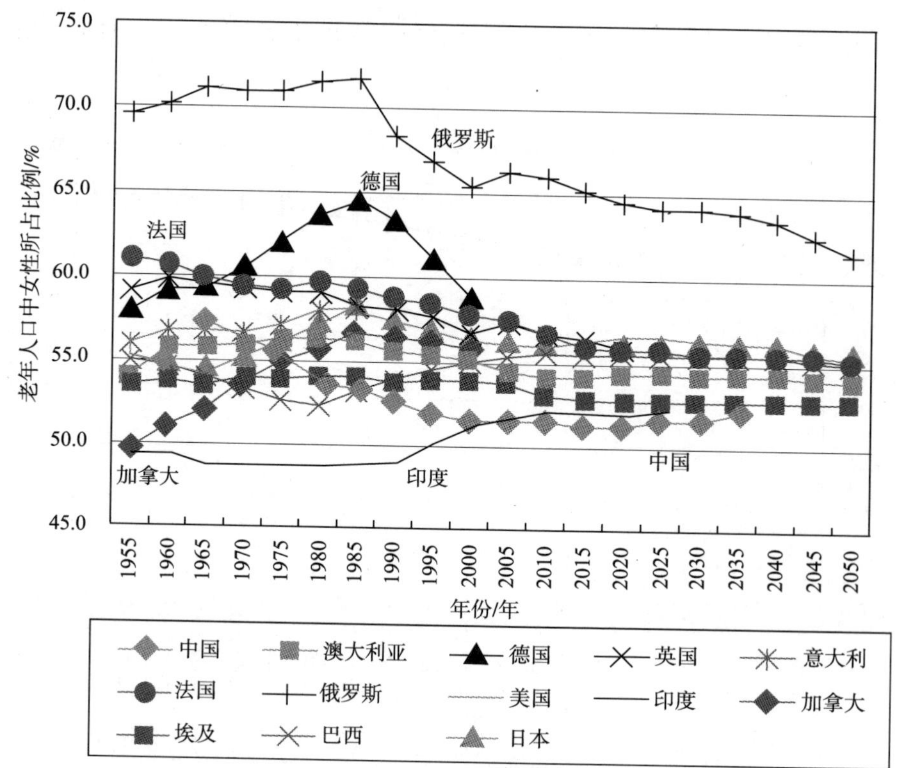

图 1-1-4　部分国家老年人口女性比例的变化（1950–2050 年）

资料来源：据联合国 World Population Prospects: The 2010 Revision Population Database 中方案预测数据计算。

从图中可以看到，世界各国老年人口中的女性比例呈现出较大的波动起伏，德国和俄罗斯的波动幅度最大，分别为 11.3 和 10.3 个百分点；中国为 5.9 个百分点，较加拿大（7.9）、英国（6.4）、法国（6.2）等国小，与美国（5.8）相当；波动幅度最小的是埃及，仅为 1 个百分点。并且波动主要是在上世纪后半叶，进入 21 世纪后，各国老年人口中女性比例相对稳定，并且有逐渐收敛于 53%~57% 的区间的趋势。

中国老年人口中女性比例的变化趋势是先降后升，与上述各国均不相近。随着印度老年人口中女性比例的提升，当前中国老年人口中女性比例的水平已低于上述诸国。

各国老年人口中女性比例的变动走势不尽相同：有先升后降的倒“U”型，如美国、加拿大、德国、意大利、澳大利亚、俄罗斯等；也有一直下降的，如法国、英国等；巴西和日本则是以 55% 为轴呈现出一个舒缓的“∽”型；印度则呈缓慢上升的走势。

（二）高龄老年人口中女性比例的变化状况

在 1950–2050 年的 100 年间，上述 13 个国家高龄人口的女性比例绝大多数超过 60%。与老年人口女性比例的波动相比，各国高龄人口女性比例的波动幅度更大：

除日本（5.4）、埃及（6.6）、印度（7.1）和俄罗斯（7.4）的波动幅度在 10 个百分点内以外，其他各国的波动幅度都超过了 10 个百分点，其中波动幅度最大的德国为 16.6 个百分点，中国达到了 11.2 个百分点。

但高龄人口女性比例的发展趋势则不尽相同（见图 1–1–5）。在过去的 60 年间，欧美等发达国家多为先升后降的倒“U”型，但各国达到最高点的时间和峰值各不相同，如法国、英国、意大利和澳大利亚在 1980 年前后达到峰值；而德国和加拿大则是在 2000 年达到峰值；日本的曲线近似于舒缓的“∽”型；巴西、印度和埃及等发展中国家则更接近正“U”型。未来 40 年，除俄罗斯外，其他各国高龄人口的女性比例也将逐步收敛于 57%~63% 的区间内。

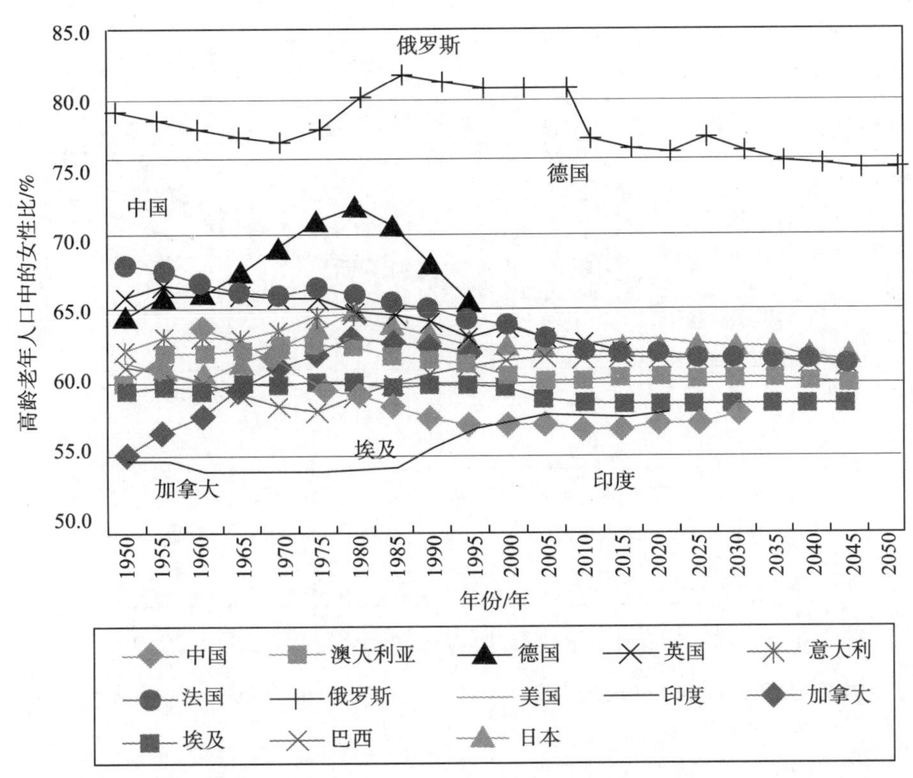

图 1–1–5　部分国家高龄老年人口中女性比例发展状况（1950–2050 年）

资料来源：据联合国 World Population Prospects: The 2010 Revision Population Database 中方案预测数据计算。

中国高龄人口女性比例一路下降的变动趋势也与各国不尽相同。从当前的水平来看，中国高龄人口的女性比例仅高于印度和埃及两个发展中国家，处于偏低的水平。

（三）老年妇女的高龄化状况

数据显示，伴随着各国人口老龄化程度的提高，各国老年妇女中高龄女性所占比例呈现出稳步增长的趋势（见图 1-1-6）。与其他国家相比，我国高龄妇女在老年妇女中的比例相对较低，目前仅为 13% 左右，2050 年将升至 25% 左右，与当前欧美等国的水平相当，与金砖四国中的其他三个国家水平相当。这意味着在相当一段时间内，我国老年妇女中 80 岁以下的中低龄老年妇女所占比重相对较大，但将在随后的一个时期陆续进入高龄阶段。因此，在这些中低龄老年妇女进入高龄之前，应抓紧机遇完善相关政策措施，以更从容地应对随之而来的高度高龄化。

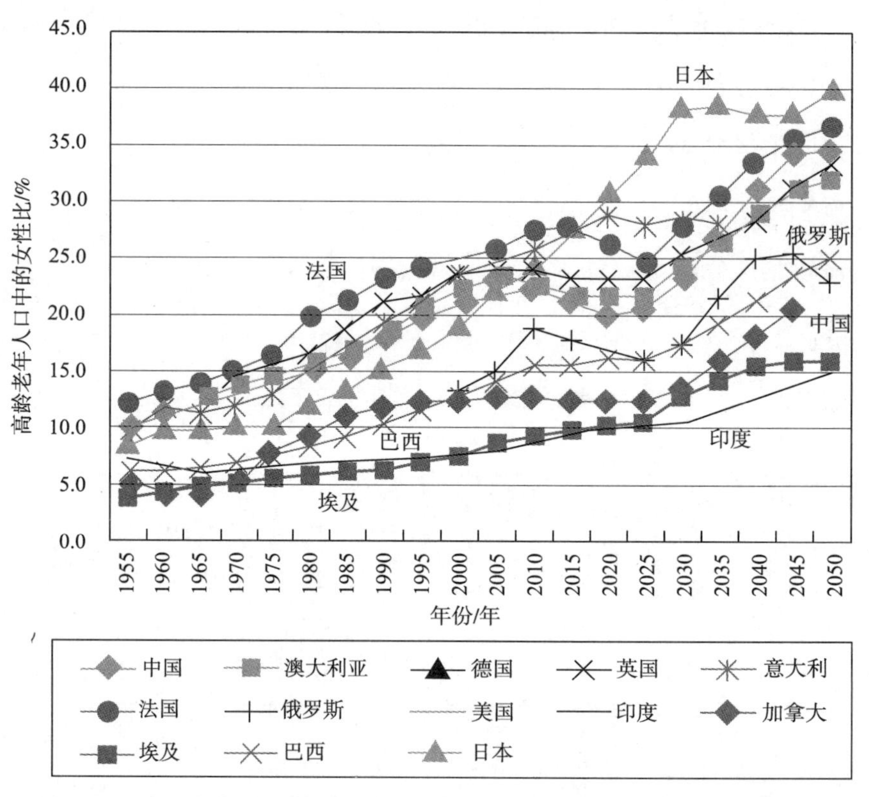

图 1-1-6 老年妇女中高龄妇女所占比例变化趋势（1950-2050 年）

资料来源：据联合国 World Population Prospects: The 2010 Revision Population Database 中方案预测数据计算。

三、人口老龄化程度与老年人口女性比例的关系研究

为了进一步考察人口老龄化程度与老年人口中女性比例之间是否存在一定的规律，我们利用联合国的相关数据，以老龄化程度（60 岁及以上人口占总人口的比例）为横坐标，老年人口中女性比例为纵轴，做出了 1950-2000 年部分国家人口老龄化程度与老年人口中女性比例的散点图（见图 1-1-7）。

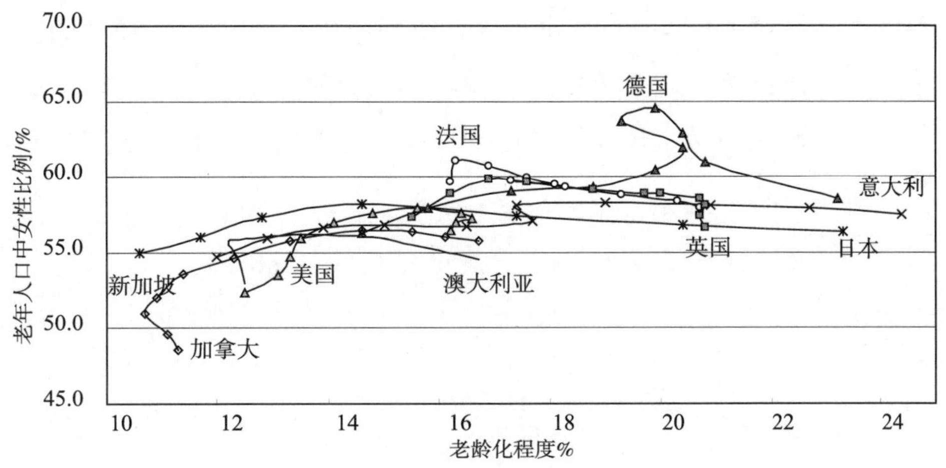

图 1-1-7　部分国家老龄化程度与老年人口女性比例散点图（1950–2000 年）

资料来源：据联合国 World Population Prospects: The 2010 Revision Population Database 中方案预测数据计算。

以目前国际通行的 60 岁及以上人口在总人口中所占比例达到 10% 为一个国家或地区步入老龄化社会的标识，在 1950–2000 年的 50 年间，图 1-1-7 中的国家其人口老龄化程度与老年人口中女性比例之间并没有呈现出明显的、简单的线性关系，即人口老龄化程度的加深并不一定就带来该国老年人口中女性比例的线性增长或降低，相反，几乎所有国家都是呈现出一个先增后减的势态，但各自的增减幅度和拐点则都相去甚远。

就老龄化发端最早的法国而言，随着其人口老龄化程度的提高，其老年人口中的女性比例呈现出逐步下降的态势，美国、加拿大、澳大利亚以及英国等国的变化趋势与之较为接近；日本则是在人口老龄化程度不断深化的过程中，老年人口中的女性比例呈现出缓慢起伏的状态；意大利的情况则是随着人口老龄化程度的加深，老年人口中的女性比例在增至 58% 左右后呈现出稳中略有下降的态势；德国则是在老龄化程度达到 20% 后，出现了一个较明显的回潮，老年人口中的女性比例也在此期间达到接近 65% 的峰值。这可能是德国在二战期间大量的男性青壮年战亡的人口队列进入老年期所致，随后德国老年人口中的女性比例也急速下降到 58% 左右，接近其他欧美国家的水平。

此外，即便是在老龄化程度相同的情况下，各国老年人口中的女性比例也各不相同，各国老年人口中女性比例达到峰值时的人口老龄化程度也相去甚远（见表 1-1-1）。

值得注意的是，在表 1–1–1 所列举的 8 个国家中，除了法国和英国，其他 6 个国家都是在 1980–1985 年间达到的女性化峰值。这可能与这些国家在二战时期大量男性青壮年的战亡减员有关，德国老年人口的女性化程度也正是在此间达到最高值。

表 1–1–1 部分国家老年人口中女性比例达到峰值时人口老龄化程度及年份比较

	人口老龄化程度 /%	老年人口中女性比例 /%	对应年份 / 年
法国	16.3	61.0	1955
德国	19.9	64.5	1985
意大利	19.0	58.2	1985
日本	14.6	58.2	1985
澳大利亚	13.6	56.2	1980
英国	16.9	59.8	1960
美国	15.6	57.9	1980
加拿大	14.6	56.5	1985

资料来源：据联合国 World Population Prospects: The 2008 Revision Population Database 中方案预测数据计算。http://esa.un.org/unpp/index.asp?panel=2.

表 1-2-1　部分国家出生预期寿命性别差异与老年妇女比例

	中国			澳大利亚			意大利			德国			加拿大			日本		
	A	B	C	A	B	C	A	B	C	A	B	C	A	B	C	A	B	C
1950–1955	44.6	0.0	55.0	72.2	5.5	54.4	68.1	3.6	55.9	69.6	4.3	57.9	71.5	4.9	49.6	63.9	3.5	55.1
1955–1960	45.6	1.1	55.2	73.5	6.0	55.5	70.7	4.6	56.6	71.5	4.9	59.1	73.2	5.5	51.0	68.5	4.4	54.6
1960–1965	46.4	4.4	57.2	74.2	6.4	55.9	72.3	5.4	56.7	72.9	5.5	59.4	74.5	6.1	52.0	71.5	5.0	54.4
1965–1970	59.5	0.3	56.2	74.4	6.7	55.8	73.7	5.8	56.6	73.6	5.8	60.4	75.6	6.7	53.6	73.9	5.2	55.1
1970–1975	66.1	3.1	55.1	75.1	6.8	56.1	75.2	6.1	56.9	73.8	5.9	62.0	76.6	7.0	54.6	75.8	5.3	56.1
1975–1980	67.8	3.0	53.9	77.0	7.0	56.3	76.7	6.5	57.9	75.5	6.5	63.6	78	7.3	55.8	77.9	5.3	57.4
1980–1985	69.2	3.0	53.2	78.6	6.9	56.1	78.1	6.7	58.1	76.8	6.5	64.5	79.3	7.0	56.5	79.6	5.5	58.3
1985–1990	70.5	3.1	52.4	79.3	6.4	55.6	79.5	6.5	57.9	78.2	6.5	63.2	80.1	6.6	56.4	81.3	5.8	57.5
1990–1995	71.6	3.2	51.8	80.6	6.1	55.2	80.7	6.7	57.7	79.1	6.5	61.0	80.8	6.2	56.0	82.4	6.1	56.9
1995–2000	72.5	3.2	51.4	81.6	5.6	54.6	81.8	6.3	57.3	80.4	6.3	58.5	81.3	5.7	55.7	83.7	6.6	56.4
2000–2005	73.4	3.4	51.4	82.8	5.0	53.7	83.0	5.8	57.1	81.5	5.8	57.0	82.1	4.9	55.1	85.2	6.9	56.2
2005–2010	74.5	3.4	51.5	83.8	4.7	52.9	84.0	5.4	56.5	82.4	5.2	55.9	82.8	4.6	54.2	86.1	6.8	55.8
2010–2015	75.6	3.5	51.3	84.3	4.4	52.8	84.6	5.4	56.0	83.0	4.8	55.1	83.5	4.6	53.8	87.1	7.0	55.8
2015–2020	76.7	3.7	51.4	84.9	4.2	52.8	85.2	5.4	55.6	83.6	4.5	54.4	84.1	4.7	53.4	87.9	7.1	56.0
2020–2025	77.6	3.8	51.7	85.4	4.1	52.8	85.7	5.3	55.0	84.2	4.3	53.6	84.7	4.7	53.1	88.4	7.0	56.1
2025–2030	78.4	3.8	51.9	86.0	4.1	53.0	86.3	5.4	54.4	84.8	4.2	53.2	85.2	4.6	53.2	88.9	7.0	56.1
2030–2035	79.2	3.9	52.3	86.5	4.1	53.1	86.8	5.3	53.8	85.4	4.2	53.2	85.8	4.7	53.3	89.4	7.0	55.9
2035–2040	79.9	3.9	52.7	87.0	4.1	53.1	87.4	5.4	53.6	85.9	4.2	53.4	86.3	4.6	53.4	89.9	7.0	55.7
2040–2045	80.6	4.0	52.9	87.6	4.1	52.9	87.9	5.3	53.5	86.5	4.2	53.7	86.9	4.7	53.4	90.4	7.0	55.5
2045–2050	81.2	3.9	52.8	88.1	4.1	52.6	88.4	5.3	53.6	87.0	4.2	53.8	87.4	4.7	53.2	90.9	6.9	55.4

资料来源：联合国 World Population Prospects: The 2010 Revision Population Database 中方案预测数据。

注：A 女性出生预期寿命（岁）；B 女性预期寿命与男性的差值（岁）；C 老年人口中女性比例（%）

续表

	西班牙			南非			英国			法国			印度			美国		
	A	B	C	A	B	C	A	B	C	A	B	C	A	B	C	A	B	C
1950–1955	66.4	4.6	57.8	46.0	2.0	57.0	71.8	5.1	59.0	70.2	6.0	61.0	37.1	–1.6	49.5	71.7	5.9	53.5
1955–1960	69.8	4.7	57.8	49.5	3.0	57.3	73.3	5.6	59.7	72.6	6.5	60.6	40.0	–1.8	49.3	73.0	6.4	54.8
1960–1965	72.2	5.1	57.6	52.0	4.0	57.7	73.9	5.9	59.4	74.2	7.0	59.8	43.2	–1.7	48.7	73.6	6.8	55.9
1965–1970	73.9	5.4	57.4	54.5	5.0	58.5	74.8	6.3	59.2	75.2	7.5	59.4	46.8	–1.4	48.6	74.1	7.3	57.0
1970–1975	75.3	5.7	57.8	56.6	5.6	58.4	75.2	6.2	59.0	76.3	7.7	59.2	50.2	–1.1	48.6	75.2	7.7	57.6
1975–1980	77.1	6.0	58.2	58.8	6.3	58.6	76.0	6.2	58.9	77.8	8.1	59.7	54.1	–0.2	48.7	77.0	7.6	58.0
1980–1985	79.0	6.2	57.7	62.0	6.9	58.7	77.1	6.0	58.5	78.9	8.2	59.2	56.2	0.0	48.9	77.9	7.2	58.2
1985–1990	80.1	6.8	57.2	64.7	7.3	58.2	77.8	5.7	58.1	80.3	8.2	58.7	57.8	0.1	49.1	78.4	7.1	58.2
1990–1995	81.1	7.3	56.8	64.9	7.2	57.8	78.8	5.4	57.5	81.5	8.2	58.2	59.6	1.1	50.1	79.0	6.8	57.8
1995–2000	82.1	7.2	56.7	60.8	6.1	58.2	79.6	5.1	56.6	82.3	7.7	57.8	61.6	1.7	51.1	79.4	6.0	57.3
2000–2005	83.0	6.8	56.4	54.2	3.8	58.7	80.6	4.6	55.7	83.2	7.2	57.3	63.7	2.3	51.7	79.8	5.3	56.6
2005–2010	83.8	6.6	56.2	52.1	2.0	59.2	81.7	4.3	54.7	84.3	6.8	56.4	65.7	2.9	52.1	80.5	5.1	55.8
2010–2015	84.8	6.0	55.8	54.1	1.0	60.0	82.4	4.1	54.2	84.9	6.4	56.0	67.6	3.2	52.1	81.3	5.1	55.1
2015–2020	85.3	5.6	55.3	55.8	0.3	61.0	83.0	4.1	53.9	85.5	6.2	55.7	69.2	3.4	52.1	82.0	5.1	54.6
2020–2025	85.9	5.4	54.6	56.8	0.1	61.5	83.7	4.3	53.8	86.0	5.8	55.4	70.6	3.6	52.3	82.7	5.2	54.3
2025–2030	86.4	5.3	54.1	58.6	0.7	61.0	84.3	4.3	53.7	86.6	5.7	55.3	71.8	3.6	52.4	83.3	5.1	54.2
2030–2035	87.0	5.3	53.5	60.6	1.6	59.0	84.8	4.2	53.8	87.1	5.7	55.2	73.0	3.8	52.6	83.9	5.1	54.1
2035–2040	87.5	5.3	53.1	62.4	2.3	56.1	85.4	4.3	53.8	87.6	5.7	55.2	74.0	3.9	52.8	84.5	5.1	54.0
2040–2045	88.0	5.2	52.9	64.1	2.7	53.9	86.0	4.3	53.6	88.1	5.6	55.1	74.9	3.9	52.8	85.1	5.1	53.7
2045–2050	88.5	5.2	52.9	65.9	3.2	53.1	86.5	4.3	53.3	88.7	5.7	54.9	75.7	3.9	52.8	85.6	5.1	53.3

资料来源：联合国 World Population Prospects: The 2010 Revision Population Database 中方案预测数据。

注：A 女性出生预期寿命（岁）；B 女性预期寿命与男性的差值（岁）；C 老年人口中女性比例（%）

第二章 人口老龄化过程中女性化趋势的原因探析

一、老年人口女性化的原因简析

贯穿人一生的死亡风险呈现男高女低的性别差异，这是人口老龄化过程中所呈现出来的女性化趋势的根本原因。分性别的出生预期寿命是反映分性别死亡率的一个综合指标，从世界各国的出生预期寿命来看，女性都普遍高于男性（印度1980前是男高女低，这可能由印度传统文化习俗中存在严重的对女性歧视所致，也可能与数据质量有关）（见表1-2-1）。

社会经济特别是公共医疗条件的改善，是各国出生预期寿命不断提高的根本原因。从欧美等主要国家的数据来看，男女的出生预期寿命差距与女性出生预期寿命之间并没有呈现出简单的线性关系。从这些国家的数据来看，男女的预期寿命差异并没有呈现出一直扩大的趋势，相反，大多数欧美国家的男女预期寿命差异在1950–2000年期间处于扩张状态，而在2000年后的预测数据中这种差异则随着女性预期寿命的增长有所缩小，这与其老年人口中的女性比例变化趋势是完全一致的。对于影响男女死亡率差异的因素研究较多，大致可以从生理和社会两个层面对其进行解释。

（一）生理差异导致的女性死亡风险小于男性

从生理因素看，有研究显示，女性的雌性激素对心脏功能具有更强的保护作用；女性的免疫系统较男性完善；女性具有两个X染色体，等等。这些生理因素可能导致女性死亡率低于男性。正常人口的出生性别比在103~107之间，即男婴略多于女婴，这本身就是人类应对男婴死亡率高于女婴的适应性结果。

（二）社会性别分工可能导致男性死亡风险高于女性

从社会文化因素看，受“男主外、女主内”等传统文化的影响，男女在社会和家庭中的分工不同，社会对男女两性的期望和要求各异，女性更多集中在死亡风险较低的工作和活动领域，而男性则被鼓励从事风险更大的工作和活动，且其承担的社会压力也比女性大，抽烟、喝酒等不良生活习惯也更多。这些社会文化因素都可能导致男性死亡率高于女性。

生理因素（激素的和免疫的两性差异）和社会文化因素（冒险因素、生活方式），在多大程度上决定了两性出生预期寿命的差别，目前尚无定论。但不可否认，基于传统社会性别角色的影响而导致的男女两性在处事态度和冒险行为的差异，是导致男性死亡概率大于同年龄组女性的一个重要社会文化原因。

二、影响我国人口老龄化女性化趋势的因素探析

从前面的分析可以看到，我国老年人口的女性化现象是客观存在的，但目前我国人口老龄化的女性化绝对水平显著低于世界多数国家的相应水平，这意味着相对世界多数国家而言，我国老年人口中女性人口是相对偏少的。对于我国人口老龄化过程中女性化趋势的这一特点，我们认为应该从多个角度予以解释。

（一）老年人口性别结构的影响因素

任何一个地区的总人口性别比都是由各个年龄（也即各个不同出生队列）的性别比综合而成。它取决于以下四个因素：第一，出生婴儿性别比；第二，男女两性死亡率的差异；第三，迁移人口的性别差异；第四，人口的年龄结构（查瑞传等，1996）。鉴于我国总体上国际迁移的规模很小，故迁移的影响往往可以忽略不计。

我国第三次全国人口普查结束后，国内外学者便发现与世界绝大多数国家相比，在过去的半个多世纪中我国人口各个年龄段的性别比均相对偏高，但总的趋势是逐渐缓慢下降（邬沧萍，1988；查瑞传等，1996)，我国老年人口性别比的变动趋势与总人口性别比的变动趋势是一致的。相对而言，学者和政策制定者更为关注生命前期的出生性别比偏高、适婚育龄人口的性别结构失衡等问题，而对我国老年人口性别结构的特征及其对社会经济的影响关注不多，仅仅是在谈及我国人口整体的性别结构时捎带一笔，缺乏对此问题系统深入的分析研究。

邬沧萍在20世纪80年代回答我国人口性别比为何偏高时指出：第一，我国人口出生性别比高是造成我国总人口性别比高的基础；第二，我国男女死亡率差异小是导致我国人口性别比高的主要原因；第三，我国人口年龄结构轻是造成我国人口性别比高的重要原因。

60岁及以上人口作为总人口中的组成部分，其性别结构自然也会受上述三个因素的影响。当下60岁及以上人口都是1950年前出生的，因此要想解释过去数十年

间我国老年人口性别结构的变化，理想的方案是将各个年龄段的老年人口根据出生队列，了解各个人口队列其出生时的性别比情况，追踪这些人口队列逐年的分性别死亡率，并根据不同人口队列形成的老年人口年龄结构，层层分解其对老年人口性别结构的影响。但受上述数据资料不可获的客观限制，我们只能根据现有的一些相关数据资料对过去几十年间我国老年人口的性别结构特点尝试着进行一些推测性的解释。

如对于 20 世纪 60 年代我国老年人口性别比偏低这一现象，可以推断是可能是由于这些队列人口在青壮年时期经历战乱所致：20世纪60年代处于60岁及以上人口，是鸦片战争和辛亥革命之间出生的，这也正是中国社会急剧动荡、战火弥漫的时期，大量青壮年男性因战争而早逝，这可能是导致其对应老年队列中男性比例严重偏低的重要原因。此后半个世纪内步入老年的人口队列受战乱对男性减员的影响程度逐步缩减，在一定程度上抑制了我国老年人口中女性比例的增长。但这仅是一种推测性的解释，如果能够获取较为翔实的我国人口历史数据资料，则可以较为清晰地勾画出战争对我国老年人口女性化程度的影响状况。

对于第一个因素，即我国出生性别比长期偏高于世界大多数国家，这主要是因为我国有较为强烈的男性偏好，这方面国内已有大量的研究，在此不再赘述。对于第三个因素，即我国老年人口的年龄结构相对年轻问题，前面关于我国老年人口高龄化程度的描述中已经做了说明，故也不再赘述。本章将主要从第二个因素，即我国男女死亡水平差异对我国老年人口女性比例相对偏低状况进行探析，以及预期寿命增长与老年妇女比例下降关系的认识。

（二）男女死亡水平差异的变化规律

20 世纪七八十年代，联合国相关机构在总结各国人口死亡模式的基础上指出，世界各国分性别死亡率随着总死亡水平的下降，人口死亡水平的年龄模式从两头高中间低的“U”型（高婴儿死亡率、高老年人口死亡率，青壮年死亡率相对较低）向死亡风险高度集中在老年人口的“J”型转变，死亡水平的性别差异趋于增大。男女两性死亡率的差异大致经历三个阶段：第一阶段，所有或大部分年龄组的女性死亡率都高于男性的“传统模式”，对应的是人口的高死亡水平；第二阶段，女婴和育龄妇女死亡率高于同年龄组男性的“过渡模式”；第三阶段，所有年龄组的女性死亡率都低于男性。这是与人口的死亡率水平相联系的“现代模式”，对应人口的低死亡水平（UN，1955；1975）。

黄荣清（2009）将建国以来我国的人口死亡变动划分为四个时期：死亡率迅速下降期（1949–1957 年）；死亡率变化的反复期（1958–1965 年）；死亡率的稳定下降期（1966–1981 年）及迈入人口低死亡率时期（1982–2008 年）。上述的四个时期可以近似地与前面的三个阶段相契合，这意味着在短短的几十年间，我国男女两性死亡率的差异状况发生了巨大的变化，也正是因为转变的时间短促，因而转变还不够彻底，同时也带有我国社会经济发展的深刻烙印和特点。如虽然已经迈入了低死亡率时期，但我国女婴的死亡率在较长时间内一直高于男婴，育龄妇女死亡率（1990 年为 94.7/10 万，2010 年为 30.0/10 万）（卫生部，2011）也还有较大的下降空间等，即女性的“生存优势”效应并没有得到充分的释放，还没有真正进入到“现代模式”。

（三）对预期寿命性别差距扩大与老年人口女性化水平下降的认识

女性平均预期寿命的增长，特别是与男性预期寿命差距的扩大，往往被视为是老年人口女性化的一个重要推动力，通常认为两者之间存在正向相关性。但在我国女性出生平均预期寿命的增长、两性预期寿命差距扩大的情况下，我国老年人口中女性比例却呈现出不升反降的走势。对此我们认为应该从两个方面看待这一现象：

1. 我国男女两性预期寿命的差距偏小

在过去的数十年间，我国女性平均预期寿命的平均增速均高于男性，男女两性的平均预期寿命的差距呈扩大的趋势。但与发达国家相比，在女性出生预期寿命同为 70 岁左右的水平下（我国是 20 世纪 80 年代后，发达国家则是 20 世纪 50–70 年代），我国男女两性的预期寿命差距要明显小于发达国家（见表 1–2–1）。这在很大程度上还是归于我国存在较严重性别歧视的文化传统习俗，多数学者认为这是导致的我国“女性生存优势”难以充分实现的重要原因（刘爽，2010；马瀛通，2009）。

表 1–2–1　部分国家平均期望寿命性别差异

时间段	中国		日本		法国		美国	
	A	B	A	B	A	B	A	B
1950–1955	44.6	0.0	63.9	5.0	70.2	6.0	71.7	5.9
1955–1960	45.6	1.1	68.5	5.2	72.6	6.5	73.0	6.4
1960–1965	46.4	4.4	71.5	5.3	74.2	7.0	73.6	6.8
1965–1970	59.5	0.3	73.9	5.3	75.2	7.5	74.1	7.3
1970–1975	66.1	3.1	75.8	5.5	76.3	7.7	75.2	7.7
1975–1980	67.8	3.0	77.9	5.8	77.8	8.1	77.0	7.6

续表

时间段	中国		日本		法国		美国	
	A	B	A	B	A	B	A	B
1980–1985	69.2	3.0	79.6	6.1	78.9	8.2	77.9	7.2
1985–1990	70.5	3.1	81.3	6.6	80.3	8.2	78.4	7.1
1990–1995	71.6	3.2	82.4	6.9	81.5	8.2	79.0	6.8
1995–2000	72.5	3.2	83.7	6.8	82.3	7.7	79.4	6.0
2000–2005	73.4	3.4	85.2	7.0	83.2	7.2	79.8	5.3

资料来源：据联合国 World Population Prospects: The 2010 Revision Population Database 中方案预测数据计算。

注：A 为女性平均期望寿命（岁）；B 为女性平均期望寿命与男性之差（岁）

2. 我国女性预期寿命的增长主要得益于低龄女性人口死亡率的下降，老年妇女的死亡风险降幅与男性趋近

在 1980–2000 年的 20 年间，我国男女预期寿命的增长主要都是得益于 15 岁以下及 60 岁以上人口死亡率的下降。但对于预期寿命性别差异的扩大，在前 10 年 15 岁以下女童死亡率的下降贡献最大。其次是 30–44 岁的育龄妇女和 60 岁及以上的老年。而进入 20 世纪 90 年代后，预期寿命性别差异的扩大则更多得益于 15–44 岁育龄女性死亡率的下降，而在 45 岁及以上的年龄组的贡献甚微，45–59 岁年龄组甚至是负向的贡献（见表 1–2–2）。这说明在 1989–2000 年的 10 年间，中高年龄组女性的死亡风险下降幅度与同龄的男性基本一致，两性之间的死亡风险差距没有进一步拉大。而这些年龄组的人口正是当下步入老年阶段的队列，正是他们的进入在一定程度上抑制了当下我国老年人口女性化水平的提高，使其处于相对偏低的水平。

三、结语

与出生性别比有一个公认的合理区间（103~107 左右）不同，对于老年人口的性别比水平目前并没有一个公认的、相对合理的区间。这主要是在上世纪不少人口大国都受到第一、第二次世界大战等因素的影响，许多国家都存在青壮年男性死亡率严重高于女性的异常现象。同时各国男女两性死亡水平的差异也与其社会经济发展水平及性别文化传统等诸多因素相关联。

我国老年人口的女性化趋势与世界各国有一定的共性，即在老年人口中女性比例高于男性，并且随着年岁的增长，女性比例增高。但相对世界多数国家而言，我国目前老年人口的女性化程度水平还相对较低，女性人口的高龄化程度也较低，即低龄老年妇女所占的比重在相当一段时间内都较高。在未来我国人口老龄化加速发展阶段，我国老年人口的女性化程度将会逐步提高。

表 1-2-2　我国分性别、分年龄预期寿命增长对出生预期寿命的贡献比较

	1989-1981 年				2000-1989 年			
	男性	女性	女－男	百分比	男性	女性	女－男	百分比
总体	1.38	2.31	0.93	100.0	2.06	2.43	0.37	100.0
15 岁以下	0.7	0.96	0.26	28.0	0.69	0.7	0.01	2.7
15-29	0.01	0.13	0.12	12.9	0.06	0.3	0.24	64.9
30-44	0.05	0.28	0.23	24.7	0.07	0.22	0.15	40.5
45-59	0.22	0.33	0.11	11.8	0.44	0.41	-0.03	-8.1
60 岁及以上	0.39	0.6	0.21	22.6	0.81	0.82	0.01	2.7

资料来源：北京大学人口研究所，中国人口的死亡和健康，载于国务院人口普查办公室，国家统计局人口和社会科技统计司编：《2000 人口普查国家级重点课题研究报告 第一卷 生育·死亡》，北京：中国统计出版社，2005. 第 160 页表 5.1 相关数据计算编制。

第三章　我国老年妇女人口的基本状况

本章将根据本战略研究课题的预测数据，深入分析我国老年妇女人口规模和老年人口中女性所占比例、高龄人口中的女性比例以及老年妇女人口的地域分布特点，力图比较全面系统地分析描述我国未来几十年人口老龄化过程中的女性化趋势及其特征，特别是农村老年妇女、高龄老年妇女、丧偶老年妇女及残疾老年妇女这四个需要重点关注群体的发展趋势状况。

一、老年妇女总体规模的发展趋势

（一）老年妇女总体规模大幅增长

未来 40 年是我国人口老龄化加速发展的时期。据本战略研究课题组预测，此间我国 60 岁及以上老年人口的总量将由 2011 年的 1.85 亿人左右，激增到 2050 年的 4.83 亿左右，40 年间总量增长 2.59 倍左右。与此同时，女性老年人口的规模将从 2011 年的 9 541 万人增至 2050 年的 2.57 亿人左右，增幅达 2.70 倍左右，显著超过老年人口总规模和男性老年人口规模的增幅（2.51 倍），老年妇女人口与老年男性在规模上的差异将由 2011 年的 549 万人左右增至 2050 年的 3 132 万人左右（见图 1–3–1）。

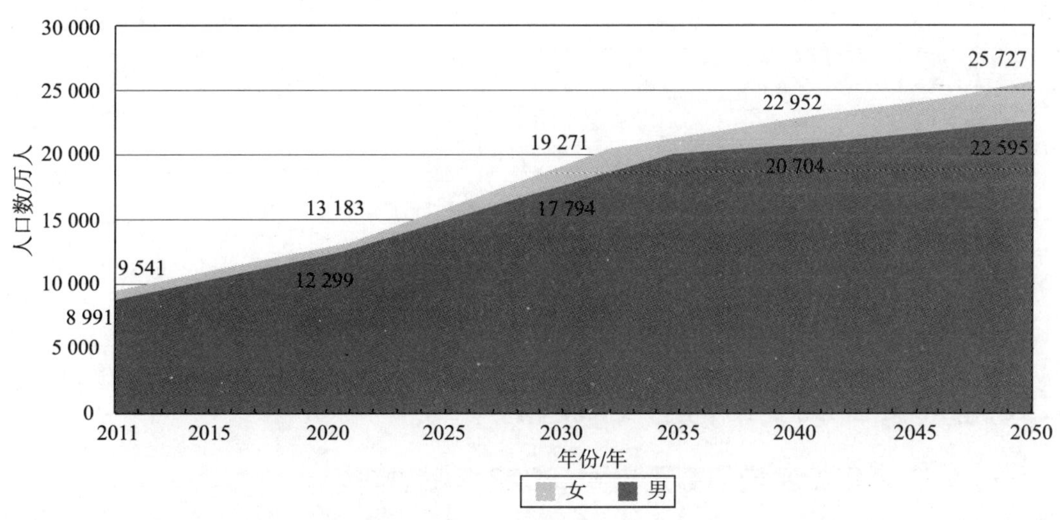

图 1–3–1　分性别中国老年人口规模发展趋势（2011–2050 年）

资料来源：据本战略研究课题组人口预测数据绘制。

我国老年妇女人口规模的变化按照增幅，可以大致划分成以下三个阶段：

第一阶段，2011–2020 年前后，老年妇女人口规模的增长幅度比较平缓，年度增幅呈逐年递减的态势。

第二阶段，2020–2030 年，老年妇女人口规模呈较快增长，年增幅开始急速攀升。

第三阶段，2030–2050 年，老年妇女人口规模的增长又趋平缓，年增幅总体趋势是在小起伏中逐步下降，但其中前面 5 年左右的增长依然较快。

（二）老年人口的女性化程度农村高于城镇

在未来的 40 年间，由于老年妇女规模的增幅高于老年男性人口，我国老年人口中女性比例呈稳步增长的趋势，将从 2011 年的 51.3% 增至 2050 年的 53.2% 左右。在未来的数十年间我国城乡老年人口的女性化趋势有所不同。目前农村地区的老年人口的女性化程度低于城镇地区，但在未来的数十年间，农村地区老年人口的女性化趋势的增长幅度则要高于城镇地区（见图 1–3–2）。

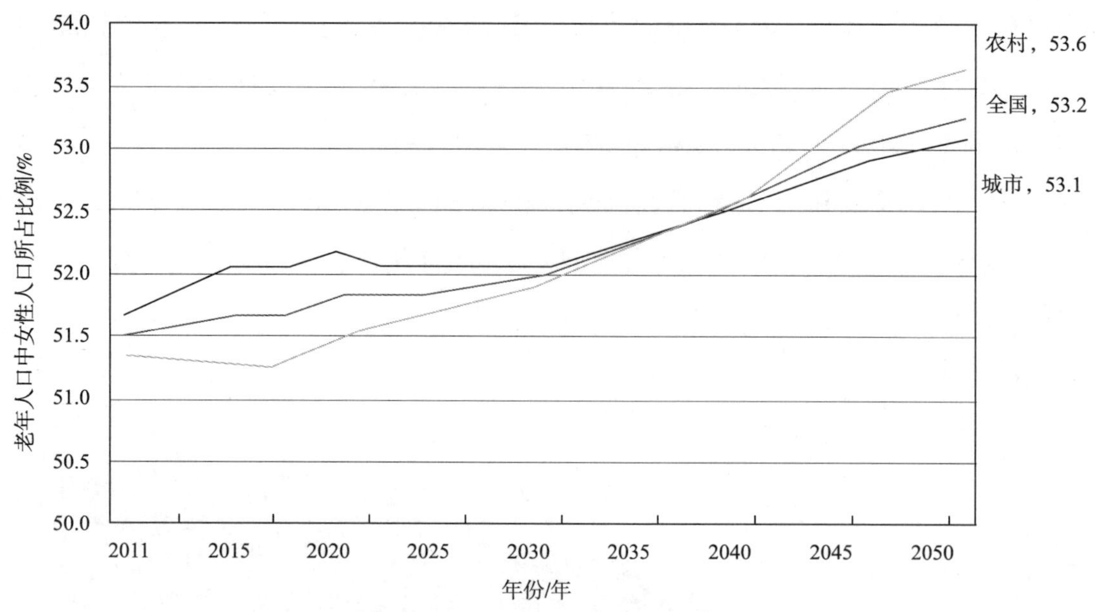

图 1-3-2　分城乡老年人口中女性比例的变化趋势（2011-2050 年）

资料来源：据本战略研究课题组人口预测数据绘制。

二、老年妇女城乡结构的发展趋势

（一）城市老年妇女增幅高于农村 ,2023 年后城多乡少

在未来的 40 年间，随着我国城市化水平的稳步提升，我国老年妇女的城乡结构也将由目前的农村为主逐步转变为城市为主的格局。预测数据显示，目前我国老年妇女中近 6 成生活在农村地区，但在未来的 40 年间，将有越来越多的老年妇女生活在各种公共服务设施相对完善的城市地区。城市老年妇女的总体规模将从 2011 年的 3 979 万人左右以显著高于农村老年妇女的增幅递增，到 2023 年前后超过农村老年妇女的总体规模，到 2050 年达到 1.8 亿人左右，占到老年妇女的 70.8%（见图 1-3-3）。

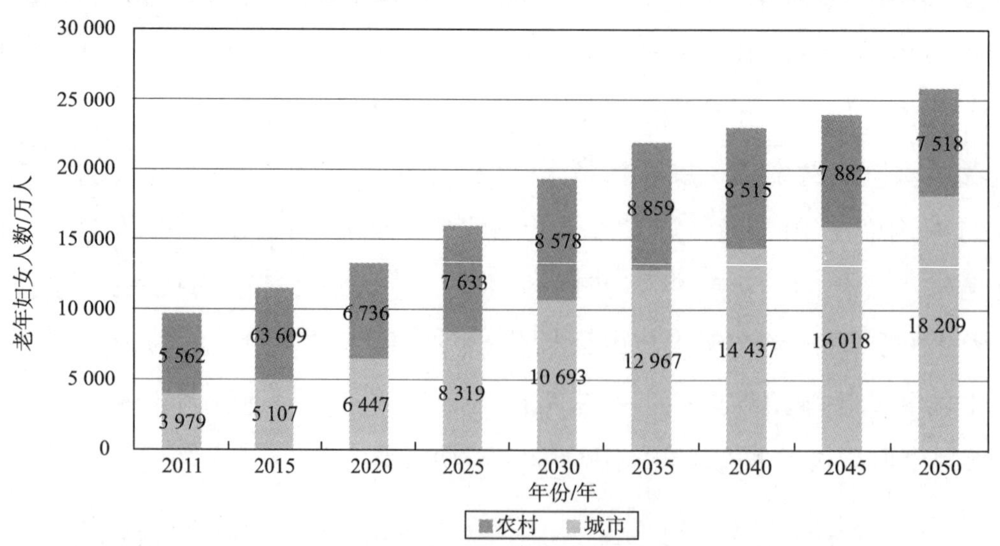

图 1-3-3　老年妇女城乡分布变化趋势（2011-2050 年）

资料来源：据本战略研究课题组人口预测数据绘制。

（二）低龄组城市化进程显著快于中高龄组

从老年妇女内部分年龄的情况来看，不同年龄组老年妇女的城市化进程不尽相同。总体而言，低龄老年妇女的城市化进程要显著快于中高龄老年妇女群体，这与低龄组老年妇女的流动性相对较中高龄老年妇女强的常识是吻合的（见图 1–3–4）。

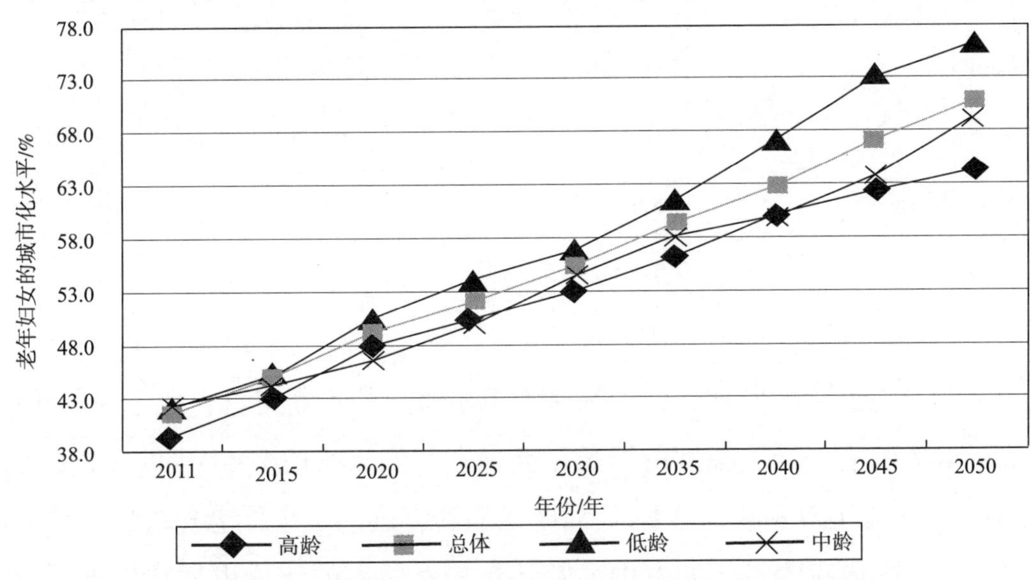

图 1–3–4　分年龄组老年妇女的城市化水平预测（2011–2050 年）

资料来源：据本战略研究课题组人口预测数据绘制。

不同年龄组老年妇女城市化水平的这一差异，意味着在高龄老年妇女群体中，居住在医疗养老服务设施相对较差的农村的比例相对更大。已有关于老年妇女照料资源的研究表明，由于老年妇女的丧偶率远远高于老年男性，老年妇女最主要的照料提供者更多是成年子女，并且农村老年妇女对子女的依赖程度更是显著高于其他几个老年群体。但是伴随着青壮年人口更快的城市化步伐，这些居住在农村地区的高龄老年妇女可依托的照料提供者将会更加的短缺，这是农村高龄老年妇女在照料问题上面临的一个巨大挑战。在国家的老年照料体系的建设中，这是不能忽略的一个重要问题。

三、高龄老年妇女群体发展趋势

（一）女性高龄人口激增

老年妇女群体中 80 岁及以上的高龄老人是对各种养老资源需求最迫切的一个群体，也是国家老龄战略政策的一个关切点。根据 2005 年全国 1% 抽样调查数据推算的 2005 年高龄老年人分年龄人口规模，80 岁以上老年人超过 1 780 万人，其中男性为 708 万人，女性为 1 072 万人，女性比男性多 364 万人（见表 1-3-1）。

表 1-3-1　2005 年全国高龄老年人规模　　万人

年龄	合计	男	女
80–84 岁	1 198.8	507.8	691.0
85–89 岁	434.5	157.2	277.3
90–94 岁	121.5	36.7	84.8
95 岁及以上	25.5	6.2	19.3
合计	1 780.3	708.0	1 072.3

资料来源：根据 2005 年全国 1% 人口抽样调查数据推算。

随着我国社会经济的发展，特别是医疗卫生服务的不断完善，在未来的 40 多年间我国高龄老人将有一个大幅度的增长，高龄老年妇女将由 2011 年的 1 276 万左右增至 2050 年的 6 471 万左右，增长了 5.07 倍左右，远高于中低老年群体的增幅（见图 1-3-5）。相应地我国老年妇女中高龄老年妇女所占的比重也呈现出近乎直线上升的趋势：2011 年老年妇女中高龄老人的比重约为 13.4%，而 2050 年，这一比例将上升至 25.2%，即届时每 4 位老年妇女中就有 1 位是年过八旬的高龄老年妇女（见图 1-3-6）。

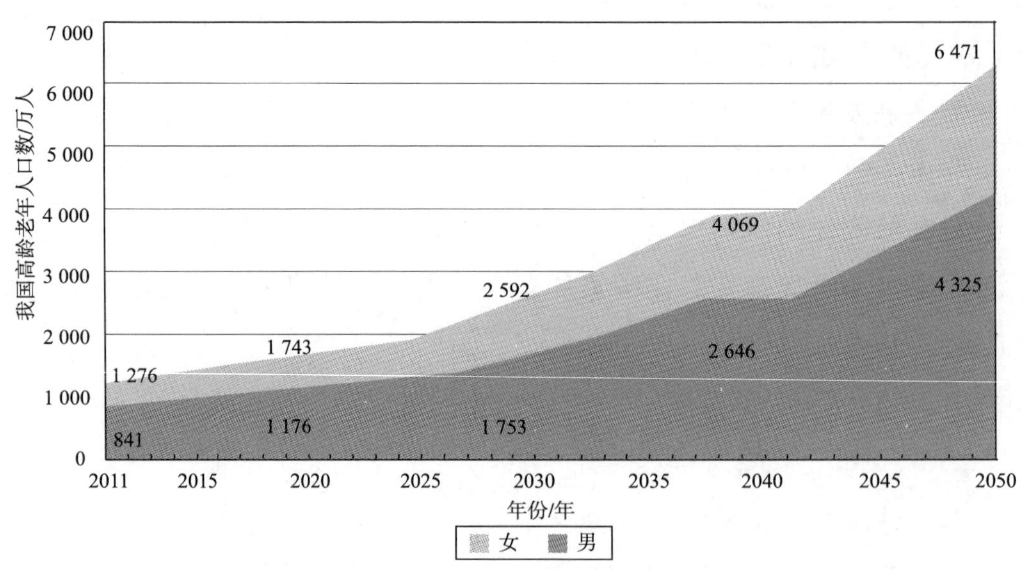

图 1-3-5　分性别我国高龄老年人口规模发展趋势（2011–2050 年）

资料来源：据本战略研究课题组人口预测数据绘制。

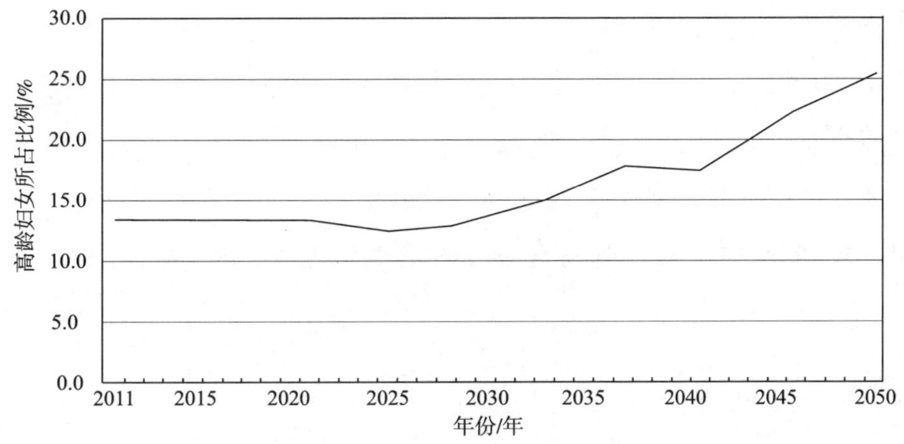

图 1–3–6 我国老年妇女中高龄妇女比例发展趋势（2011–2050 年）

资料来源：据本战略研究课题组人口预测数据绘制。

（二）高龄人口的性别结构基本稳定

据预测，在未来 40 年间我国高龄人口中的性别结构基本稳定在女性占 60% 左右的水平，并没有大的改观，但城乡差异较明显。

预测显示未来的 40 年间，我国城市高龄老年人口中的女性比例呈现为一个峰值右偏的“M”型，即在城市地区，高龄老年妇女的比例将在 2025 年前均保持平缓上升的一个趋势，此后有所回落，到 2030 年后则又将继续提高，至 2040 年左右到达 60.5% 左右的峰值，之后呈急剧下降的趋势。

在农村，高龄老年人口中的女性比例则是一个近似“U”型的变化态势。预测数据显示，农村地区高龄老年人口中的女性比例将从目前的近 61.0% 逐渐下降到 2025 年前后的 59.8% 左右，此后则将与全国总体的变化趋势趋于一致，高龄老年人口中的女性比例将逐步提高（见图 1–3–7）。

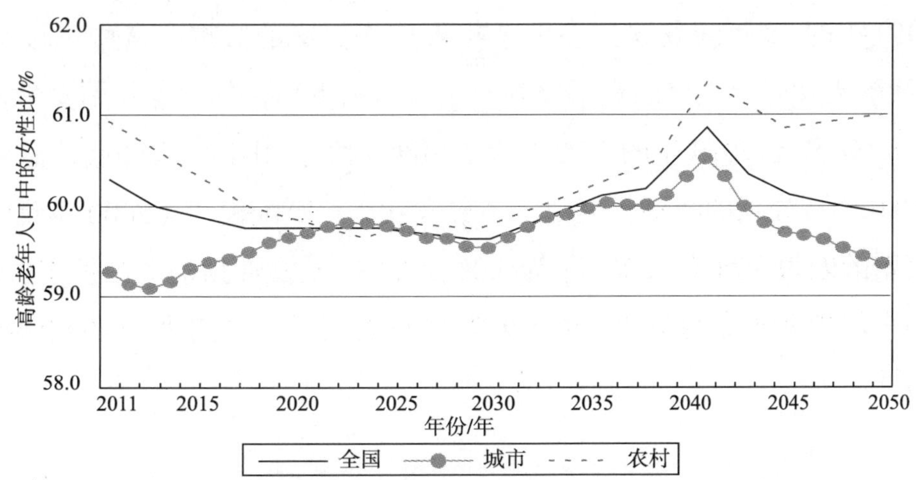

图 1–3–7 分城乡高龄老年人口的女性化发展趋势（2011–2050 年）

资料来源：据本战略研究课题组人口预测数据绘制。

（三）高龄女性的城乡结构

在未来的40年间，我国高龄老年妇女也将从目前的以农村为主逐步转变为城市为主。预测数据显示，目前我国高龄老妇女中有近6成生活中农村地区，而到2020年左右将有接近一半的高龄老年妇女居住生活在公共设施，特别是医疗卫生条件相对较好的城市，到2050年左右，则将有64.3%的高龄老年妇女生活在城市之中（见图1-3-8）。

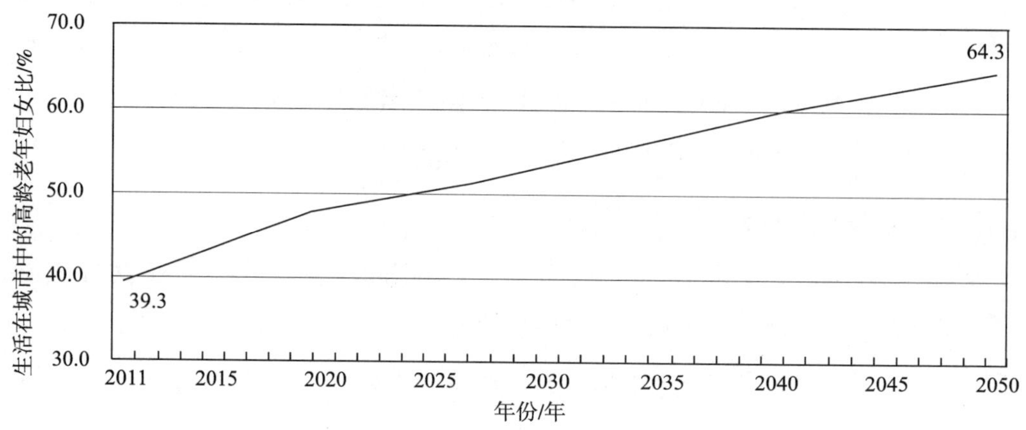

图1-3-8　高龄老年妇女的城市化水平（2011–2050年）

资料来源：据本战略研究课题组人口预测数据绘制。

四、丧偶老年妇女规模的发展趋势

（一）老年妇女丧偶率下降，但规模激增

受到我国社会经济发展，特别是公共医疗服务水平改善的影响，改革开放以来我国老年人口的死亡率大幅度下降，老年人口的丧偶率也随之大幅度下降。图1-3-9是1982–2010年的28年间我国分性别老年人口丧偶率的数据，从中可以清楚地看到28年来我国男女老年人口的丧偶率都有了显著的下降，其中老年妇女的丧偶率从1982年的58.1%降至2010年的37.0%，28年间下降了21.1个百分点，显著高于男性老年人10.6个百分点的降幅。但由于“男大女小”婚配模式（2000年我国老年人的平均夫妻婚龄差为3.74岁，2005年为3.08岁左右）及女性预期寿命长于男性（2005年我国男性平均预期寿命为70.83岁，女性为75.25岁），老年妇女的丧偶率远远高于同龄的男性。

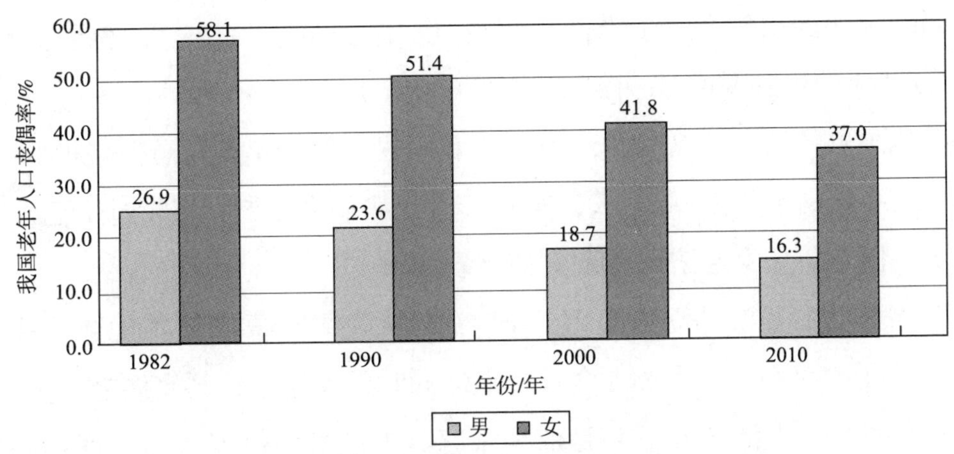

图 1-3-9 我国分性别老年人口丧偶率的发展趋势

资料来源：国家统计局 1982–2010 年人口普查数据。

但受到我国人口老龄化快速发展，特别是规模急剧增长的影响，我国丧偶老年人口的总体规模呈现出增长的态势，其中丧偶老年妇女总体规模的增速也显著高于丧偶老年男性群体：2010 年，丧偶老年妇女总规模已达到 3 345 万人，丧偶老年妇女占整个丧偶老年人口的 70% 左右，换句话说，在每 10 个丧偶老年人中有 7 个是女性（见图 1-3-10）；从分城乡的数据来看有 4 成多丧偶老年妇女生活在社会经济发展水平相对落后的农村地区。

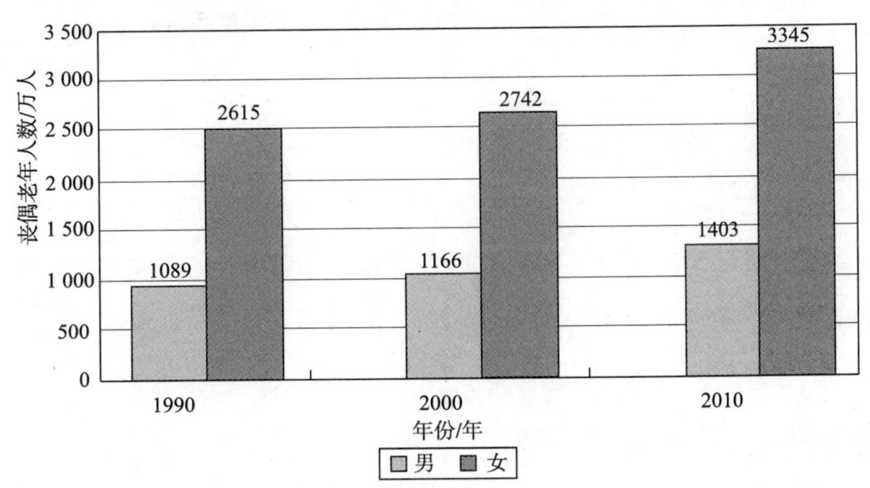

图 1-3-10 我国分性别丧偶老年人口规模

资料来源：国家统计局 1990–2010 年人口普查数据资料。

本战略研究课题组有关老年人家庭状况的预测显示，在未来的数十年间老年人口丧偶率的这一性别差异不会有大的变化，在丧偶老年人口中老年妇女的比例依旧会保持在 70% 左右，但是随着我国老年人口城乡结构的变化，丧偶的农村老年妇女在整个丧偶老人中的比例会逐步降低，而城镇女性丧偶老人占全部丧偶老年人口的比例将由 2010 年的不到 30% 上升到 2100 年的近 60%。

按照上述预测的结果可以推算，2010 年我国丧偶的老年妇女总体规模约为 3 200 万人左右，2030 年则达到 6 600 万人，2055 年我国丧偶老年妇女将超过 1 亿人。

（二）丧偶老年妇女经济保障及健康状况堪忧

丧偶老年妇女的经济独立性更差，66.1% 的人主要依靠家庭其他成员供养，比老年妇女整体的 52.6% 高出了 13.5 个百分点。同时无论城乡，与丧偶老年男性相比，丧偶老年妇女的主要生活来源更多是依靠家庭其他成员的供养，这一性别差异在农村地区更为凸显（见表 1–3–2）。

现有研究表明婚姻对健康和长寿有益，有配偶者的健康状况（包括生理和心理）均好于无配偶者，而且死亡风险也低于无配偶者（曾毅等，2010）。2010 年第六次人口普查的数据资料也再次印证了这一论断：数据显示，无论男女，丧偶老人的健康状况均显著差于有偶的老人；而在丧偶老年人中，老年妇女的健康状况又显著差于老年男性。同时图 1–3–11 显示，丧偶老年妇女中身体不健康的比例占到了 28.0%，其中 5.7% 的人处于生活不能自理的状态，这两项指标均远远高于有偶的老年妇女，同时也高于丧偶老年男性的相应水平。

表 1–3–2　分性别、分城乡丧偶老年人主要生活来源　%

	全国		城市		镇		农村	
	男	女	男	女	男	女	男	女
劳动收入	22.7	10.9	5.0	1.9	16.3	7.5	29.1	15.4
离退休金	19.8	15.1	67.6	50.8	26.1	13.2	5.0	1.7
最低生活保障	5.4	5.5	2.7	5.2	5.4	6.8	6.2	5.2
财产性收入	0.3	0.3	0.5	0.5	0.4	0.4	0.2	0.1
家庭其他成员供养	49.8	66.1	22.5	39.1	49.4	69.7	57.5	75.7
其他	2.0	2.1	1.7	2.4	2.4	2.4	2.0	1.9
合计	100.0	100.0	100.0	100.0	100.0	100.0	100.0	100.0

资料来源：国家统计局 2010 年人口普查数据资料。

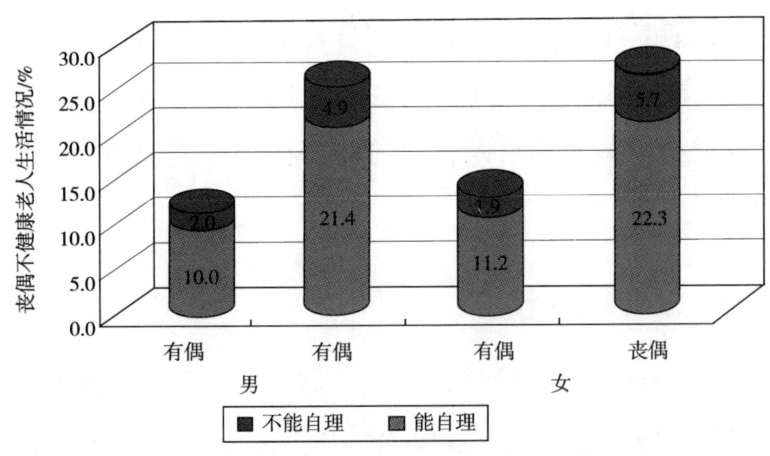

图 1-3-11 分性别丧偶不健康老人的生活自理情况

资料来源：国家统计局 1990–2010 年人口普查数据资料。

（三）丧偶老年妇女照料和社会支持资源面临挑战

丧偶对于老年人的生活质量有着非常重要的影响。对于绝大多数老人而言，配偶在缓解老年人的心理压力、排遣孤独等方面起着积极而重要的作用（李建新，2010），丧偶则会对老年人的身心健康带来不利的影响。丧偶老人独立居住的可能性降低，生活照料上更依赖于子女。对于长期以来在社会经济状况方面处于相对弱势的老年妇女而言，丧偶往往还会因缺少了配偶的收入来源支持而更容易在经济上陷入困境。国内外大量的实证研究发现，丧偶老年人遭遇贫困的风险显著高于有配偶的老人（李若建，2000；乔晓春等，2006；McLaughlin 和 Jensen，1993；杨菊华，2010）和离异老人（Angel 等，2003；McLaughlin 和 Jensen，1993）。丧偶往往也会导致子女对老年人家庭财产的重新分割，特别是房产和土地，因此对于丧偶老年妇女而言，其经济的独立性将进一步被削弱，特别是缺乏独立收入来源的老年妇女，这一群体也是最容易遭遇子女赡养纠纷和老年虐待的群体。

与此同时，在预期寿命延长、丧偶老人寡居时间显著增加的情况下，受家庭结构核心化、子女流动、养老观念转变以及丧偶老人自身社会经济状况、健康情况、居住条件的改善等诸多因素的影响，与子女长期共同居住的传统逐渐式微，而与子女相邻而居、季节性同住以及长期独居等多样化的居住安排则在兴起：1990–2000 年间我国丧偶老人与子女分居的比例从 17.1% 增至 20.4%（中国人民大学人口研究所，2005），2000–2006 年间则从 21.9% 增至 29.2%（曲嘉瑶等，2011）。第三期中国妇女社会地位调查显示，65 岁及以上丧偶老人中 38.8% 的人与子女分开居住。丧偶老人与子女分开居住比例的提高一方面可能是丧偶老年人独立生活能力提高的结果，但也不排除在这些丧偶老年人口中确有一部分是需要他人照料但无法获得子女照料的老年人。对于这些既缺少配偶又无子女在身边的丧偶老年人，应该作为社区助老服务优先和重点对象给予关照和帮助，尽可能使得这些丧偶独居的老人能在自己熟悉的社区中安度晚年。

五、残疾老年妇女基本状况

2006年第二期全国残疾人口抽样调查的开展，为我们认识残疾老年妇女这一特别弱势群体的生存状况提供了可能。2006年，我国残疾老年妇女的规模约为2 327.6万人，占老年妇女的24.0%，占残疾老人的52.7%，且越到高龄比重越高。残疾老年妇女在视力残疾和多重残疾上分别比男性高8.4和2.8个百分点，男性老人在听力、言语残疾方面比女性老人高10.9个百分点；丧失劳动能力的女性残疾老人比例为52.1%，比男性残疾老人高9.3个百分点。

相对而言，残疾老年妇女的受教育程度、有偶率及社会经济状况均显著差于男性残疾老人：第二期全国残疾人抽样调查数据显示：残疾老年妇女不识字的比例为76.1%，比男性高40个百分点；丧偶比例比男性高32.1个百分点；依靠家庭其他成员供养的比例达到81%，男性为56.9%。

第四章　我国未来人口老龄化过程中女性化趋势的启示

一、老年妇女问题的特点

大量的数据已经证实，在人口老龄化的过程中各国的老年人口都存在不同程度的女性化，即老年妇女在总体规模上要显著超过同龄的男性，这是一个客观的无可置疑的事实。而几乎在所有的文明社会中，女性在各种社会资源的享有程度上相对男性而言都是相对弱势的一个群体，在老年人口中也不例外。

随着各国人口老龄化过程中女性化趋势的凸显和世界各国妇女发展和性别平等运动的推动，国际社会从20世纪70年代开始逐步认识到，老龄化对男女两性的影响是不同的。老年妇女虽然在人口规模上更庞大，但是在社会性别关系中却处于弱势，她们的生活境况更差。因此，如何更好地解决老年妇女问题便成为各国老龄政策中的一个核心议题。老年妇女的需求能否得到较好的满足，不仅是衡量老龄问题政策措施成效的重要标尺，更是衡量我国整个社会协调发展的重要标志，这正是国际社会强烈呼吁各国应在各自的老龄政策和行动中对老年妇女问题给予优先和特别关注的根源所在。

老年妇女问题是一个普遍性的问题，我国老年妇女群体所面临的问题与世界其他国家类似，但也有自己的特点，具体来说有如下特点：

（一）长期累积性

老年妇女问题是妇女生命周期中劣势积累的结果，是广泛存在的不平等社会性别关系在长期的社会生活中逐渐累积而形成的，所谓“冰冻三尺非一日之寒”，女性在晚年时期面临的困境，特别是经济上的不利状况，常常源于中青年时期的职业发展不利，甚至可以追溯到她们在儿童时期父母的教育期望和投资的性别差异和偏好等。老年妇女现在的劣势或弱势境况绝非其步入老年阶段后才开始的，而是在生命历程中长期积累的结果，这也正是“累积劣势说”的核心观点。

老年妇女与老年男性在许多领域面临的问题具有共性，但在程度上往往更为严重，如老年妇女经济保障水平低、贫困率更高、慢性病患病率更高；同时老年妇女还面临着一些特殊的问题，如丧偶比例高、再婚机会少、独居概率高、长期照料的需求更强，以及老年妇女的贡献和社会价值被低估和忽视等。老年妇女群体的上述问题不仅在发展中国家存在，在发达国家也同样存在，不仅在我国农村地区存在，在城市也同样存在。

（二）复杂多样性

在老年妇女内部，由于地域、经济状况、受教育水平、婚姻状况等的差异，不同的老年妇女所面临的主要问题也各不相同，使老年妇女问题呈现出复杂性和差异性，这是性别不平等与其他社会权力关系（如地域、阶层等）相互交织的结果。

相对而言，农村、丧偶和城市无保障老年妇女在经济保障方面最为弱势，而对于社会经济发展水平相对较好地区的健康、低龄并且经济状况相对较好的老年妇女，她们面临的主要问题更多是如何更好地参与社会、实现个人的价值等问题。健康维护是所有老年妇女都面临的一个重要问题，但对于失能老年人而言，则更多是对照料以及医疗保障的迫切需求。

（三）隐蔽难辨性

老年妇女的需求和问题长期被掩盖在家庭之中，往往被视为是家庭内部的问题而得不到社会公共政策的关注。例如，在农村，一些有子女但实际无人赡养的丧偶老年妇女，生活极度困顿，但这种状况由于她们有子女而被隐蔽在“家庭事务”或“家庭纠纷”之中，公共权力机构往往对此感到无能为力：因为她们有子女，所以无法作为“五保户”获得来自公共政策的扶助。但与此同时，相应的法律法规对于子女不尽赡养义务也缺乏非常行之有效的约束和惩戒效力，因此无法解决这些老年妇女的实际难题。

受传统“男主外、女主内”的社会角色分工的影响，女性社会劳动的参与程度相对较低，而其承担的大量家务劳动和照料责任等常常被视为是妇女“份内的事”，是理所应当的，其劳动价值得不到社会承认，这些无酬劳动也难以纳入国民核算系统，甚至也不被家人所认可，这使得女性的劳动价值被低估甚至被忽视。社会养老保障等现代养老制度主要是建立在个体社会劳动的贡献基础之上，在有着数千年家庭养老文化传统的中国，人们也更容易把对老年妇女需求的满足视为家庭私领域的责任，而难以纳入社会公共政策的视野。

二、重视人口老龄化过程中的女性化趋势，采取全面、系统的应对措施

预测数据显示，我国老年人口女性化的程度在未来40年间还将进一步加深，而女性的社会经济地位处于相对弱势的境况无疑也会长期存在。而老年妇女作为深受年龄和性别双重劣势影响的一个群体，她们生存状况的改善，无疑是整个老年人口境况改善的关键所在。正如联合国在其一系列关涉老年的宣言、行动计划等重大文件中所一再强调的，各国必须充分认识到老年妇女群体的特殊境况，应在制定有关人口老龄化的应对战略和策略中全面纳入性别视角，重视评估所有的战略目标和策略措施是否适应占老年人口多数的老年妇女人口的需求。在制定中国应对人口老龄化战略时，中国政府作为一个一直高扬男女平等大旗、并将男女平等作为基本国策的社会主义国家，无疑应该实事求是地根据我国人口老龄化过程的女性化趋势和老年妇女群体的特殊需求，积极采取具有社会性别视角的有针对性、有优先级、有重点的策略措施。全面系统的应对措施还应包括有利于发挥老年妇女作用，特别是低龄、健康老年妇女作用的积极措施。

鉴于老年妇女群体本身的差异性，我们在此重点提及以下三个特别需要政策支持和社会关注的老年妇女子群体：居住生活在社会经济条件相对较差的农村地区的老年妇女、高龄老年妇女以及丧偶老年妇女。

（一）关注农村老年妇女

尽管今后40年我国人口老龄化过程的女性化趋势总的表现为城市和镇的老年妇女比重不断增加，农村老年妇女比重将逐步下降，但在相当长的一段时期内，我国都将有半数以上的老年妇女生活在农村，其总体规模相当巨大。众所周知，我国农村的社会保障水平、医疗服务、老年照料服务、农村社区建设等与养老相关的公共设施和服务基础还非常薄弱，亟待发展。

农村老年妇女晚年的生活在过去和当下都是主要依靠家庭成员、特别是子女来解决。但是随着20世纪80年代我国计划生育政策广泛深入地推行，当下和未来的老年妇女可以依靠的子女在规模上的绝对缩减已经是无可争议的事实。与此同时，农村青壮年劳动力大量向城市转移，这也是我国社会发展中一个无可逆转和改变的发展方向。加之农村老年妇女更高的丧偶率，因此相对农村老年男性而言，农村老年妇女可以利用的照料资源将更为匮乏。

相对而言，通过建立完善覆盖全民的养老保障体系可以在很大程度上提高农村老年妇女的经济保障能力和水平，增强其经济的独立性。但是如何才能提高农村老年妇女的健康水平，为其提供所需的基本医疗保障服务，特别是满足其照料需求，这对政策的设计而言无疑是巨大的挑战，也是值得我们深入去研究和探索的一个重大课题。而农村老年妇女的心理健康状况的改善、精神文化需求的满足则是需要农村基层组织的不断完善、农村社会经济文化的极大发展才能真正实现。

从更为长远的战略眼光来看，则是需要我们在社会政策中对未来的老年妇女、也即当今的中青年农村女性进行更多资源上的倾斜，增强她们的生存发展能力，提高他们在农村社会中的社会经济地位，这才是切实提高未来农村老年妇女生存境况的关键所在。

（二）关注高龄老年妇女

无论是从其他老龄化早发国家的经验，还是根据预测数据结果来判断，在未来数十年间，我国高龄人口的女性化程度都将维持在60%以上的水平，并且其规模的增幅远高于中低龄老年人口的增幅，对这一判断应该没有大的争议。

高龄老人对养老资源、特别是医疗卫生服务和照料资源的需求远高于中低年龄组的老年人，是各种社会养老资源最主要的“用户群”，这也是我们的生活经历和国内外大量的实证研究所共同证实的一个客观事实。

未来40年内的高龄老年妇女正是当下已经迈过了不惑之年的中老年妇女群体。她们具有鲜明的时代烙印，她们人生最宝贵的青壮年时期正是新中国历经重大的社会经济变革，急剧动荡又高速发展的几十年，上山下乡、计划生育、改革开放、土地承包、城乡流动、国企改革、下岗分流……在一定意义上而言这一群体是我国利益分化中差异最大的一群人。越来越多的研究注意到，相对同龄的男性而言，这一群体中的女性在各种的改革和变动中更多地成为利益受损或者说“为改革做出贡献或牺牲”的人群，“4050人员”、“下岗女工”、“失地妇女”、“流动妇女”、“留守妇女”等等这些社会公众耳熟能详的专有称谓，正是这一群体的独特代名词。

正是因为这一群体独特的社会经历，她们中许多人自身所积累的各种社会资本都是相对薄弱和有限的，这大大降低了她们抵御风险的能力。随着年岁的增长，这些中老年妇女的生存境况将面临更大的挑战。如何使这一群体与其他年龄组的人平等地分享社会发展的成果，安度自己的晚年，政府采取适当的弥补性政策措施将是必要的，否则这些未来的高龄老年妇女将很难跟上社会发展的步伐，而只能继续被时代抛在脑后，深陷在社会的底层和弱势群体中不能自拔。

（三）关注丧偶老年妇女

“女高男低”的平均期望寿命和“男大女小”的婚姻模式，导致了老年丧偶寡居的女性化现象，这是世界各国老龄化过程中的普遍现象，我国也概莫能外。根据相关的预测数据推算，我国丧偶老年妇女的规模目前已达到3 200多万人，未来的几十年间还将不断增长。

尽管自新中国建立以来，我国就大力宣扬和推动男女平等，促进女性走出家庭与男性平等地参与社会经济生活，但数千年来形成的“男主外，女主内”的社会性别分工模式并没有被彻底消除，相反由于女性的就业权利在日益市场化的劳动力市场中没有得到有效的保障，以及女性更多承担得不到市场和社会承认、但却关涉到人类生存繁衍的人类自身的再生产活动，如生育子女、照顾家人饮食起居等家务劳动，也有出于个人生活方式的自主选择等各种复杂的原因，在21世纪的当下，我国“男主外，女主内”的性别分工模式还在相当程度上影响着人们的生活安排。大多数女性的经济状况都不及男性配偶，一旦配偶离世，尤其是那些缺乏独立收入来源女性陷入贫困的风险会大大提高。而建立完善的遗属保险制度将在很大程度上为这些丧偶老年妇女构建起一个避免陷入贫困的社会安全网。

此外，丧偶老年妇女在精神健康及生活照料方面的特殊需求也是未来的老年战略不可回避的一个重要议题。对于绝大多数老人而言，丧偶是其晚年生活经历中最具灾难性也是最有压力的事件，在社会公共支持体系相对薄弱的中国，与子女之间良好的代际支持是老人度过丧偶困境最重要的支持力量，而与子女同住会显著提高老人获得代际支持的可能，有助于改善丧偶老人的生活质量。在居家养老仍然是我国老年人最主要的养老方式的情况下，对于缺少配偶支持的丧偶老人，她们亟待其所居住社区建立针对丧偶老人的照护体系，以帮助她们安度丧偶之后的晚年时光。

（四）关注残疾老年妇女

残疾老年妇女是老年妇女中特别弱势的一个特殊群体，由于残疾使得她们的社会参与和融入更为困难，她们自身所能积蓄的养老资源非常有限，同时也难以与正常的老年妇女一样获得相关的社会支持资源，常常成为一个被忽视的群体。在我们的老年政策中应该特别关注到这一群体的生存状况和需求，通过细致的社会助老工作及完善的助残社会服务为其提供一个相对较好的社会生活环境，提高其生活质量和水平。

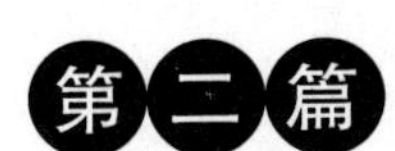

老年妇女经济保障政策研究

导　言

社会保障是社会的“稳定器”和“安全网”，是建设社会主义和谐社会的重要内容。在我国统筹构建城乡社会保障体系过程中，老年妇女的养老问题，不仅与妇女的生活质量密切相关，而且还直接关系到社会稳定和国家长治久安（杨慧，2010）。温家宝总理在政府工作报告中指出“我们所做的一切，都是为了人民生活得更加幸福、更有尊严”。在人口老龄化和女性化过程中，老年妇女和准老年妇女作为弱势群体、作为人民的重要组成部分，其幸福与尊严更应该得到广泛关注，其经济保障更应该得到落实。

对于规模较大的老年妇女，无论是与同龄的老年男性相比，还是与同性别的低龄女性相比，她们在社会资源的分配与占有方面均处于弱势位置，致使老年妇女问题成为了老年人问题的核心（姚远、米峙，2005）。几乎所有老年妇女研究都提及其经济支持和保障问题，认为这是老年妇女群体面临的主要问题之一。

首先，相比老年男性，老年妇女的经济收入水平更低，也更不稳定。无论是城市还是农村，老年妇女的平均收入明显低于男性老人（徐勤等，2003）。老年妇女感觉自己晚年生活缺乏经济保障的比例明显高于老年男性（李建民，2003）。老年妇女的主要生活来源与男性有很大的差别，与男性老年人相比，老年妇女更多地依赖子女或亲属供养（杜鹏，1998；中国老龄科学研究中心，2003；贾云竹，2007）。老年妇女贫困率显著高于同龄的男性和低龄女性群体，这是被许多国家的实证研究所一再证实的社会现象，我国也不例外（杨菊华，2011），姚远和米峙（2005）使用2000年中国城乡老年人口状况一次性抽样调查数据研究发现，老年妇女的经济保障状况证实了“处于经济最底层的是老年妇女”的结论；王晶等（2010）基于吉林省百村老年妇女生存现状调查得出了孤寡老年妇女贫困化程度高的结论。

其次，关于老年妇女经济保障水平低的原因，概括起来大致可以归为以下四种观点：一是老年妇女在青壮年时期社会经济活动参与率低，不仅直接影响其收入，而且影响其养老保障水平（徐勤，1995）。针对有养老金的老年妇女，陈卫民和李莹（2004）从养老金取决于缴费年限及妇女退休年龄较早等方面，分析了妇女养老金偏低的原因。2000年中国城乡老年人口状况一次性抽样调查数据显示，在城市有34.7%的老年妇女从未参加过能够直接获取报酬的社会经济活动，也即通常意义上的“工作”，而老年男性的比例仅为8.8%（翟振武等，2003）；二是传统的社会和家庭劳动分工模式使得女性在劳动年龄阶段更多地承担了生育子女、照料老人、家务劳动等社会不认可其劳动价值的“无偿”劳动，这些劳动既没有经济收入，也没有社会保障（谭琳，1996）；三是由于男女劳动者退休年龄的差异和实际经济活动参与状况的不同，表面上男女劳动者一视同仁的养老金制度实质上在一定程度强化了社会性别的不平等，对老年妇女的养老金以及相关经济利益产生了非常不利的影响（彭希哲，2003；陈卫民、李莹，2004）；四是丧偶老年妇女的经济供养缺乏制度保障。

以上研究对于认识我国老年妇女经济保障状况，具有重要的参考价值。以往有关老年妇女或老年群体性别差异的研究中，影响较大的“双重危险/歧视说”和“生命历程累积说”都比较强调老年妇女弱势和被动的一面，对老年妇女在经济保障等方面弱势地位揭示得比较充分，这些研究往往把老年妇女视为弱势和被动的社会群体，对于老年妇女在社会、家庭中的积极、能动的一面揭示的比较少。此外，上述有关老年妇女的研究多散在于女性学、社会学、人口学和老年学等各个学科领域（周云、柳玉枝，2007），专门对老年妇女经济保障进行系统研究的成果却相对较少，这既不利于进一步认识老年妇女经济保障问题的成因，也不利于为政府部门提供具有针对性的政策建议。因此，本篇运用社会性别视角，旨在研究人口老龄化和女性化过程中老年妇女的经济保障状况，探讨老年妇女经济保障问题的成因，在借鉴国外老年妇女经济保障政策的基础上，提出改善老年妇女经济保障状况的政策建议。

第一章　老年妇女经济保障的现状与趋势

随着我国人口老龄化进程的发展和我国社会经济的全面发展，特别是科学发展观、以人为本指导思想的确立，老年妇女的生存状况受到了越来越多的关注。如何为日益庞大的老年妇女提供必要经济保障，已成为政府和社会的重要议题。了解老年妇女的经济保障现状是为其提供帮助的必要前提，预测并分析老年妇女经济保障的趋势，则是满足老年妇女基本需求，确保老年妇女分享社会发展成果的基础所在。

一、老年妇女经济保障现状

在老年妇女经济保障现状方面，本研究将从老年妇女养老金覆盖范围与社会保障程度、老年妇女收入与贫困、经济独立性与依赖性、对家庭财产的拥有与掌控等方面进行深入分析，以便完整、准确地勾勒出老年妇女的经济保障状况及其与男性老人的差异。

（一）社会养老保障缺口较大

1. 养老金享有率低

养老保险是社会保险制度的重要组成部分，退休金则是老年人退休后的生活保障。2005 年我国离退休人员共计 5 088 万人（国家统计局，2006）。2005 年全国 1% 人口抽样调查数据显示，我国 60 岁及以上老年人的养老金享有率为 21.5%，老年妇女的离退休金、养老金享有率仅为 15.3%，老年男性的享有率则为 27.7%（见表 2–1–1）。

表 2–1–1　分城乡、分性别老年人养老金享有情况 %

	男性	女性	性别差异（男 – 女）
城镇	85.0	57.0	28.0
农村	3.1	1.2	1.9
合计	27.7	15.3	12.4

资料来源：根据 2005 年全国 1% 人口抽样调查数据及《中国劳动统计年鉴（2006）》相关数据计算得来。

课题组在北京市调研发现，对于没有养老金的老年妇女而言，不但生活相对困难，而且还对其个人尊严与心理健康带来严重冲击。一位 70 岁退休老师讲述了其妻没有养老金的遭遇："她是（北京市辖区）农村的，1986 年北京市长签署了 60 年代大专毕业可以转家属户口并安排工作的优待政策。我老伴（符合享受优惠政策的条件）转户口后，由于（她）当时年龄比规定的年龄大一个月，没有安排工作。这么多年来她打过工、卖过饮料、扫过厕所，努力靠自己养活自己。后来年岁大了，干不动了才不出去的。可她现在既没有社会养老保障，也没有医疗保障，户口转成了城市户口后，老家的土地也没了。她在城市什么都没有，也找不到归口的组织管理，就跟过去党员失去组织似的，没了着落！因为没有养老保障怕被人瞧不起、不敢出门，经常和我吵架，心理严重失衡。现在农村变化很大，她一回农村老家就会更失落，人家有房子、有土地、还有养老金，村里老年人每月可以拿到200元养老金，再加上国家给200元，而且村里还供应粮油，提供合作医疗，也有人管理，比这里强多了。我老伴在城市根本没法和人比，简直就是一个天上一个地下！”

众所周知，老年妇女是一个差异极大的群体。他们除了年龄这一共同特征之外，其他许多方面都有差别。因此，我们在了解老年妇女总体状况的基础上，有必要根据老年妇女的城乡分布、不同行业职业等因素对老年妇女进行分类分析。

从分城乡、分性别老年人养老金享有情况来看：2005年我国城市老年妇女养老金享有率为57.0%（见图2–1–1），城市老年男性的养老金享有率则高达85.0%，城市老年妇女养老金享有率仅相当于男性的66.7%。[①]城乡二元社会经济发展对社会养老保障产生了重大影响，城市以退休金或养老金为主要生活来源，老年人社会养老比例较高。农村则以家庭养老为主，能够享受退休金或养老金待遇的老年人比例极低，男女老年人分别为3.1%和1.1%，农村老年妇女养老金享有率约为老年男性的1/3左右，差异远远大于城市地区。由于长期的城乡二元结构，我国养老金享有率的城乡差异远远大于性别差异，图2–1–1显示，城市社会养老的比例是农村的数十倍。

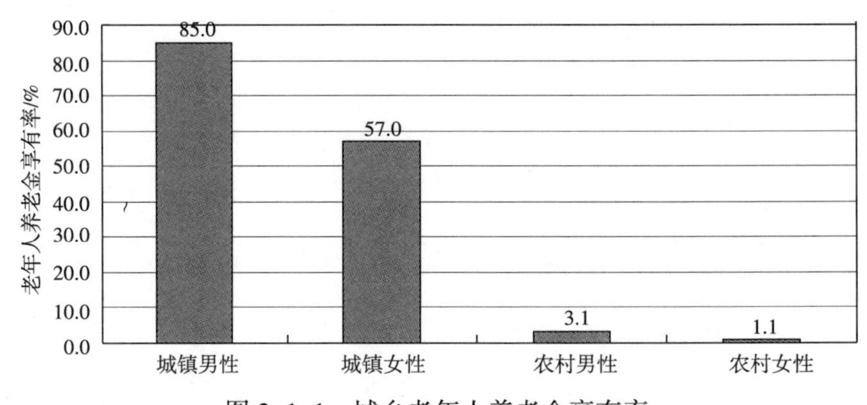

图2–1–1　城乡老年人养老金享有率

资料来源：2005年全国1%人口抽样调查数据。

2006年中国城乡老年人口状况追踪调查数据显示，男性享受离退休金的比例高于女性，城市远远高于农村，而且丧偶者享受离退休金的比例低于有配偶同住者（见图2–1–2）。

① 根据2005年全国1%人口抽样调查数据计算得来。

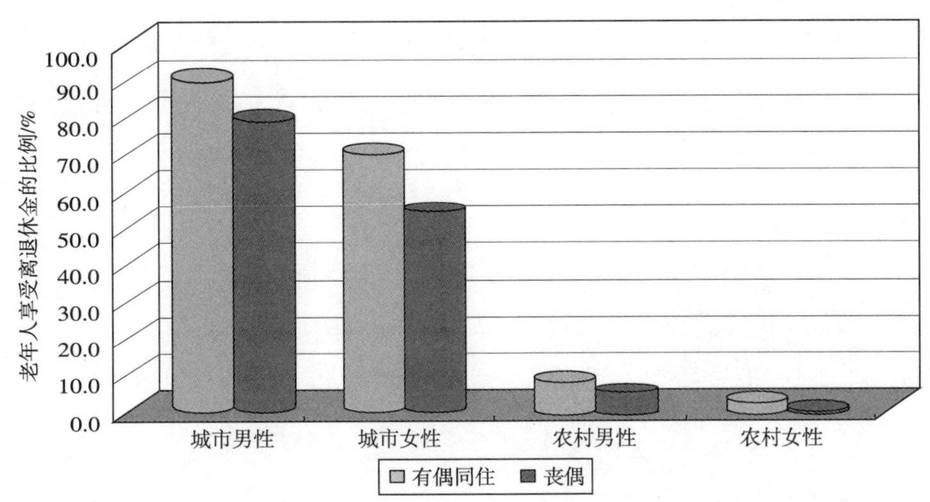

图 2-1-2　不同婚姻状况、分性别、分城乡老年人享受离退休金情况

资料来源：2006 年中国城乡老年人口状况追踪调查。

从分年龄组的丧偶老年人享受离退休金的比例看，在 60–64 岁组城市女性该比例高于城市男性，而后随着年龄增长老年妇女该比例逐渐低于男性老人，年龄越大差距越大：80 岁及以上城市男性丧偶老人享受离退休金的比例为 26.5%，而丧偶老年妇女的该比例为 9.2%，二者相差 17.3 个百分点，而且城乡差异非常大，农村老年人享受离退休金的比例非常低（见图 2–1–3）。

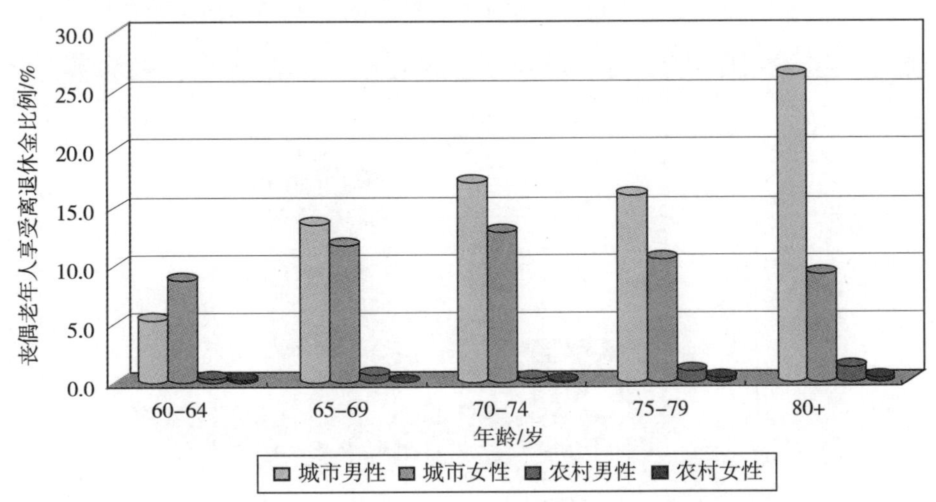

图 2–1–3　分城乡、分性别、分年龄丧偶老年人享受离退休金情况

资料来源：2006 年中国城乡老年人口状况追踪调查。

2. 无养老金者规模巨大

在我国 5 088 万享受离退休金、养老金的老年人口中，城市老年男性占了绝大部分（见图 2–1–4），城市老年妇女享有养老金的规模比城市老年男性少 1 348 万人，农村仅有 97 万老年妇女享有养老金，其规模不足农村老年男性的 1/3。无养老金、退休金对老年妇女维持基本生活、提高家庭和社会地位无疑会产生消极影响，同时也不利于维护社会的稳定与和谐。

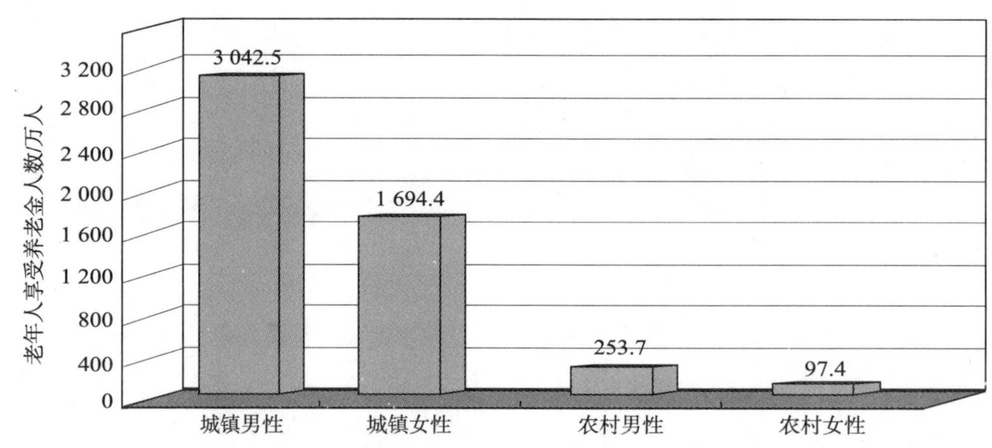

图 2–1–4　分性别、分城乡老年人享受养老金的情况

资料来源：根据 2005 年全国 1% 人口抽样调查及《中国劳动统计年鉴——2006》相关数据计算得来。

对于未能享受养老金的 5 500 万名老年妇女而言，其城乡分布如下：在城市有 1 400 万名以上的老年妇女未享受社会养老金，在农村该规模则达到 4 143 万人左右（见图 2–1–5）。由于城乡二元社会经济体制原因，加之与就业关联的社会养老保障制度的设计问题，我国 3/4 以上（75.60%）的老年妇女被排除在社会养老保障之外。

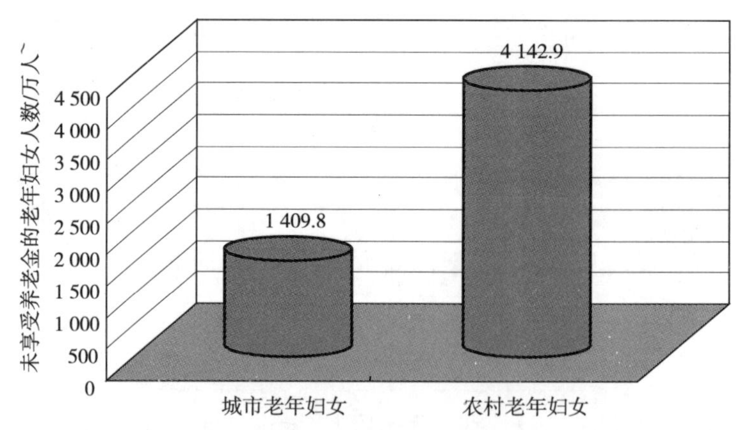

图 2–1–5　城乡未能享受养老金的老年妇女规模

资料来源：根据 2005 年全国 1% 人口抽样调查及《中国劳动统计年鉴——2006》相关数据计算得来。

（二）老年妇女经济保障水平低

1. 老年妇女月均养老金低于男性

根据 2006 年城乡老年人生活状况追踪调查数据计算，2006 年城市老年妇女月均养老金为822.3元，男性老人为1 148.6元，老年妇女平均养老金比男性低311.6元，前者仅为后者的72.4%。从不同年龄组男女老年人月均养老金的差距来看，差距最小的是60–64岁组，老年妇女比老年男性低237元，差距最大的是75–79岁组，老年妇女比老年男性低435元以上（见图2–1–6）。月均237~435元的养老金差距，无论在提高老年妇女家庭和社会地位方面，还是在确保老年妇女生活质量方面，都会产生不利影响。

大量的实证研究显示，老年男性的收入要远远高于老年妇女（杜鹏，1998；徐勤等，2003；伍小兰，2008）。数据显示，我国城市老年人收入的性别差异尤为显著，农村老年人的性别差异相对要小一些。根据《中国人口老龄化与老年人状况蓝皮书》提供的数据，2005年，城镇老年妇女月均收入为763.8元，仅为同地域男性老人的60.1%；老年男性中处于高收入组的比例(30.8%)是老年妇女的3倍，而低收入的老年妇女高达28.8%，是老年男性的2.2倍；农村老年妇女中处于高收入组的比例(13.7%)比老年男性低近13个百分点，而处于低收入组的比例(28.1%)则要比老年男性高近8个百分点，农村老年男性和老年妇女在其他三个收入组上的分布差异很小（伍小兰，2008）。

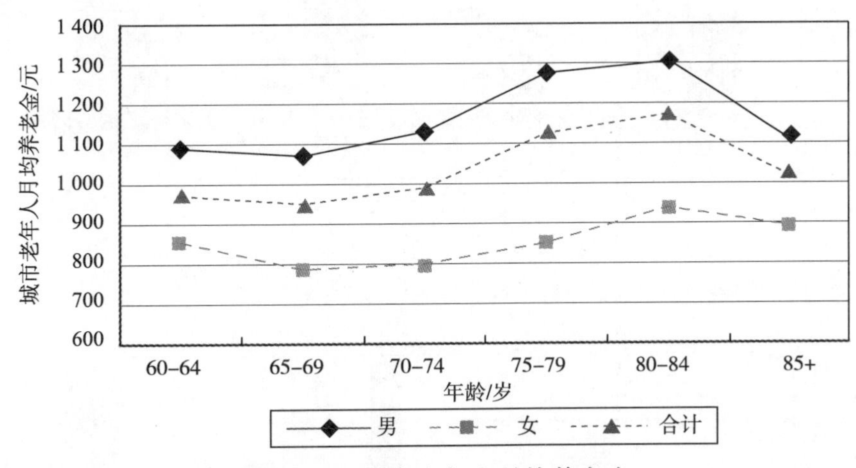

图2–1–6　城市老年人月均养老金

资料来源：根据2006年城乡老年人生活状况追踪调查数据计算得来。

在老年人享受政府救助方面，也存在着明显的城乡、性别、年龄等差异。2006年城乡老年人生活状况追踪调查数据显示，丧偶老年人享受政府救助的比例高于有配偶同住老年人，城市女性高于城市男性，农村女性则低于农村男性。随着年龄增大，丧偶老年人享受政府救助的比例呈增加趋势，但农村丧偶老年妇女的该比例变化相对较小，且农村高龄丧偶老年妇女的该比例显著低于男性（见图2–1–7、图2–1–8）。这种情况可能与城市老年男性社会劳动参与程度和水平较高，较多享受离退休金，有稳定的收入，而老年妇女较少享受离退休金、收入不稳定有关。在农村，与老年男性获得离退休金与养老金比例较小有关，绝大部分农村老年人没有稳定性收入，而农村男性终身未婚无子女的“五保户”比例相对比农村老年妇女多，这是他们更可能获得政府救助的一个原因。

近年来，我国不少地方政府实行了向 80 岁及以上、90 岁及以上或者百岁的高龄老人提供数额不等的小额津贴、补贴的政策，以体现政府对高龄老人的呵护和关怀。但是，根据中国老龄科研中心 2006 年城乡老年人生活状况追踪调查数据显示，贫困老年妇女较老年男性更少获得这一社会福利资源。城市贫困老年男性人口中享受高龄老人经济补贴的占 22.7%，而老年妇女只有 1.3%；享受特困救助的在男性老年人口中占 13.6%，而女性仅为 8.0%（徐勤、魏彦彦，2009）。

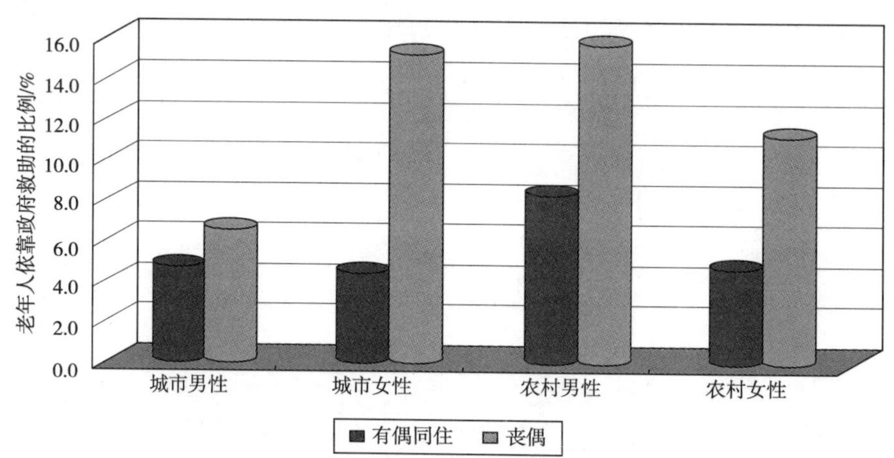

图 2-1-7　不同婚姻状况、分性别、分城乡老年人依靠政府救助的比例

资料来源：2006 年中国城乡老年人口状况追踪调查。

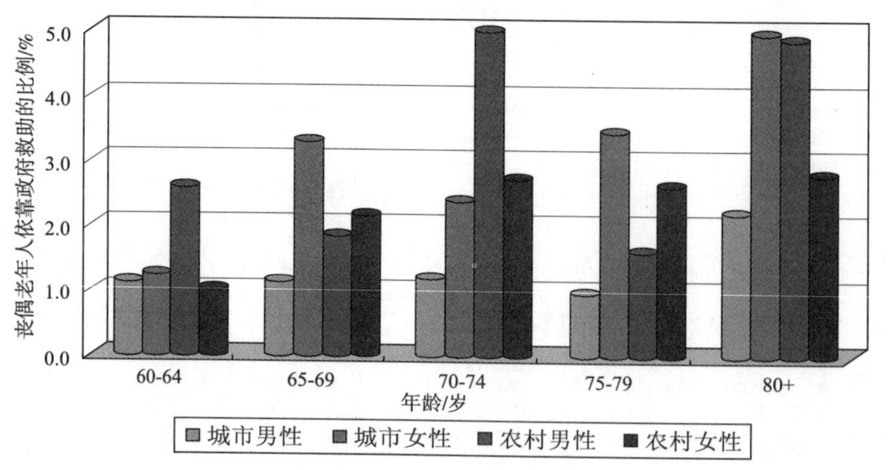

图 2-1-8　分年龄、分性别、分城乡丧偶老年人依靠政府救助的比例

资料来源：2006 年中国城乡老年人口状况追踪调查。

2. 农村老年妇女家庭年收入低

在农村，老年人家庭从事农林牧副渔生产经营的劳动所得是其最主要的生活来源。2006 年城乡老年人生活状况追踪调查数据显示，老年妇女家庭农林牧副渔生产年均收入为 1 441.2 元，老年男性家庭则为 1 896.1 元，老年妇女家庭收入比老年男性低 454.9 元，该差距大于城市老年人月均养老金的性别差异。从分年龄组来看，老年人家庭收入差距最大的是 60–64 岁组，老年妇女家庭收入低于老年男性家庭收入 832.8 元（见图 2–1–9），差距最小的是 80–84 岁组。对于 75–79 岁组老年妇女家庭农牧副渔生产收入大于老年男性家庭的原因，有待进一步分析。

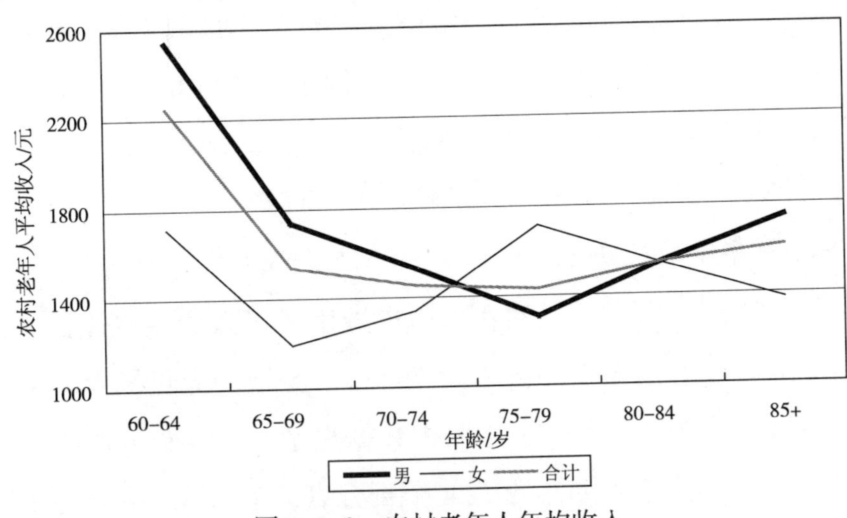

图 2–1–9　农村老年人年均收入

资料来源：根据 2006 年城乡老年人生活状况追踪调查数据计算得来。

3. 老年妇女贫困率高

老年妇女贫困率远高于老年男性。2005 年城市老年妇女贫困率为 3.8%，是老年男性的 2.2 倍，①农村老年妇女的贫困率（4.3%）比老年男性高 1.6 个百分点。②在既没有离退休金和养老金、又没有劳动收入的老年人中，老年妇女是老年男性的 1.6 倍。③《中国民政统计年鉴——2008 年》显示，2005 年享受城市最低生活保障的贫困老人，老年男性的平均收入是老年妇女的 1.5 倍。城市丧偶老年妇女的贫困自评率高达 16.4%。“女性贫困化”和“贫困女性化”在老年妇女中表现突出，由此造成的贫困老年妇女规模相对巨大。

以 2000 年全国城市居民可支配月均收入和农民纯收入的 1/2 作为贫困标准，

① 根据《中国人口老龄化与老年人状况蓝皮书》第 121–122 页相关数据计算得来。
② 根据《中国人口老龄化与老年人状况蓝皮书》第 124 页相关数据计算得来。
③ 根据全国 1% 人口抽样调查数据计算得来。

研究发现城乡贫困老年妇女比例分别达到40.3%和50.5%，高于老年男性27.9和12.1个百分点（张凯悌、郭平，2009）。虽然各项研究对老年妇女的贫困规模的估算差距较大，但老年妇女的贫困率高于老年男性、贫困程度更甚于老年男性已成为不争的事实。

在贫困老年人口中，老年妇女的贫困程度显著高于老年男性。2006年全国城乡居民生活综合研究（CGSS）调查数据显示，在收入低于低保线的968位被访者中，男性占26.7%，妇女占73.4%。此外，《中国民政统计年鉴——2008年》显示，2005年城市最低生活保障平均标准182.4元/月，即年收入低于2 188.8元属于贫困人口。据此标准计算，同为贫困老人，老年男性的平均收入为1 262元，老年妇女的平均收入则仅为824元；老年男性的零收入比例仅为5.18%，而老年妇女则高达15.5%，老年妇女的贫困程度远远大于男性老人（杨慧，2009）。

（三）经济独立性在增强，但家庭依赖性仍然较高

1. 养老金享有率不断提高

城乡经济独立性差距巨大。虽然在现阶段城市老年人的主要生活来源中，退休金收入已占到中国城市老年人人均收入的76.9%，但是，老年妇女养老金享有率显著低于男性：2005年全国1%人口抽样调查数据显示，老年妇女养老金享有率仅为15.3%（见表2–1–1），比老年男性低12.4个百分点，家庭成员供给是我国老年妇女最主要的生活来源，该比例在农村高达72.7%（杜鹏、武超，2006）。

随着社会保障体系的逐步建立和完善，老年人口中享有退休金的比例也在增加，2008年有近6成的城市老年妇女以退休金为主要生活来源，比1994年增加了23.6个百分点，以家庭其他成员供养为主要生活来源的比例则下降了23.0个百分点，其经济独立性逐步提高，她们对子女的依赖程度比镇和农村要低很多。但与同地域的老年男性相比，城市老年妇女的经济独立性还有待进一步提高。

2. 对家庭的依赖依然较强

尽管目前中国老年妇女的生活来源较之10多年前，独立自主程度有了改善，但与老年男性相比，她们的经济依赖性依然还很强，特别是生活在农村的老年妇女。2008年全国人口变动抽样调查数据显示，中国老年妇女最主要的生活来源依然是家庭其他成员的供养，占5成左右，尽管比1994年下降了27.1个百分点，但仍显著高于老年男性（23.5%）；其次是自己的劳动收入，占3成左右，比1994年提高了15.8个百分点，而主要依靠退休金的比例也较10多年前增加了近9个百分点（见图

2–1–10）。无论城乡，老年妇女在主要生活来源上对家庭其他成员的依赖都显著高于老年男性，而农村老年妇女对家庭成员的依赖则更为突出。

对于40%以上没有养老金以及养老金偏低的城市老年妇女而言，仍然有些老年妇女需要子女或家庭成员提供经济方面的支持。调研中一位83岁高龄、小学文化程度、企业退休的技工徐大妈说："我退休早，退休工资低，（虽然）吃饭（的钱）够了，但身体不太好，患有糖尿病，需长期用药。需子女帮我负担一部分医药费开销。"

另外一位76岁的不识字、也从未参加过社会工作的无子女的老年妇女说："我没工作过，一直是家庭妇女，靠老伴的退休工资生活。"

但收入状况调查表明，家庭给予老年妇女的保障程度不及老年男性（徐勤、王珣，2003）。

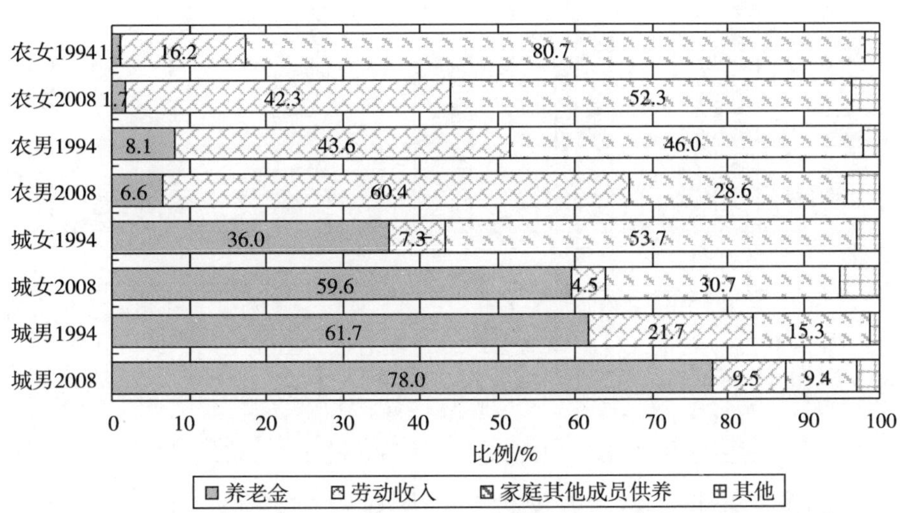

图2–1–10　2008、1994年分城乡、分性别中国老年人主要生活来源

资料来源：《中国人口和就业统计年鉴2009》和杜鹏等（2006）"中国老年人的主要经济来源分析"。

3. 主要生活来源存在城乡差异

2005年全国1%人口抽样调查数据显示，老年人以劳动收入、离退休金、养老金、最低生活保障金为主要生活来源的比例存在显著的年龄、性别、城乡差异（见图2–1–11，图2–1–12）。

城市与镇老年人主要以离退休金为主要生活来源，而乡村老年人则主要依靠劳动收入。老年男性依靠劳动收入、离退休金及养老金的比例高于老年妇女，而城市和镇老年妇女依靠最低生活保障金的比例高于老年男性，这与城市、镇的老年男性参与有酬社会劳动的比例高于老年妇女有关。

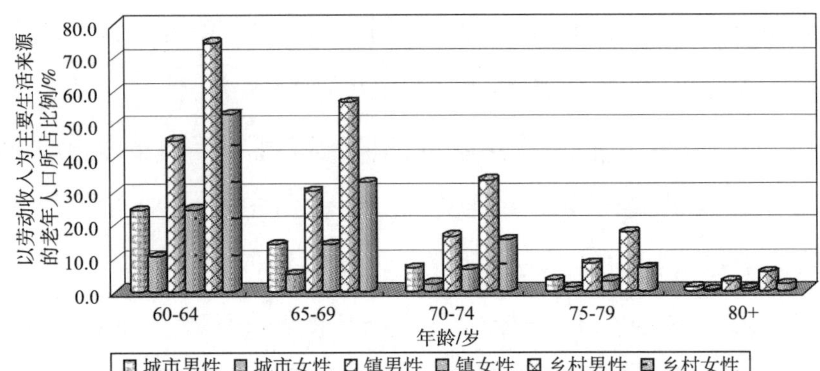

图 2-1-11　老年人口中以劳动收入为主要生活来源的比例

资料来源：根据《2005 年全国 1% 人口抽样调查资料》表 9-4a、表 9-4b、表 9-4c 计算所得。

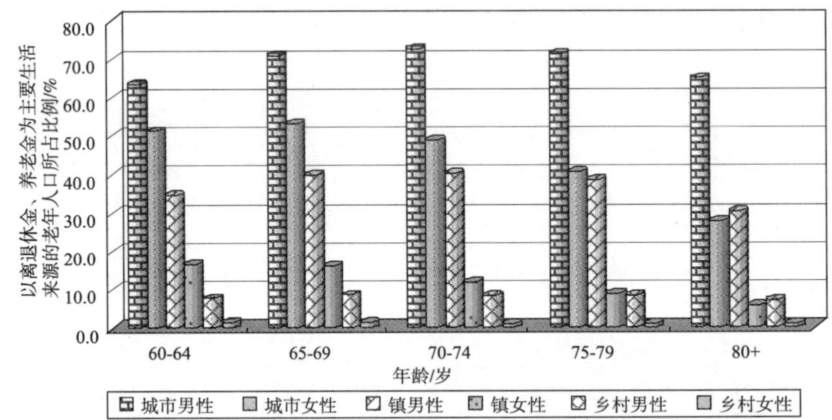

图 2-1-12　老年人口中以离退休金、养老金为主要生活来源的比例

资料来源：根据《2005 年全国 1% 人口抽样调查资料》表 9-4a、表 9-4b、表 9-4c 计算所得。

数据显示，农村老年男性依靠最低生活保障金的比例高于老年妇女，这与农村老年男性终身未婚、无子女的"五保户"比例比农村老年妇女多有关。高龄老年妇女依靠最低生活保证金的比例偏高（见图 2-1-13）。

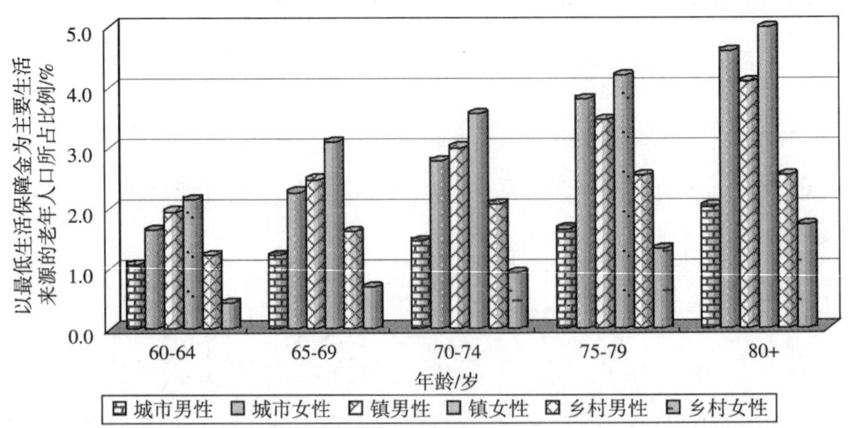

图 2-1-13　老年人口中以最低生活保障金为主要生活来源的比例

资料来源：根据《2005 年全国 1% 人口抽样调查资料》表 9-4a、表 9-4b、表 9-4c 计算而来。

总体而言，与老年男性相比，老年妇女的经济独立性较差，她们依靠自己劳动收入和离退休金及养老金的比例相对较少，对家庭成员的经济依赖程度更高。数据显示老年妇女，尤其生活在农村的、高龄的老年妇女的经济保障问题应引起广泛关注。

2006 年中国城乡老年人口状况追踪调查数据显示，城乡老年妇女担心没有经济保障的比例分别为 26.0% 和 48.4%，城乡老年男性的该比例分别为 15.4% 和 48.2%。由于缺乏独立稳固的经济来源，城市丧偶老年妇女担心生活费的比例达到 41.95%，高于城市丧偶老年男性 10.8 个百分点（见图 2–1–14）；担心生病没有钱治病的比例达到 56.0%，超过一半，明显高于老年男性 14.1 个百分点（见图 2–1–15）。

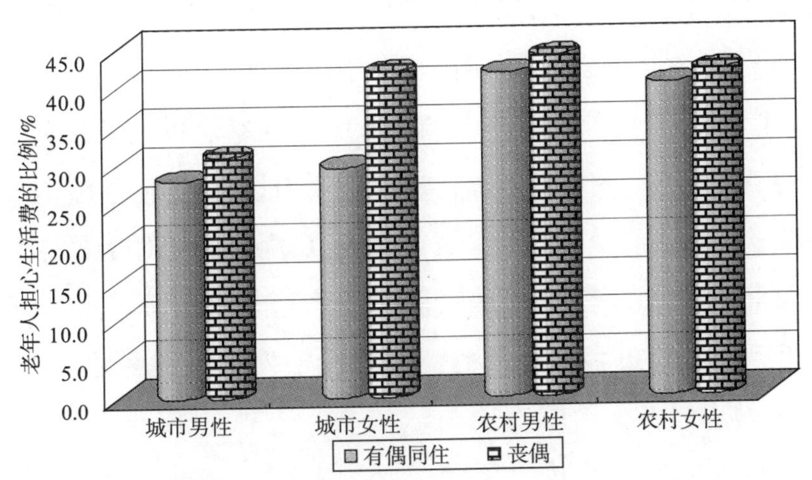

图 2–1–14　不同婚姻状况老年人担心生活费的比例

资料来源：2006 年中国城乡老年人口状况追踪调查数据。

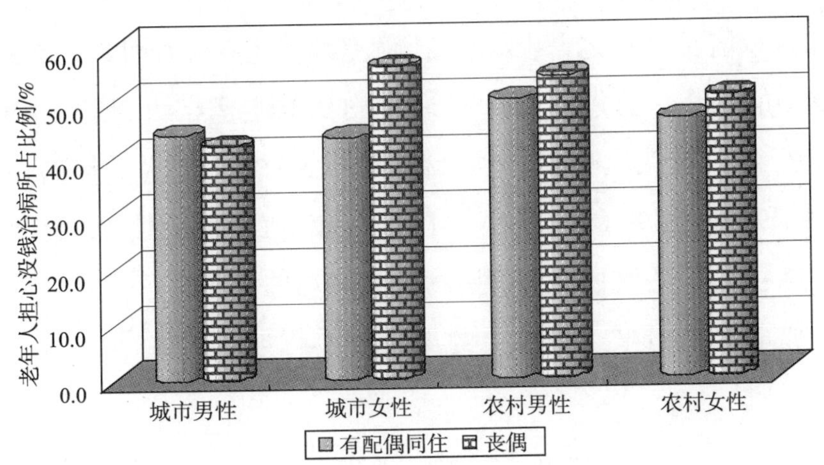

图 2–1–15　不同婚姻状况老年人担心没钱治病的比例

资料来源：2006 年中国城乡老年人口状况追踪调查数据。

（四）老年妇女掌控家庭资产的程度较低

1. 老年妇女房产拥有率低

由于继承制度和分配习俗中的重男轻女，男性在家庭财产占有方面的传统优势普遍存在。通常家庭房产、储蓄账户等更多是置于男性家庭成员的名下，女性对家庭资产的掌控程度较男性低。在同一地域内，老年妇女居住在“自己或老伴”名下房屋的比例低于老年男性，而且年龄越高，老年人拥有住房产产权的比例越低，而且无论在哪个年龄组，老年妇女“寄人篱下”的比例均高于男性（陈功等，2009）。2006 年城乡老年人生活状况追踪调查数据显示，城市老年妇女对住房拥有自有产权的比例低于老年男性，而且房产自有率随着年龄增长呈现递减的趋势，老年妇女与老年男性之间的差距随年龄的增长呈现扩大趋势。60–64 岁老年妇女对住房拥有自有产权的比例低于老年男性 1.6%，80 岁及以上老年妇女与同龄老年男性的差距达到了 17.7%，80 岁及以上城市老年男性该比例为 62.62%，而老年妇女该比例为 44.9%（见图 2–1–16）。是否拥有住房产权，对于稳固和维护老年人在家庭中的地位非常重要，老年妇女较低的住房产权拥有率使得她们更容易在家庭纠纷中处于弱势地位，更容易在家庭赡养纠纷中处于不利境地。

2. 存养老钱的比例偏少

对于城乡老年人而言，无论有无固定收入来源，存有一定数额的养老钱，都有助于应对老年生活。2006 年城乡老年人生活状况追踪调查数据显示：老年男性存养老钱的比例高于老年妇女，城市老年妇女存有养老钱的比例远高于农村老年妇女。随着年龄增长城市老年男性该比例呈增大趋势，而城乡老年妇女该比例则呈现逐步减小的趋势，且老年男性与老年妇女差距呈扩大趋势。80 岁及以上城乡高龄老年妇女存养老钱比例分别为 14.0% 和 5.1%，而这一年龄段老年男性的比例分别为 29.2% 和 8.3%（见图 2–1–17）。较低的存款比例，使老年妇女尤其是农村，高龄老年妇女的贫困风险明显增加，这进一步提高了老年妇女经济保障的不稳定性，加重了她们对家庭成员的经济依赖程度。

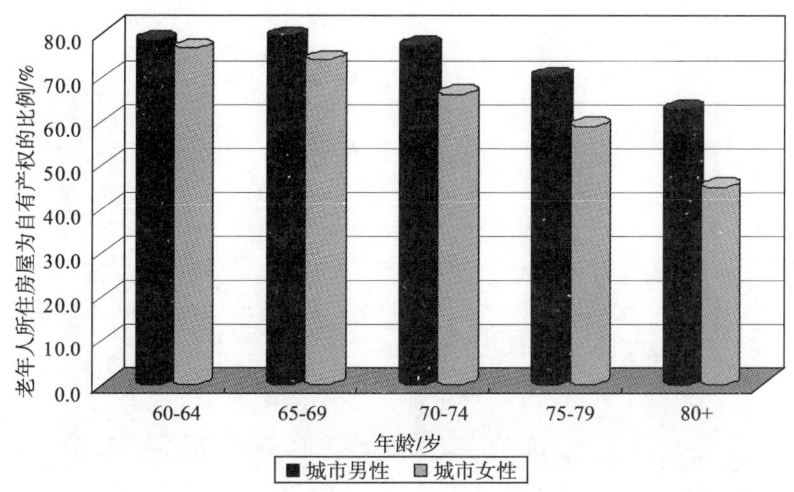

图 2-1-16　分年龄城市老年人所住房屋为自有产权的比例

资料来源：根据《2006 年中国城乡老年人口状况追踪调查数据分析》表 4-3 计算所得。

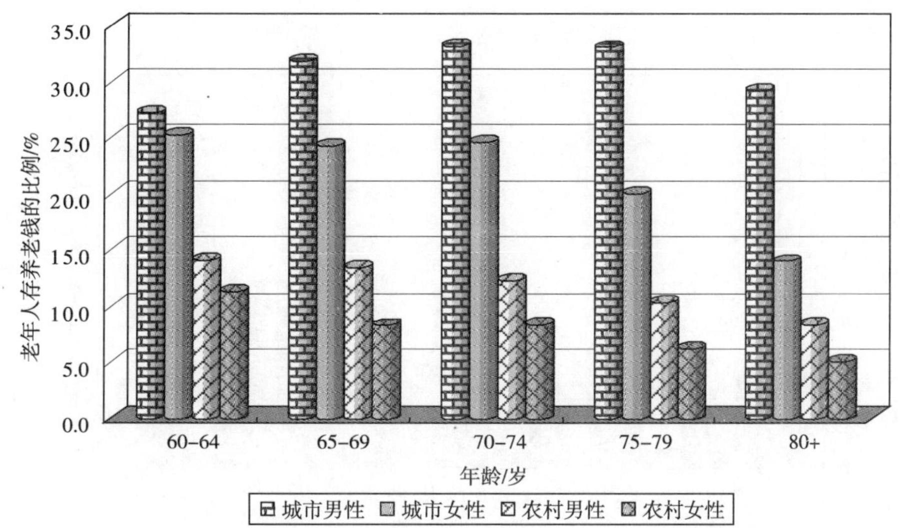

图 2-1-17　分年龄、分城乡、分性别老年人存养老钱的比例

资料来源：根据《2006 年中国城乡老年人口状况追踪调查数据分析》表 3-10-2、表 3-10-3 计算而来。

在部分老人缺乏独立经济能力、住房产权或自我照料能力的条件下，只能轮流到子女家养老。老年人轮流到子女家居住的比例存在显著的性别差异，老年妇女远远高于老年男性，而且随着年龄增大该比例呈增加趋势，农村高龄老年妇女该比例很高。与有偶同住者相比，丧偶老年人轮流到子女家居住的比例最大，其中城市丧偶老年妇女的该比例最大（见图 2-1-18、图 2-1-19）。

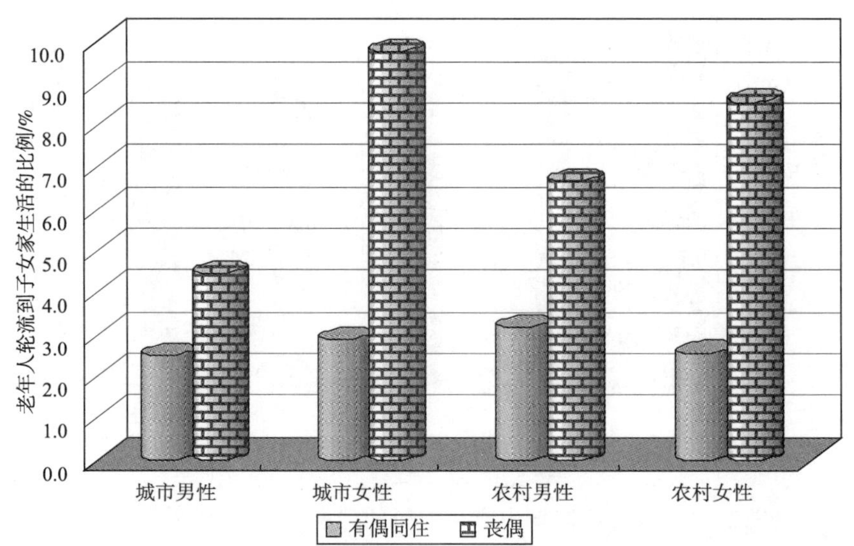

图 2-1-18　不同婚姻状况老年人轮流到子女家生活的比例

资料来源：2006 年中国城乡老年人口状况追踪调查数据。

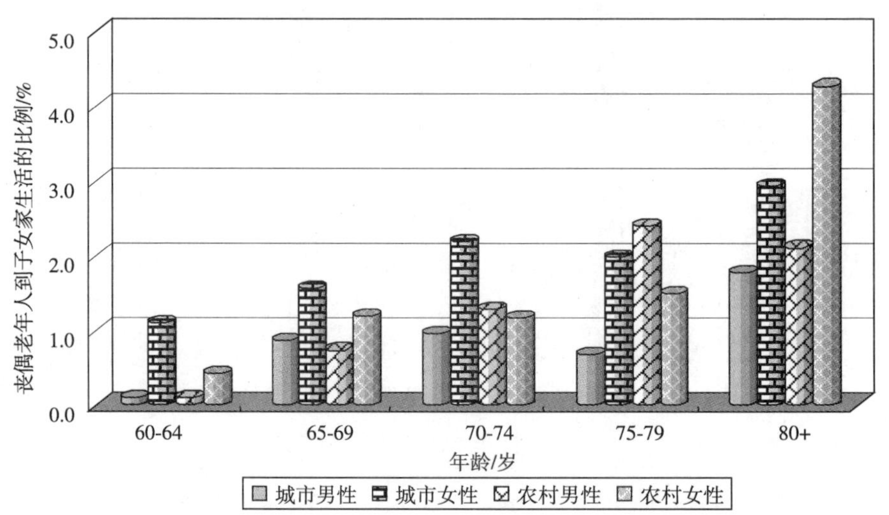

图 2-1-19　不同年龄组丧偶老年人轮流到子女家生活的比例

资料来源：2006 年中国城乡老年人口状况追踪调查数据。

经济地位和生活质量具有一定关系，而消费与收入和家庭地位密切相关。由于老年妇女的经济状况明显比老年男性差，其消费水平也显著低于老年男性，大部分老年妇女常常节衣缩食度日，丧偶老年妇女的生活尤为拮据。2000 年城市老年妇女的月均个人消费（不含饮食费）为 116.7 元，仅占男性的 66.7%。农村老年妇女每月平均个人消费 39.3 元，仅占男性的 60.1%（中国老龄科学研究中心，2003）。此外，城乡老年妇女的医疗开支自付率高于男性 7~12 个百分点，[①]医疗负担进一步降低了

① 根据《中国人口老龄化与老年人状况蓝皮书》第 180 页相关数据计算得来。

老年妇女的日常生活消费水平。

（五）老年妇女经济保障问题的特征

总体而言，与老年男性相比，不但老年妇女退休金享有率低，其人均退休金也比老年男性更低；虽然老年妇女的经济自立能力有所提高，但其经济依赖性仍然较强；老年妇女的房产和所存养老钱等财产少，城乡差异较大；农村老年妇女、高龄老年妇女和丧偶老年妇女社会保障程度更低，老年妇女贫困率高。老年妇女经济保障程度低的问题是妇女生命周期中劣势累积的结果，是广泛存在的不平等社会性别关系在长期的社会生活中逐渐累积而成的。女性在晚年时期面临的困境，特别是经济上的不利状况，常常源于中青年时期的职业发展不利，甚至可以追溯到她们在儿童时期父母的教育期望和投资的性别差异和偏好等。

二、未来 40 年老年妇女经济保障的发展趋势

从生命周期的视角看，中青年女性的经济保障状况对其老年期的经济状况有高度的相关性。在构建城乡养老保障体系过程中，城镇职工基本养老保险和新型农村养老保险政策，将在提高我国城乡妇女养老经济保障水平方面发挥重要作用。然而，无论对于城乡在业妇女而言，还是对于未就业妇女而言，其养老保险参保率均始终偏低，这对我国未来 40 年内的老年妇女养老保障状况的改善依然是一个巨大的挑战。

（一）中青年女性养老保险参保率有所提高，但仍然偏低

1. 城镇女性参保率有所上升

《中华人民共和国社会保险法》规定，用人单位应当按照国家规定的本单位职工工资总额的相应比例缴纳基本养老保险费，记入基本养老保险统筹基金。对于目前在业的中青年妇女而言，能否参加社会养老保险，对于其年老后能否享受社会养老保障具有决定性意义。2005 年在社会养老保险的参保人中，女性占 44.6%，城乡女性养老保险参保率低于男性（见图 2–1–20，图 2–1–21）。2007 年国家统计局社会和科技统计司的数据显示：在参加基本养老保险就业人口的性别构成中，城镇女性仅占 39.7%，不足男性的 2/3，[①]2008 年参加基本养老保险就业人口的性别构成中，城镇女性提高到 42.5%，[②]2009 年该比例降至 42.1%，[③]分别占男性的 74.0% 和 72.6%。与 2007 年相比，虽然女性参加社会养老保险的规模和比例有所提高，但是

① 根据《中国社会中的男人和女人——事实和数据 2007》的相关数据计算得来。
② 根据《中国社会中的男人和女人——事实和数据 2009》的相关数据计算得来。
③ 根据《中国社会中的男人和女人——事实和数据 2010》的相关数据计算得来。

提高速度仍然不快，并存在一定的波动起伏。

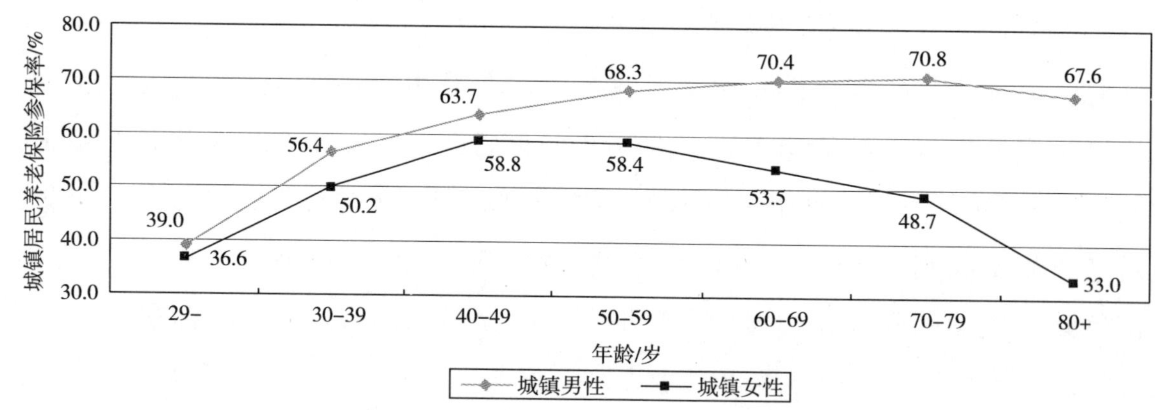

图 2-1-20　2005 年城镇居民养老保险参保率

资料来源：根据 2005 年全国 1% 人口抽样调查数据 1% 数据计算得来。

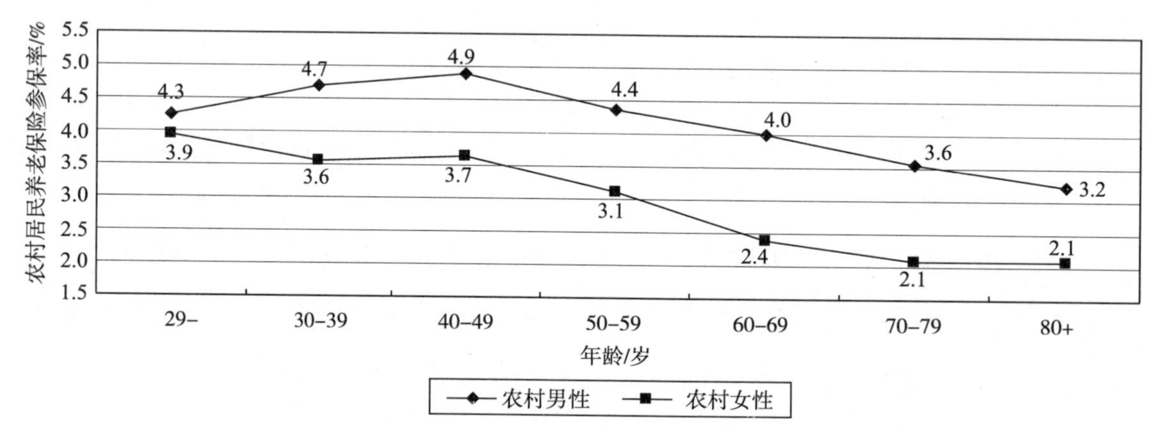

图 2-1-21　2005 年农村居民养老保险参保率

资料来源：根据 2005 年全国 1% 人口抽样调查数据 1% 数据计算得来。

2. *流动妇女参保率偏低*

随着城市化水平的不断提高，流动人口快速增长，2005 年我国女性流动人口已达 7 325 万人，占流动人口总体的 49.7%（段成荣等，2009）。进城务工妇女普遍缺乏养老保障，2005 年全国 1% 人口抽样调查基础上的 1% 再抽样原始数据显示，从事非正规就业的女性未能参加养老保险的比例很高，而且随着年龄增加该比例呈增长趋势，50-59 岁女性未参加养老保险的比例几乎高达 100%（见图 2-1-22）。2009 年中国流动人口问题课题组调查发现，男性流动人口的社会养老保险参保率为 10.2%，女性为 9.8%（杨慧，2011）。如果现行的养老保障制度不变，则当她们在未来 40 年内陆续步入老年后，其养老金享有率依然相对偏低。

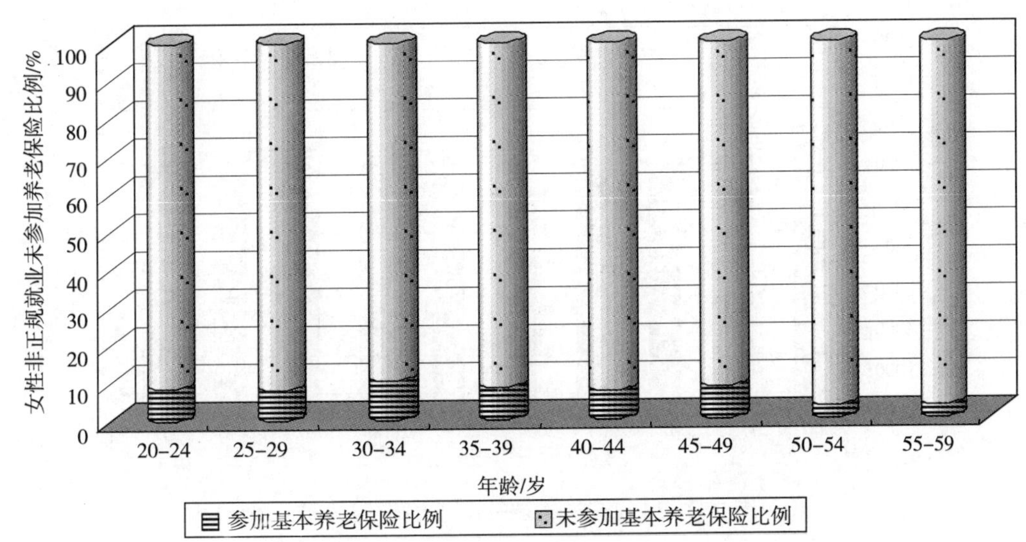

图 2–1–22 女性分年龄非正规就业未参加养老保险的比例

资料来源：根据 2005 年全国 1% 抽样调查基础上的 1% 再抽样原始数据计算所得。

3. 农村妇女参保率有待快速提高

基于农村社会养老保险坚持以“个人缴纳为主，集体补助为辅，国家给予政策扶持”原则，由于一些集体无力或不愿对农村社会养老保险给予补助，造成绝大多数普通农民得不到任何补贴。生活困难、缴费困难的妇女在得不到政策扶持条件下，再一次被排除在新型农村社会养老保障之外（李海楠，2009）。无论是城镇在业妇女还是农村妇女，偏低的养老保险参保率，不但给青壮年妇女的养老安排带来了较大忧虑，还将直接导致她们年老后对家庭成员的较高依赖。

自从国务院关于开展新型农村社会养老保险试点工作以来，2009 年试点覆盖面为全国 10% 的县（市、区、旗），以后逐步扩大试点，农村参加新型农村养老保险的人数也将随之不断增加（见图 2–1–23）。随着该政策在全国普遍实施，2020 年之前基本实现对农村适龄居民的全覆盖。中青年农村妇女作为农村适龄居民的重要组成部分，其农村社会养老保险享有率也将在未来 10 年内迅速提高。

无论是城镇在业妇女还是农村妇女，偏低的养老保险参保率，不但给青壮年妇女的养老安排带来了较大忧虑，还将直接导致她们年老后对家庭成员的较高依赖。因此，大力提高青壮年妇女的养老保险参保率，对于解决未来老年妇女的社会养老问题至关重要。

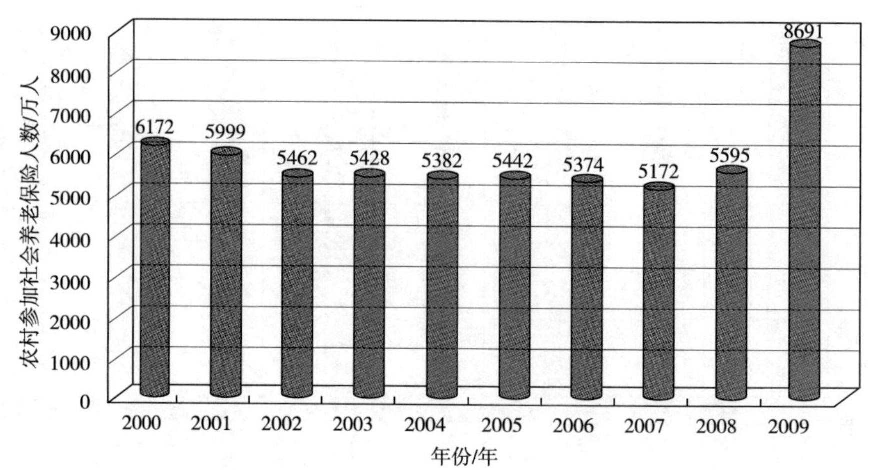

图 2-1-23　农村参加社会养老保险人数

资料来源：《中国妇女儿童状况统计资料 2010》。

（二）中青年女性集中在低收入行业就业

1. 女性集中在农业和商业服务业

《中国劳动统计年鉴 2009》数据显示，2008 年我国零售业中女性比重达 54.9%，住宿餐饮业中女性占 54.4%，而在具有高收入、高保障的电力热力生产供应业及党政机关中，女性仅占 26.9% 和 26.8%。行业的性别隔离，不仅阻碍了女性的职业发展空间，也不利于女性与男性平等地分享社会经济发展的成果，获得与男性同等的劳动报酬和社会保障。

2. 女性在家政工中占据绝对数量

受传统社会性别分工的影响，加之就业性别歧视与行业隔离，女性多从事低收入工作，男女收入差异显著。近 2 000 万名妇女集中在家政工职业中就业，她们不但没有稳定的收入，更没有养老保险和其他社会保险，在缺乏必要的家庭和社会支持情况下，很容易在年老后陷入低收入或贫困状态。

《中国人口与就业统计年鉴 2010》数据显示，目前的中年女性多在非正规部门从事低收入、保障差的自营劳动，按就业身份计算，雇主中女性比例仅为 1.3%，男性相应比例为 3.1%。雇员中女性比例为 28.7%，比男性低 5.6%，而作为自营劳动者和家庭帮工的女性就业者比例高达 70.0%。尽管上世纪八九十年代因国营企业改革而出现的 40–50 岁人员已经陆续退休，但是，目前 40–59 岁的中年劳动者仍然难以成为雇主或雇员，获得正规部门的就业机会，更多地成为自营劳动者或家庭帮工，这种情况在中年女性中表现得尤为明显（见表 2–1–2）。

表 2-1-2　中年男女就业者的就业身份构成　%

	40-44 岁		45-49 岁		50-54 岁		55-59 岁		16 岁及以上合计	
	男	女	男	女	男	女	男	女	男	女
雇主	4.0	1.6	3.9	1.4	2.7	0.9	2.1	0.5	3.1	1.3
雇员	34.4	28.1	35.1	25.7	30.5	13.9	23.0	6.1	34.3	28.7
自营劳动者	61.3	66.9	60.7	69.5	66.5	82.6	74.5	91.4	61.8	66.9
家庭帮工	0.3	3.5	0.3	3.4	0.3	2.6	0.4	1.9	0.8	3.1
合计	100.0	100.1	100.0	100.0	100.0	100.0	100.0	99.9	100.0	100.0

资料来源：《中国人口和就业统计年鉴 2010》。

3. 收入的性别差距不断扩大

李实和宋锦（2010）采用 1988 年和 2007 年城镇住户收入调查数据，对中国经济转型过程中城镇就业收入不平等的演进状况进行研究发现，从实际月收入水平来看，1988 年到 2007 年城镇地区平均月收入水平增长为 4.2 倍，男性与女性之间的工资差距从 1988 年 10% 上升为 2007 年的 30%，男性和女性之间的收入差距显著扩大。此外，第三期中国妇女社会地位调查数据显示，城乡在业女性的年均劳动收入仅为男性的 67.3% 和 56.0%。即使是对于已经参加社会养老保险的女性就业者而言，偏低的收入水平，也会直接影响个人账户的积累，影响退休后的养老金收入。

4. 行业间退休金差距偏大

在养老金的行业差距不断扩大的过程中，受行业职业性别隔离的影响，女性越来越多的集中在低收入行业就业。《中国劳动统计年鉴 2006》数据显示，2005 年企业单位人均退休费 8 565 元 / 年，机关单位人均退休费高达 17 633 元 / 年，同年城镇单位妇女在企业就业的比例为 36%，而在机关就业比例仅为 26.6%（国家统计局人口和就业统计司，劳动和社会保障部规划财务司，2008）。从 2005-2008 年来看，女性在国家机关就业的比例虽略有上升，但上升幅度极小，年均仅为万分之五。由此可见，在养老金行业差距不断拉大的趋势下，妇女集中分布在低收入行业，必将导致男女养老金性别差距进一步扩大，女性在社会养老保障中的弱势地位被进一步强化。

中青年女性在正规部门就业机会缺乏，在非正规部门就业比例提高的状况，有可能导致今后数十年内进入老年人口群体的女性经济独立性相对不足。此外，青壮年时期的低收入或无收入，也极易延续到老年，造成老年妇女贫困。

（三）不在业人口中女性“料理家务”的比例偏高、“正在寻找工作”的比例偏低

2005 年全国 1% 人口抽样调查资料显示，20–59 岁年龄段不在业人口中女性“料理家务”的比例远远高于男性，女性照料家务者占不在业人口中的 53.5%，而男性仅为 4.6%。分城、镇、乡来看，城市中女性照料家务占不在业人口的比例小于镇，镇小于乡村，城市不在业人口中有 27.09% 的在照料家务，而镇和乡村的该比例分别为 48.0% 和 55.4%。分年龄来看，20–59 岁的各个年龄段，女性料理家务的比例都显著地高于男性（见图 2–1–24）。与之相反，不在业人口中女性正在寻找工作的比例低于男性，而且城市低于镇，镇低于乡村，这种趋势在 20–59 岁整个年龄段都表现非常明显（见图 2–1–25）。可见，不在业女性将更多的精力投入到没有报酬的家务劳动中，而寻找工作的比例却很小。这些年龄段的女性人口在未来 40 年内将全部进入老年人口队列，目前的这种不在业状况的劣势会使女性有更大的可能积累更多的劣势，中青年时期存在的不平等会在老年时期进一步增强。

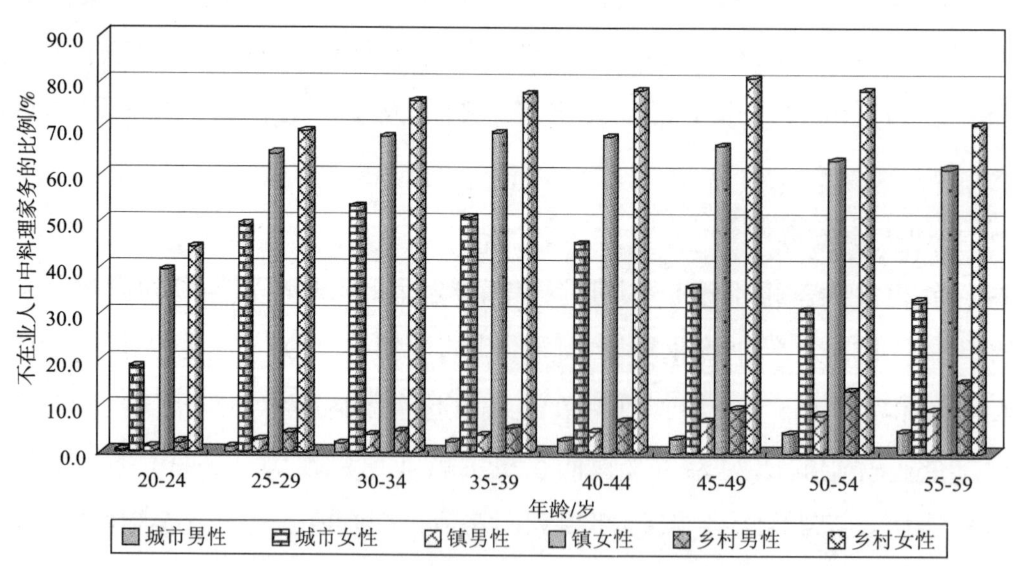

图 2–1–24　分年龄、分城乡、分性别不在业人口中料理家务的比例

资料来源：《2005年全国 1% 人口抽样调查资料》，根据表 5–12a、表 5–12b、表 5–12c 计算所得。

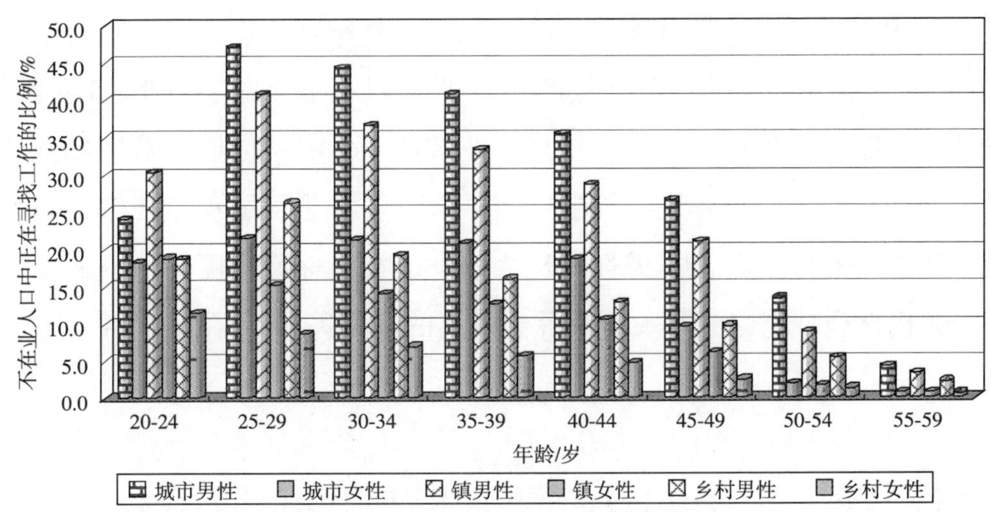

图 2-1-25　分年龄、分城乡、分性别不在业人口中正在寻找工作的比例

资料来源：《2005 年全国 1% 人口抽样调查资料》，根据表 5-12a、表 5-12b、表 5-12c 计算所得。

从生命周期和社会性别的视角出发，可以看到人们对女性以家庭为中心的性别期待，造成女性一生中承担了大量家务劳动及养育子女的责任。在传统社会性别角色分工没有根本变革的情况下，由于女性更多地承担了无酬的家务劳动和家人照料等责任，这在很大程度上影响了女性社会劳动的参与，难以获得正规部门的工作机会，只能更多地从事低薪、保障水平相对较差的工作。社会养老保障等现代养老制度主要是建立在个体社会劳动的贡献基础之上，这是老年妇女在经济地位上处于不利境地的社会经济制度原因。这样一种社会经济制度抹杀了女性付出的劳动价值，强化了妇女在经济上对家庭其他成员的依赖性。随着我国经济改革的市场化程度不断提高，劳动力市场竞争的加剧，而社会公共服务体系（包括托幼、老人照料等）发展不足等诸多原因，使得近 10 多年来我国中青年女性的劳动参与率有较大幅度下降，而国家基本养老保障制度也还未健全，这对其进入老年后的经济保障造成不利的影响。特别是身处农村、丧偶和无稳定收入来源的老年妇女，她们陷入贫困的风险显著高于其他群体。

（四）未来妇女经济保障趋势小结

总体而言，随着城镇女性社会养老保险参保率不断上升，随着新农保、城镇居民养老保险的试点推广，城乡妇女的社会养老保险参保率将会不断提高，到 2020 年随着覆盖城乡的社会养老保障体系的建立，越来越多的老年妇女即将纳入社会保障范围，因此，与目前老年妇女相比，对于在未来 10~40 年进入老年阶段的妇女而言，其社会养老保障程度和自我养老能力增强，她们在很大程度上高于目前的老年妇女。

但是，外出务工妇女的社会养老保险参保率依然很低，许多中青年女性集中在家政、农业和商业服务业等低收入行业就业，在收入的行业差距、性别差距不断扩大、行业间退休金差距偏大的情况下，非正规在业者的个人缴费问题、贫困妇女的费用分担问题、低保执行中的具体操作问题以及个人账户积累问题仍然在较长时期内存在。因此，从未来趋势上看，与男性相比，妇女的社会保障程度仍然偏低，妇女的经济保障问题仍然应该引起党和政府及社会各界的高度关注。

第二章　老年妇女经济保障问题的原因分析

联合国人口基金对世界各国老年妇女的社会地位状况做了这样的述评：传统上女性承担了照料小孩和老人的责任，对于年迈女性而言，在劳动力市场一直受到歧视，养老金不足以及社会支持不足所产生的积累效应经常意味着晚年的贫困潦倒和低生活水平，生活在发展中国家的年迈女性尤其如此（陈功等，2009）。

研究表明，中青年时期收入很低的劳动者将继续面临老年贫困，因此，分析老年经济保障状况的性别差异，既需要从生命周期的视角考察男女两性在中青年期的性别差异及其对老年阶段的影响，又需要从社会性别视角分析制度性因素对老年妇女的不利影响。

一、生命历程的影响

（一）受教育程度低

受“男主外、女主内”的角色分工和重男轻女等传统性别观念的影响，加之我国社会经济条件，特别是教育事业发展水平的制约，我国当下的老年妇女在其青少年时期受教育的机会大大低于老年男性，这在很大程度上影响了她们中青年时期的社会劳动参与机会和就业的水平。

青少年时期的性别不平等主要表现在就学机会上。当家庭经济发生困难时，家长往往选择女孩子停止学业，以至于女孩辍学率高于男孩（徐勤等，2009）。第二期中国妇女社会地位调查数据显示，女性不识字或识字很少的比例高达 11.1%，该比例是男性的 3.5 倍，在 60–64 岁组，城乡女性不识字的分别为 17.4% 和 53.8%，男性则分别为 4.3% 和 21.1%。女性未能上学或未能继续升学的主要原因是父母没让上，这一比例高达34.4%，该比例比男性高出7.7个百分点。即使是到了2008年，女性平均受教育年限达到7.8年，也低于男性0.93年，城乡间平均受教育年限差距明显，农村女性平均受教育年限仅为6.8年，不但低于城镇女性的9.0年，也低于农村男性的7.8年。

研究发现，正规就业中的女性比男性的平均受教育程度略高，一个可能的原因是女性在正规就业中受到歧视，在男女同等条件下，女性必须拥有更高的教育程度才能进入正规就业。教育程度对女性是否从事正规就业的影响要比男性大，同时受教育程度低的劳动者更有可能面临失业（袁霓，2010）。

（二）正规就业率低

就业阶段的性别不平等主要表现在就业机会、收入水平和保障程度等方面。用人单位对女性就业者的歧视和不公正对待，表现为女性整体的就业环境差，突出体现在招聘招工时要男不要女、男女搭配就业等。很多公司招聘时，因为考虑到女性将来要生孩子、家务多等因素，经常会事先决定只要男的、不要女的。“女人能顶半边天”已在一定程度上成为历史，目前社会很难给予女性平等的就业机会。从2003年到2008年，女性在城镇单位就业的规模虽然从4 156万人增加到4 579.6万人，但是女性所占比重却由37.9%下降到37.6%。

袁霓（2010）研究发现，女性更易非正规就业，女性非正规就业的机会比男性高12.5%，而女性退出劳动力市场的可能性是男性的3.3倍。与无子女女性相比，有6岁以上子女的女性，会加大其非正规就业的可能性，但对男性几乎没有影响。非正规就业中收入性别差异大于正规就业中的收入性别差异：1997年正规就业中的男女收入之比为1.17∶1，非正规就业中的男女收入比是1.4∶1。而到2006年，这一比例分别是1.1和1.6。总体而言，自1997–2006年间，非正规就业中的收入性别差距扩大幅度大于正规就业。

（三）连续工作时间短

女性在结婚后，家庭内的性别角色差异进一步扩大，男性外出就业，有收入、经济独立；女性则定位在持家和抚养后代上，扮演被供养的角色。社会文化对女性家庭角色的强调，使得参加社会劳动的女性大多会面临个人事业发展和家庭责任承担方面的矛盾和冲突。在工作与家庭冲突时，社会舆论和文化往往会以牺牲女性的社会劳动参与为代价来维护家庭的利益，这在很大程度上限制了她们在社会劳动中的参与，容易造成职业中断。如果她们为照顾家庭中断职业后再进入劳动力市场，大多数女性很难再正规就业，而只能获得低薪、低保障的非正规就业岗位。

由于历史的原因，目前这一代老年妇女由于生育多胎次，生育周期较长，加之社会原因，她们的经济活动参与率大大低于男性。无论是招工还是裁员，女性都容易成为被冲击的对象。前些年出现的提早退休浪潮中，女职工尚未达到退休年龄提前退休的现象较男性更为普遍，女职工刚过 45 岁就提前内退，离开了劳动大军，大幅减少了连续工作的时间（徐勤等，2009）。

此外，我国男女不同龄退休政策的实施，使得即便是正规就业的女性，其连续工作时间也短于男性。女性在职工资和个人账户积累额低于男性。在养老金替代率既定的情况下，女性养老金收入明显低于男性。研究表明，即使男女同龄参加工作，拥有相同的起始工资，不存在就业和职务升迁中的性别歧视，仅由于退休时间问题，与男性相比，女性每月的养老金将损失 17%，以至于女性养老金只能占到男性的 83%。男女不同龄退休的政策，在造成男女两性连续工作时间差异拉大的同时，强化了离退休金水平的性别不平等（彭希哲，2003）。

（四）丧偶率高

研究表明，由于老年妇女的经济保障与其配偶的经济收入密切相关，丧偶是家庭贫困尤其是女性致贫的重要原因，我国丧偶老人的贫困发生率（高达 10.8%）是有偶同住的 3.6 倍（张凯悌、郭平，2010），这与王晶等（2010）的研究结论“女性独居者相对于女性总体更加贫困、经济状况恶劣”具有一致性。

在人口老龄化进程中，两性预期寿命的差异以及男大女小的传统婚姻模式，致使老年妇女的丧偶率明显高于老年男性，2005 年我国城乡老年妇女的丧偶率分别是老年男性的 2.8 倍和 2.1 倍。[①] 随着男性平均预期寿命的快速提高，从 1982 年到 2007 年，我国老年人口的丧偶率经历了快速下降，老年妇女的丧偶率由 58.1% 降至 37.7%（见表 2–2–1）。尽管如此，在 2007 年 60 岁及以上的老年人口中，每三个老年妇女中就有一个处于丧偶状态。

老年妇女在失去配偶后，不但给她们带来了精神打击，而且还对其日常生活带来很大冲击，丧偶后，老年妇女多半会失去生活来源，其经济依赖只能从配偶转向子女，而子女的支持往往难以达到像配偶那样理想的状态，尤其对于那些无子女、子女自身有困难或者子女不孝的老年妇女而言，就会很容易陷入孤立无援的境地（徐

① 根据 2005 年全国 1% 人口抽样调查中的表 9–5 相关数据计算得来。

勤等，2009）。

表 2-2-1　1982-2007 年男女丧偶率差异　%

	1982 年	1990 年	2000 年	2005 年	2007 年
男	26.9	23.6	18.7	16.7	17.0
女	58.1	51.4	41.8	38.0	37.7

资料来源：根据《中国人口老龄化：变化与挑战》、《2005 年全国人口 1% 抽样调查资料》和《中国人口与就业统计年鉴 2008》相关数据计算得来。

（五）财产权益难以保障

在农村，“财产传男不传女”的封建遗俗依然相当严重，性别歧视比较普遍，女儿出嫁后根本无权过问家中财产，即便是家中没有男性，父母过世后，财产也将会过继给侄子等同族的子嗣后代，从而剥夺了家庭中女性继承财产的权利。

此外，在我国女性财产拥有率相对较低的情况下，虽然《妇女权益保障法》、《老年人权益保障法》和《继承法》等相关法律明确规定了保护妇女及老年人的财产权益，但是受男权社会及儿子继承财产等传统文化和习俗的影响，老年妇女在丧偶后的资源分配中，常常被进一步边缘化。特别在一些农村地区，老年妇女丧偶后，她们不但难以获得丈夫遗产的继承权，而且连自己已有的财产权益也常常被剥夺，土地权益也会受到侵害，直接造成丧偶老年妇女资产拥有率偏低。对浙江、河北、北京三个省市的调查显示，侵害老年妇女财产权益的发生率较高。在农村，以家庭为单位的土地承包制度，使老年人的土地权利成为虚设。以儿子为户主的宅基地分配制度，使老年人晚年丧失了房屋所有权（浙江老年报，2011）。

从生命历程的分析视角来看，妇女从童年到老年，从受教育到就业，再到继承财产，与男性相比，女性无不处于劣势地位，无不对老年妇女的经济保障带来不利影响。总而言之，老年妇女的弱势地位是整个生命过程处于弱势地位累积的结果，由于长期遭受社会歧视和不公平待遇，社会性别不平等从女性的年轻时代一直延续到老年，而且进入到老年以后，老年妇女在社会资源的分配中进一步被边缘化（徐勤等，2009）。

二、制度性因素的影响

（一）养老保障制度的影响

我国现行的养老保障制度仍然在很大程度上与正规的社会劳动参与挂钩，这使得社会劳动参与率偏低、更多从事非正规就业的女性难以获得社会养老保障，而且在没有实现居民基本养老保障的城市地区，这一问题尤为突出。

课题组在北京市调研发现，一位44岁的中年妇女表示：婆婆一辈子没有正式工作，一直干临时工没有转正，年老后瘫痪八九年了，也没有退休费，更请不起保姆照顾。该中年妇女只好一直照顾婆婆、不能出去找工作，虽然博得了街坊邻居的好评，但她对自己没有保障的未来充满了恐慌和不安："可我们太难了，我们的收入就靠我爱人，公公去世了，婆婆没有养老金，现在我伺候我婆婆，可等我老了以后我怎么办？我因为伺候她没有工作、没有退休费，我老了怎么办？我孩子大了不可能指望，我怎么办？我也特别发愁，打不起精神！孩子还说我们没本事、没能耐！"

无论在城市还是农村，像这位44岁中年妇女，因照顾家中病人而不能就业的情况绝非个别现象。

此外，虽然《中华人民共和国社会保险法》规定无雇工的个体工商户、未在用人单位参加基本养老保险的非全日制从业人员以及其他灵活就业人员可以参加基本养老保险，但鉴于由个人缴纳基本养老保险费较高，大部分城市非正规就业、未就业妇女仍然没有能力缴纳基本养老保险费用。因此，如何更好地解决非正规就业、未就业、无保障妇女群体的养老保障问题，最大限度地减少老年妇女贫困现象，仍然是我们的养老制度建设必须予以考虑的问题。

（二）女性退休时间早

从世界范围来看，中国男性退休年龄与世界平均水平相当，而女性退休年龄则是世界上最低的国家之一（高庆波、邓汉，2009）。我国现行对退休年龄的规定是"男性职工和干部年满60周岁，女性职工年满50周岁，女干部年满55周岁"。此规定最初是为了保护妇女的健康利益而建立起来并沿用至今的。然而，随着女性家务负担的减轻、人均寿命的延长以及受教育程度的提高，这一保护性措施逐渐丧失了其原本的"照顾性"价值，再考虑到工作年限对经济收入、晋升机会等权益的影响，该政策赋予女性的提前退出劳动领域的特权，逐渐成为某些单位忽略女性利益的借口。特别是对于高级知识女性，由于教育程度高、就业年龄相对较晚，而比男性提前五年退休使她们评职称、晋级的机会都减少了五年，相应的待遇也随之减少（张彦丽、王峰，2009）。

按照现行退休制度测算，即使男女同龄参加工作，相同的起始工资，不存在就业和职务提升等性别歧视，仅由于退休时间问题，女性月均养老金仅为男性的83%。此外，第二期中国妇女社会地位调查数据显示，女性的退休金收入也仅为男性的56.8%。男女不同龄退休政策，在减少妇女退休金的同时，强化了性别不平等（彭希哲，2003）。

虽然1990年和1992年国家人事部、中央组织部分别下发了《关于高级专家退（离）休有关问题的通知》和《关于县（处）级女干部退（离）休年龄问题的通知》，对能坚持工作的高级职称女技术人员和处级及以上女干部实行60岁退休规定。但有些地方、有些部门却不执行国家政策，引起这些女性群体的强烈不满（全国妇联，2010）。调研发现中年妇女、尤其是科技领域的中年妇女对男女不同龄退休问题反应强烈，一位访谈对象说出了不少女性科技人员的心声：

“在你55岁那天你必须退下来，我们思想上根本就接受不了，虽然有能力继续工作但必须退休，而且别人也觉得老太太都退休了还干什么？就这么一个退休的手续就很伤人，我真的觉得挺伤人的，我的很多朋友退休两年都调整不过来。”

该退休政策在剥夺妇女劳动权益的同时，也给她们带来了巨大的心理伤害。另据北京某大学法律援助中心统计，浙江、北京、海南等省市均有此类问题出现。此外，全国妇联妇女研究所和国际劳工组织北京局的《退休年龄问题研究报告》显示，对现行职工差别年龄退休政策，五成以上被访者认为差别年龄退休不合理。

（三）遗属保障程度低

虽然《中华人民共和国劳动法》规定，劳动者死后，其遗属依法享受遗属津贴，但是由于该津贴覆盖面窄、稳定性差、管理混乱（魏彦彦，2006），不同行业和地区间待遇各异（关博、关察，2009）。此外，现行《中华人民共和国劳动合同法》未对遗属保障进行法律规定。因此，目前的法律政策在保障丧偶老年妇女权益、解决丧偶老年妇女贫困问题方面难以有效发挥作用。

被访者普遍反映男性配偶一般都是家庭经济的主要支柱，丈夫一旦去世，收入的主要来源就被切断了；另外，子女下岗也使得这些丧偶老年妇女得不到应有的家庭经济支持。因此，被访者都普遍反映丧偶对家庭生活影响极大。在国家机关或企事业单位的职工去世之后，单位一般要付给去世职工家属一定的丧葬费和抚恤金。在我们的访问对象中，配偶单位一般支付给家属丧葬费400~1000元不等，还有的单位支付了死者家属三个月的工资或者一次性补助等，但金额都比较小。在我们的访问对象中，最多拿到的补助也只不过是5000元，除此之外，没有任何其他经济支持。因此，丧偶老年妇女感觉家庭经济水平明显下降，有些被访者甚至开始申请低保或者打零工。

如上所述，虽然中国也有遗属津贴，但却一直游离于社会保障体系之外，覆盖面窄，差异性大，稳定性差，在实际操作过程中，死者家属往往享受不到或享受到极低水平的补贴，以至于许多老年妇女，尤其是子女经济状况也不好的老年妇女，丧偶后生活陷入困顿。

（四）养老金计发办法的影响

2005 年《国务院关于完善企业职工基本养老保险制度的决定》之“个人账户养老金计发月数表”规定：如女工人 50 岁退休，其计发月数为 195 个月，比过去规定的“120”要增加 75 个月；女职员 55 岁退休，其计发月数为 170 个月，比过去规定的“120”要增加 50 个月；男职工 60 岁退休，其计发月数为 139 个月，比过去规定的“120”只增加 19 个月。该计发月数进一步拉大了企业女职员特别是女工人与男职工在退休后月均个人账户养老金水平的差距。同时，计发办法改革后，因女职员特别是女工人的法定退休年龄比男职工低，她们的缴费年限累计比男职工少，按“缴费每满 1 年发给 1%”的办法计发基础养老金，又会使企业女职员特别是女工人在退休后每月领取的基础养老金水平比男职工要低很多（张彦丽、王峰，2009；桂世勋，2006）。以致企业女职员、特别是女工人与男职工的退休金收入差距不断拉大。

（五）低保条件的影响

农村最低生活保障对于保障贫困老年妇女的基本生活具有重要作用。然而看似性别中性的农村低保申请条件及申请程序，却在一定程度上损害了贫困老年妇女的保障权益。首先农村低保需要户主申请，由户主本人持有当地农村户口，共同生活的家庭成员年人均纯收入低于当地农村低保标准、且实际生活水平低于当地农村低保标准的，才能向户籍所在地的乡镇政府（含街道办事处）提出书面申请。无论是从调查数据还是农村户主登记信息看，我国城乡居民都存在以男性户主为主的现象，这在农村更为突出。对于单独立户的老年家庭而言，在男性户主去世后，丧偶老年妇女一般不去变更户主，以至于贫困的丧偶老年妇女无法满足由户主申请低保的条件。此外，对于和子女分家不分户口的老年妇女而言，即使其个人收入低于低保标准，但在将其收入与子女收入进行平均时，一般会超过低保标准，以至于老年妇女再一次丧失享受低保的机会。

虽然农村老年妇女的贫困率高于男性，但是受老年人未婚率的性别差异及低保救助条件的影响，老年男性很容易成为“五保”、“常补对象”，老年妇女却通常被视为有家庭养老保障资源，以至于她们很难在低保政策中以“五保”老人身份而成为低保“常补对象”。实际上农村贫困的丧偶老年妇女虽有子女、但无人实际赡养的情况并不罕见（霍胜明、谭克俭，1997）。在老年妇女贫困率高于男性的情况下，2005 年全国 1% 人口抽样调查数据显示，老年妇女享受最低生活保障的比例比男性低 3.7%。2008 年民政部数据显示，虽然城市最低生活保障人数已达 2 334.8 万人，但是女性仅占 40.6%（民政部，2008）。虽然该数据未能专门提供不同性别老年人的比例或规模，但是由女性仅占 2/5 的比例和老年妇女更容易陷入贫困的研究结论推估，低保对贫困老年妇女的保障程度始终偏低。

（六）新农保政策的影响

新型农村养老保险对于解决农村老人的基本养老保障问题，具有划时代的意义。目前，关系到亿万农村群众福祉的新型农村社会养老保险政策正在全国试点，在乡城流动日益频繁的形势下，给农村老人，特别是高龄、丧偶的农村老年妇女带来了福音，尤其是其中的基础养老金的政策设计，体现了中央政府对农村老人福祉的关怀。在国务院发布的新型农村养老保险试点指导意见中，已年满 60 周岁、未享受城镇职工基本养老保险待遇的老年人，在其符合参保条件的子女参保缴费情况下，无需缴费既可按月领取基础养老金（国务院，2009）。

尽管我国已经在农村地区试点推行新型农村养老保险制度，但是，无论是制度设计层面还是操作层面，都还存在需要解决的问题，目前及今后一个时期内，都还难以有效解决农村老年妇女的养老保障问题。例如：河南省商城县及其辖区伏山乡县乡两级政府规定：“16 岁以上的村民一人要交 200 元新农保参保费，若不交，家中 60 岁以上的老人不得每月领取 55 元的养老金。”有些农户家即使村干部去十几趟都收不上钱来（黄玉浩，2010）。大部分地区也都将老年人的基础养老金与子女的养老保险缴费“捆绑”实施，使老年人特别是高龄老人（多为老年妇女），虽然有多个子女，但是本人无力协调子女之间的关系和矛盾，可能很长时间无法确定哪个子女能够参保缴费，因此，也难以及时领到基础养老金。此外，在一些农村地区，有的留守老人，特别是高龄、生病的老年妇女，与常年外出打工的子女失去联系，也会因为难以满足“捆绑”条件而无法及时领到基础养老金。因此，新型农村社会养老保险政策的实施一定要考虑农村贫困高龄老人的特殊困难，避免他们因子女没有缴费而影响其自身享有政府提供的基础养老金。

三、性别理论的反思

著名的女权主义者西蒙·波伏娃认为，女人不是天生的，而是被造就的。老年妇女问题表面上是一个简单的性别差异问题，实质上反映了根深蒂固的重男轻女的社会制度和观念文化，是一个不平等的社会性别问题。

（一）是性别歧视累积的结果

老年妇女贫困是性别歧视和年龄歧视的产物，是在整个生命历程中长期累积的结果，根源于传统性别文化价值体系和社会经济制度（前者包括社会性别的劳动分工、角色定位等，后者包括劳动力市场、社会养老保障制度等诸多制度设计和实施）中客观存在的性别不平等。“男主外、女主内”以男权为中心的社会性别制度对男女两性社会角色的限定，使得男性更多地参与社会生产劳动，控制社会中的权力资源；女性则主要在家庭从事家务劳动，缺乏对家庭以外社会公共事务的参与和管理机会，与此同时，女性所主要承担的家务劳动及照料等的价值，则被主流的社会经济制度所漠视，被视为是没有价值或者低价值的劳动，进一步强化了女性在经济上对男性的依赖。

（二）是传统社会文化主宰的结果

传统社会文化的主宰使得女性从童年时期接受的教育，以及人们对女性以家庭为中心的性别期待，造成女性承担了大量家务劳动及养育子女的责任。第二期中国妇女社会地位调查数据显示，城乡女性的家务劳动时间分别为 214 分钟和 267 分钟，分别比男性多 128 和 172 分钟；2008 年时间利用调查数据显示，城乡女性仍然比男性从事家务劳动时间长 126 分钟和 161 分钟（国家统计局社会和科技统计司，2009）。

与此同时，在职业女性的职称评定和升迁过程中，评委会及各级领导对女性能力的视而不见及男性优先等潜规则，致使女性职业发展面临重重障碍。调研发现，北京市某单位在男性任三年副处长后，一般都会提拔为正处长，而对于女性，其晋升的机会则明显不如具有同等资质的男性。即使对于职称评定而言，男士优先的现象也非常普遍，以至于女性职业发展直接受到限制。

（三）是无视生育和家务劳动价值的结果

现阶段我国对公民权利的保障不足，以及人们对妇女照料婴幼儿、病人、老年人及其他家务劳动等社会价值的认识不足，男权社会下的各项社会保障制度设计，尤其是与就业相关联的五项社会保险制度，很容易将非正规就业和未就业妇女排除在外，直接导致了妇女养老金享有率低、对家庭成员依赖性强、贫困发生率高等经济保障问题。

第三章　国外老年妇女经济保障的经验

在世界各国，老年妇女的社会支持政策一般都被包含在老年社会政策及社会福利政策之中。世界各国已经普遍认识到，老年妇女占老年人群体的多数，具有比较明显的弱势特征，因此，许多国家的社会保障、社会福利服务政策都力争确保老年妇女是主要的受益者。同时，由于在就业等经济政策中性别不平等问题普遍存在，使得妇女在生命历程中积累起来的弱势特征日益明显，成为老年妇女弱势状况的普遍性原因。因此，具有赋权性和战略性的解决老年妇女问题的政策措施是各国目前政策研究的重点。国外普遍推行的男女同龄退休政策、遗属保险政策、全民养老金政策和老年人福利服务政策，在保障老年妇女经济利益、提升老年妇女生活质量方面发挥了重要作用。

一、男女同龄退休

（一）男女同龄退休

在《全球社会保障——1999》收录的全世界172个国家和地区的社会保障制度中，有165个国家（地区）对退休年龄（或享受养老金年龄）有明确规定。男女退休年龄相同的国家（地区）多于男女退休年龄不同的国家（地区）。其中男女退休年龄相同国家共有98个，占59.4%，即使是在包括印度、坦桑尼亚等亚洲、非洲的低收入国家中，也有20个国家的男女退休年龄相同。在24个经合组织高收入国家中，有15个国家男女法定退休年龄相同，占62.5%。

随着社会发展水平和老龄化程度的不断提高，男女同龄退休的国家越来越多。在《全球社会保障——2002》收集的173个国家相关数据中，明确规定退休年龄的国家共有170个，有60.6%（共计103个）的国家执行了男女同龄退休政策。男性平均法定退休年龄为60.6岁，女性为58.8岁，二者仅相差1.8岁。男性退休年龄主要集中在55岁、60岁和65岁，其国家数量分别占总数的18.8%、35.3%、27.6%。

女性退休年龄比较集中在55岁、60岁、65岁，其国家个数分别占总数的34.1%、28.2%、15.9%（刘铮、潘锦棠，2005）。

（二）退休年龄变化趋势

纵观世界各国退休年龄的变化趋势，退休年龄既没有统一规定，也并非一成不变，各国根据社会经济发展阶段及劳动力市场的供求情况，退休年龄既可以提高，也可以降低，还可以先降后提，而提高退休年龄、延长退休时间居主导地位。

1. 降低退休年龄

从1975年到1995年，爱尔兰、冰岛、新西兰和瑞典等男女同龄退休的国家，在男女退休年龄都下降了2–5岁后维持在60–66岁。其中，爱尔兰的男女退休年龄均从1975年的68岁降低到了1995年的66岁；瑞典的男女退休年龄均由67岁降低到65岁；新西兰的男女退休年龄均由65岁降低到62岁；法国男女退休年龄均由65岁降低到60岁。此外，加拿大、希腊、挪威的退休年龄也经历了下降的阶段，其男女退休年龄一般在60–67岁。

2. 提高退休年龄

在提高退休年龄的国家中，既有同时提高男女退休年龄的国家，又有只提高一方退休年龄的国家。美国规定在1938年前出生的人，退休年龄为65岁，在1960–2004年出生的人，其退休年龄已提高到67岁；德国规定从2001年起，退休年龄提高到65岁，从2012年起将进一步提高到67岁；澳大利亚的男女退休年龄到2014年将延长至65岁，2017年7月1日延长到65.5岁，2023年进一步延长到67岁（全国老龄工作委员会办公室，2010）。从1975年到1995年，意大利男性的退休年龄由60岁提高到62岁，女性的退休年龄由55岁提高到57岁。日本女性退休年龄由55岁提高到58岁，卢森堡的女性退休年龄由55岁提高到58岁（潘锦棠，2003）。

3. 退休年龄先降后提

法国退休年龄经历了先降低再提高的过程：1983年法国为了给数目众多的“婴儿潮”一代提供更多的就业机会，法国政府将正式退休年龄由65岁提前到60岁。鉴于老龄化危机及其对经济发展带来的挑战，1993年法国政府将私人部门雇员的充分完整就业阶段从37.5年增加到40年，退休年龄相应提高了2.5年（全国老龄工作委员会办公室，2010）。

总体而言，虽然爱尔兰、瑞典等国的退休年龄均有不同程度的下降，但是，受劳动力供给、劳动环境、养老金压力、保护或歧视女性等多方面因素的影响，大部分国家的退休年龄都存在向后推迟的趋势，而且越来越多的国家推行了男女同龄退休的政策（潘锦棠，2003）。

二、建立遗属保险

遗属保险制度属于社会保障制度的一个重要内容。它的设立主要是为了保障死者家庭成员基本生活需求的一种福利制度。一个交纳了一定年限社会保障税的雇工，在其去世后，符合条件的遗属都可以获取一定数额的津贴来保障家庭的基本生活需求。由于女性的平均寿命一般要大于男性，因此，一般来讲，女性尤其是老年妇女是这一制度的主要受益人。

（一）遗属保险制度基本普及

美国、加拿大、法国等经合组织，匈牙利、波兰等中东欧国家，日本、印度等亚太地区，科威特等中东国家以及阿根廷、巴西等拉美国家，均已普遍设立了遗属保险制度，对保障对象提供生活津贴或基本生活补贴，津贴或补贴的发放标准一般占养老金的40%~100%。在美国2003年的4 670万社会保障受益人数中，养老金领取者为2 940万人，遗属津贴获得者680万人，占社会保障受益人的14.6%。即在美国每七位享受社会保障的人员当中，就有一位享受了遗属保障。每人月均获得865美元遗属津贴，虽然略低于平均退休金（899美元），但是遗属保障对于确保遗属，尤其是丧偶老年妇女基本生活水平发挥了重要作用。

（二）遗属保险制度的主要内容

发达国家的遗属保险制度已非常完善，对于建立和完善我国的遗属保险具有重要的借鉴意义。本研究在梳理日本、美国、法国、德国、加拿大、澳大利亚、瑞典、挪威和希腊九个发达国家遗属保险制度的基础上，分别从以下四个方面对国外遗属保险制度进行系统介绍。

1. 覆盖范围与资金来源

一般而言，遗属保险均覆盖本国的全体居民，但是，日本明确规定仅覆盖20岁以上的国民，美国基本覆盖所有就业人员。

部分国家规定遗属保障经费由雇主和雇员共同承担，另有部分国家由雇主、雇员和国家三方承担。其中，美国的资金来源均来自雇主和雇员，政府不提供经费，雇员和雇主各自交纳雇员工资收入的7.7%，私营业主和农民因其既是雇主又是雇员，因此需交纳收入的13.5%。在来自雇员和雇主的社会保障税中，85%用于支付养老金，15% 用于支付残疾金、遗属遗孤抚恤金等其他社会保障基金（王莉莉、郭平，2010）。

加拿大、日本、挪威、瑞典等国的遗属保障经费由雇员、雇主和政府三方承担。瑞典规定总费率为工人工资的 18.5%，其中个人缴纳 7.0%，雇主交 10.2%，其余资金由政府拨付；加拿大规定雇员、雇主各自缴纳工资收入的 3.0%，自营职业者缴纳 6.0%；挪威规定遗属保障经费来自劳动者、自由职业者及其他受保人缴纳的会员费、雇主税和政府财政拨款，劳动者缴纳总收入的 7.8%，雇主税由雇主按支付工资的百分比缴纳。

2. 筹资机制与管理机构

目前各国的筹资机制普遍为现收现付制，也有部分国家开始转向积累制。日本实行现收现付和确定型给付机制，美国由现收现付制转向积累制，瑞典为现收现付和积累制结合，加拿大仍然实行现收现付，不足部分由政府财政支持。在管理机构方面，各国普遍由社会保障及相关部门对资金进行管理，日本由厚生省的年金局和社会保障厅共同管理，美国由社会保障署管理，加拿大由全国卫生和福利部、国民收入司、魁北克收入司和年金会等共同管理。

3. 保障对象

配偶（尤其是寡妇）是遗属保障的首要对象。一般而言，遗属保险制度既保障了男性丧偶者的利益，也保障了女性丧偶者的利益，但是日本、瑞典和德国的遗属保险制度明确规定，只保障寡妇的利益，即使妻子生前已缴纳个人养老保险费，男性丧偶者也不能获得遗属养老金。此外，部分国家对配偶的保障范围有所扩大，美国的遗属保障对象还涵盖了已离异的配偶；加拿大的遗属保障对象扩大到同居伴侣；法国的遗属保障对象为有退休金者的遗孀、离婚或被遗弃的妻子。其次，未成年子女也是遗属保障的主要对象。日本、美国规定，未满 18 岁的子女可以享受遗属保障；美国还规定未满 22 岁的大学在读子女也可以获得遗属保障。最后，部分国家将遗属保障对象扩大到死者的父母或近亲。美国的遗属保障对象包括年满 62 岁的父母，日本规定遗属保障对象涵盖近亲。

总而言之，遗属保险覆盖范围均涵盖了所有就业人员，受益人包含了寡妇和未成年子女，保障程度为基本生活补贴，该制度为丧偶女性，尤其是老年妇女提供了重要的基本生活保障，对于我国受“男主外、女主内”的社会分工影响下，丧偶老年妇女的基本生活保障具有重要的借鉴意义。

4. 享受资格

为了有限控制遗属保障支出、同时切实保障遗属利益，推行遗属保险制度的各个国家均将对死者生前的投保年限、配偶与死者的婚龄及其子女情况进行资格审查。

（1）在投保年限上，绝大部分国家规定了3~25年的投保时间，其中瑞典规定死者去世前至少有三年的工作，日本规定死者生前已投保25年。

（2）在婚龄方面，各国分别规定了6个月至10年的婚龄，希腊规定死者妻子与死者生前有6个月以上的婚龄或事实婚姻或已养育了子女，法国规定有2年婚龄，日本规定有10年婚龄。

（3）在受益对象方面，各国规定子女不满18周岁，美国除了不满18周岁，还规定未满22岁的大学在读子女及年满62岁的父母也可以享受。此外，加拿大还对移民身份及居住时间进行了相应规定。

5. 待遇水平

虽然各国的遗属保障内容均为提供生活津贴或基本生活补贴，一般都包括一次性死亡津贴和基础养老金，如有未成年子女，再另行适当追加津贴，但由于各国经济发展水平不同，保障程度各异。

（1）日本规定死亡津贴依据死者投保年限可享受12万~32万日元，遗属基础年金和寡妇津贴占死者基础养老金的75%，2009年日本支付给有一个未成年子女的寡妇102万日元。

（2）美国规定配偶达到退休年龄，可领取死者100%的基础保障金，配偶在60~65岁，可领取71%~99%，若抚养16岁以下孩子，可在任何年龄领取75.0%的基础保障金，整个家庭可领取死者保障金账户的150%~180%。

（3）加拿大规定给予配偶一次性2 500元的死亡津贴和按月支付的死者60%以内的退休金。

（4）法国对于有退休金者的遗孀、离婚或被遗弃的妻子，凡符合家庭经济调查所规定的条件者，可领取最低标准线至受保人退休金的50.0%作为抚恤金。

（5）瑞典的寡妇年金与基本养老金相同。其他国家的具体待遇水平不再赘述。

三、实行国民养老金

（一）国民养老金

发达国家的社会保障政策比较完善，养老和医疗社会保障的覆盖面很宽，比如在社会保障制度发展最早的德国，其社会保障体系几乎覆盖到了全体国民，同时在养老和医疗方面的支出占到整个社会保障支出的50.0%以上（郑功成，2000）。而养老金和医疗保险及其服务对于老年人、特别是孤寡老年妇女来说是最重要的。

日本早在1959年制定的《国民年金法》中，就已将参保对象确定为全体国民，而且还在1985年确立了妇女独立的年金权。此外，日本还把国民年金的适用范围扩大到被雇佣者的妻子，妻子在无工作时可以领取厚生年金中的基础年金，这等于说是确立了女性独立的养老保险权利。美国也已于1984年加强了对丧偶和离婚妇女的养老金保护（美国国务院国际信息局，2008），在老年妇女的收入中，来自社会保障和养老金的比例高达62.7%，[①]约有五分之三的老年妇女因社会保障而脱离贫困（赵勇，2005）。

在英国、法国及北欧国家实行了普遍养老金计划，凡是达到年龄标准的老年人全部纳入普遍年金计划，由政府支付一笔养老金（董克用、王燕，2000）。英国对由退休人员供养的配偶实行附加津贴制度。法国规定当配偶没有正式工作时，对有退休金者的退休金标准给以相应的提高。对于实行了普遍社会救助的社会保障计划的国家，老年妇女也都可以得到社会保障的保护。

不但在发达国家普遍实行了全民养老金，即使是在发展中国家，也普遍建立了社会养老保障。尼泊尔作为亚洲最穷的国家，已于1996年实行全民社会养老金计划。此外，非洲博茨瓦纳、毛里求斯和纳米比亚、南非等均已实行全民社会养老金制度；拉丁美洲的玻利维亚、巴西，也推行了全民社会养老保障。其中，加勒比地区的安提瓜在2004年就已为60岁及以上老人发放281美元的养老金，2006年该养老金进一步增加到375美元（曾毅，2010）。

（二）妻子津贴制度

瑞典实行了妻子津贴计划，规定退休者的妻子年龄达到60岁以上、自己没有退休金的，可以领取“妻子津贴补助”。新近改革后的养老金制度又规定：养老金数量将根据每个人一生工作年限的总收入确定，除了同收入相关外，照料孩子也被考虑在计算养老金量的年限范围内（贾云竹，2006）。

---

① 根据 Institute for Women’s Policy Research. http://womenandsocialsecurity.org/Women_Social_Security/news.htm.

四、社会福利服务政策

（一）优惠与救助服务

通过社会团体兴办老年福利事业的做法值得提倡。发达国家的老年社会福利服务事业发展得比较完善，使老年妇女从中受益。例如，为了支持老年妇女的家庭生活、家务劳动和老年人的家庭护理事务，瑞典的地方自治团体制定服务计划，如为老年人提供福利性的住宅，提供交通优惠服务和家庭入户服务。这项服务包括打扫卫生、菜肴烹制、送餐到户；建立日间老人活动中心，组织老人开展文化兴趣、体育健身活动，为老人组织舞会、电影晚会、交友会、旅游活动等。瑞典这些老年社会福利服务活动的资金由国家财政解决 50%，由老年人自己承担 50%（胡汝泉，1991）。

带有救助性质的老年福利政策值得我们借鉴。美国老年人法规定，对有特殊困难的 60 岁以上的老人及其配偶提供营养计划，提供适当、可靠的配餐，并对有关人员进行必要的训练。美国政府还帮助社区建立志愿者工作方案，老年人社会福利服务的实施主要由志愿者来完成。

（二）家庭生活支持政策

支持家庭养老的社会政策有利于保障老年妇女在家庭生活中的权益，提高她们的家庭地位，安度晚年。在具有东方文化传统的日本和韩国，政府实行了一些支持家庭养老的政策措施，例如，年轻人与其供养的老人共同生活，购买住房时可享受价格优惠，还可对老人居住的面积实行部分免费；与老人共同生活的家庭具有使用某些公共设施的优先权；对有老人家庭的职工每年给予适当的照料假期等（穆光宗，2002）。

以上社会保障方面的政策为老年妇女基本生活的经济来源提供了比较稳定的保证，体现了国家和社会对老年妇女生活保障的责任。此外，发达国家老年人的终生养老理财计划也发挥了重要作用，例如通过年轻时购买房产、股票、债券等，为养老积累了一笔财富，也减轻了社会养老保障的压力，这是我们今后在市场经济发展中必须借鉴的有益做法。

总之，国外的普遍养老保障计划、养老保险、老年福利方面对老年妇女给以特殊保护或者与男性平等待遇的做法，可以作为我们发展和完善社会保障制度的有益借鉴，虽然我国经济发展水平与发达国家相比还存在较大差距，但是与亚洲、非洲发展中国家相比，中国综合国力依然处于较高水平。借鉴发达国家和发展中国家有关社会保障方面的做法，对于提高老年妇女的经济保障水平、提升老年妇女的生活质量具有重要意义。

具体而言，我们应该借鉴多数国家男女同龄退休和遗属保险制度，对没有就业的老年妇女给以普遍养老金（国民养老金）待遇；应该借鉴日本和韩国的支持家庭养老的做法。但是我们也应该看到，发达国家老年妇女的境遇仍然在很大程度上不如老年男性，美国的老年妇女仍然是社会中最贫困的群体之一。美国的老年妇女和少数民族老人、独身老人以及高龄老人都被看作是最贫困的群体（N. R. 霍曼，1992）。同时，随着人口老龄化特别是人口高龄化的发展，发达国家实行高福利的老龄政策，使政府财政负担越来越沉重，财政危机成为社会福利政策面临的难题，这也是我们应该汲取教训的方面。

第四章　老年妇女经济保障问题的政策建议

老年妇女的家务劳动和人口再生产对家庭和社会的巨大贡献，不但得不到承认和社会保障补偿，而且还常常被视为家庭和社会的负担（徐勤、王珣，2003）。基于我国缺乏有关老年妇女的专项政策规定，本课题在梳理和借鉴国外老年妇女经济保障、社会保障政策的基础上，倡导在养老政策中加入社会性别视角，在社会保障措施中给中青年妇女一定的经济补贴；在中青年妇女中倡导积极理财观，未雨绸缪，为进入老年期后的独立生活奠定经济基础。

作为国家应对未来人口老龄化的战略性政策，我们认为在处理老年妇女问题时，应该把握现实性政策与战略性政策相结合的思路，从近期和中长期不同阶段给予不同的政策干预。既要关注当前老年妇女迫切需要解决的主要问题，满足她们的现实性政策需求，同时又要采取积极的政策措施，逐步消除性别歧视，缩小男女两性在社会资本积累和享有方面的性别差距，使男女老年人能更加平等、和谐地参与社会发展，分享社会发展的成果。

一、现实性政策建议

在社会保障方面，建议推行男女平等的退休政策，完善遗属保险，完善城乡养老保障和社会福利制度，提高妇女的养老保险参保率。

（一）推行平等退休政策

国外实行男女同龄退休政策，对于缩小老年人收入的性别差异，发挥了重要作用。男女同龄退休是国际社会发展的趋势，我国现行的男女不同龄退休政策已成为近年来社会各界广泛关注的重要问题。

建议在男女权利和机会平等的价值观基础之上，充分考虑中国国情，综合解决退休年龄问题。首先选择部分省份率先实行职业女性尤其是女干部、女知识分子与男性同龄退休试点，采取“两条线”的弹性退休政策，即综合考虑我国的就业和社会保障形势，协调人口就业和养老保障两方面压力，制定一个男女统一的退休年龄“下限”，即“到达这一年龄即可以申请退休”（如50岁或55岁），和一个男女统一的退休年龄“上限”，即“到达这一年龄必须退休”（如60岁），在“上限”和“下限”之间可以供劳动者个人和用人单位根据各自情况弹性选择。男女同龄退休政策在增加老年妇女个人账户积累额同时，增加基础养老金数额、减少个人账户养老金计发月数，从而提高老年妇女养老金水平。为此，建议国务院责成有关部门根据劳动年龄人口和养老保障金等数据具体测算，科学确定退休年龄的“上限”和“下限”，以便尽早废止目前不平等的退休年龄规定。

（二）完善遗属保险政策

设立遗属保险制度在目前和未来极有必要。一方面，设立遗属保障金，既有利于家庭的稳定，又有利于“以人为本”“构建和谐社会”；另一方面，女性的劳动参与率和享受社会保障的比例低于男性，平均预期寿命高于男性，因此女性丧偶者居多，而丧偶很可能导致家庭，尤其是阶段性就业女性或是就业层次较低的女性家庭面临经济困境，遗属保险有利于保障妇女及其家庭权益（裴晓梅等，2006）。

关于遗属保险的对象：建议将遗属养老金纳入社会保障制度，首先针对有退休金老人的无退休金配偶实行遗属养老金计划，然后再扩大到未成年子女和父母。考虑到目前城市已经超过50%的老年人享受退休金，排除夫妇两人均有退休金或者均无退休金的老年人，真正能够享受遗属养老金的老年人在老年人口中所占比例并不会很高。2006年城乡老年人生活状况追踪调查数据显示，妻子从未工作（或其他）、丈夫有养老金的被访者分别占61.8%和52.7%，即半数以上的无养老金老年妇女可以通过遗属津贴获得经济保障。

（1）筹资方式：按照多数国家遗属保险的筹资方式，我国也可采取由雇主、雇员、政府三方负担资金的筹措的方式。各方具体的出资比例应该在参考其他国家经验的基础上，根据我国的具体国情通过科学的测算确定。

（2）享受资格：为了有限控制遗属保障支出、同时切实保障遗属利益，推行遗属保险制度的各个国家均将对死者生前的投保年限、配偶与死者的婚龄及其子女情况进行资格审查，这非常值得我们借鉴。从国外的经验来看，绝大部分国家规定了3至5年的投保时间，6个月至10年的婚龄，此外多数国家还对未成年子女的情况给予了考虑。我国可以综合考虑我国社会养老保险制度的相关实施规定和条件，确定适当的遗属保险享受资格条件。

（3）保障水平：在兼顾公平与效率的原则下，保证遗属享有适当的津贴水平，以确保其不因配偶的离世而陷入贫困。考虑到我国各地区社会经济发展水平差异较大，因此各地遗属保险的保障水平应该与各地区的经济水平挂钩，绝对水平不低于当地最低生活保障。

（4）给付方式：我国现行的遗属保险给付方式有一次性给付也有按定期定量给付两个主要方式。第一种方式操作管理较为简单，但后者的保障效应可能更明显。对于丧偶老年妇女而言，第一种方式可能由于数额较大，子女会将其作为父亲的遗产要求进行分割，而第二种给付方式则可能使遗属保险金更有效地为丧偶老年妇女所拥有，切实用于其自身的生活保障。

最后，在城乡社会保障制度改革中将遗属养老金一并考虑，制定适合中国国情的细则，在试点的基础上逐步推广。

（三）完善社会养老保障

2011年8月17日，在温家宝主持召开的国务院常务会议中，确定的“十二五”时期老龄事业发展的首个重点任务就是进一步完善老年社会保障制度，实现新型农村社会养老保险和城镇居民社会养老保险制度全覆盖，将符合条件的老年人全部纳入最低生活保障范围（温家宝，2011）。为了实现老年妇女老有所养，建议以《中国老龄事业发展“十二五”规划》和《中国妇女发展纲要（2010–2020年）》为指导，进一步完善老年社会保障制度，尤其是完善老年妇女的社会保障。

建议在实现新型农村社会养老保险制度全覆盖过程中，高度重视新农保的“捆绑”政策对农村老年妇女的不利影响。加快建立城镇居民养老保险制度，在实现城镇居民社会养老保险制度全覆盖过程中，高度重视低收入、无收入的城市妇女在参加城镇居民社会养老保险时面临的困难，采取有力措施予以帮助，切实保障城乡老年妇女的经济利益。在完善城镇职工养老保险制度过程中，采取有力措施切实将非正规就业妇女、失业妇女纳入城镇职工养老保险制度覆盖范围。在将符合条件的老年人全部纳入最低生活保障范围时，有效避免因申请条件的限制而将有低保需要的老年妇女排除在外。

（四）完善社会福利制度

在老年妇女社会福利服务方面，针对前述我国老年妇女，特别是高龄、贫困老人面临的实际问题，提出如下建议：

第一，针对城乡贫困的高龄老人，实行高于一般高龄老年的特殊高龄津贴。高龄津贴对不同社会阶层的高龄老人来说意义不同。对于生活并不困难的高龄老人，高龄津贴只是锦上添花，或者是长寿者的荣耀。而对于城乡贫困的高龄老人，高龄津贴则可能是维持生活的必需资源。因此，建议区分高龄老人的不同情况，制定有区别的高龄津贴。

第二，建议在保障性住房政策设计中，考虑城市高龄贫困且有长期照料需求的老人的特殊困难，给予优先照顾。由于继承制度和分配习俗中的重男轻女，男性在家庭财产占有方面的传统优势普遍存在。老年妇女较低的住房产权所有率，使得她们更容易在家庭赡养纠纷中处于弱势地位。对于城市高龄贫困且有长期照料需求的老人来说，更容易因为缺乏住房产权而遭到子女的遗弃，因此，应该在保障性住房政策设计中给予优先考虑。

二、战略性政策建议

第一，构建性别公平的养老保障制度，承认由女性主要承担的无酬劳动的社会价值，提高女性晚年的经济独立和自主性。设立针对高龄、丧偶等特困老年妇女的救助性或补充性养老保障制度。

第二，建议改善目前中青年妇女的就业和保障状况，遏止劳动力市场上的性别歧视现象，创造平等的就业机会，在中青年妇女中倡导积极理财观，以积极的赋权妇女的措施，战略性地减少未来老年妇女陷入贫困的可能。

第三，逐步建立覆盖全民的国民基本养老保障制度，保障老年人不因民族、性别、阶层、地域等而陷入贫困。由于在现实社会中存在明显的以职业为重要标志的社会阶层差别，因此我国的养老模式必须在建立广泛的基本养老保障体系的基础上，实行多层次、多选择的满足不同阶层需要的养老体系（李若建，2007）。

第四，赋权妇女，改变基于性别的不平等社会关系，逐步消除女性在生命周期中的劣势积累效应，增强其优势积累，这是从根本上改善老年妇女不利境地的战略措施。这同样也有益于男性在一个更为平等、和谐的性别关系结构中安度晚年。

老年妇女健康和照料支持的政策研究

导　言

自世界卫生组织提出“健康是指身体、心理和社会的安好状态”以来，国际社会一再强调健康是一项基本人权。妇女健康不仅涉及到妇女自身的生存与发展，而且作为人类发展的重要资源，在世界范围内已经成为一个重要的社会发展目标。1994年国际人口与发展大会《行动纲领》提出“人人有权享有能达到的最高身心健康的标准。各国应采取适当措施，保证在男女平等的基础上普遍取得保健服务”。1995年世界妇女大会《北京行动纲领》把健康作为重大的关切领域，提出“妇女有权享有能达到的最高身心健康的标准。享有这一权利对妇女的生活和福祉及参加公共和私人生活各领域都至关重要”。

中国政府高度重视妇女健康，积极承诺实现《联合国千年发展目标》，并在《中国妇女发展纲要（2001-2010年）》中，把妇女健康作为优先发展的重要领域，提出了具体目标。党的十七大报告提出“健康是人全面发展的基础”，把人人享有基本医疗卫生服务作为实现全面建设小康社会奋斗目标的一项新要求。人人享有基本医疗卫生服务，昭示着不分性别、年龄的所有人，均应有享有健康的权利，得到负担得起的保健服务机会。

老年妇女作为妇女生命周期的最后阶段，其健康问题直接关系到她们的生命权利和生存质量，其健康状况既是衡量公共卫生政策的重要尺度，也是反映社会发展的一面镜子。在人口老龄化和女性化过程中，老年妇女健康问题已成为一个突出的社会问题（李彩凤，2006）。在全面建设小康社会的进程中，高度关注老年妇女的健康问题，不断改善老年妇女的健康状况，既是社会发展的目标之一，也是加速经济增长，保证社会公平的必要条件（胡鞍钢，孟庆国，2010）。

第一章　社会性别视野下的老年健康

一、研究背景

（一）妇女健康的基本内涵

健康是一个动态的概念，包含了丰富的文化内涵和时代特征。1948年世界卫生组织总结和吸收了近代医学发展的成就，在《世界卫生组织章程》中明确了健康的定义，即“健康是指身体、心理和社会的安好状态，而不仅是没有疾病或不适”。尽管这一定义在许多不同的应用中被加以修改，许多学者一直在积极讨论健康的定义并提出自己的见解，但其基本精神仍然被延续下来（嵇家琪，1999；Cordia Chu，Rod Simpson 主编，李立明，王临虹译，1997；樊富民等，1997）。

20 世纪 90 年代以来，许多学者倾向于从四个方面来理解世界卫生组织的健康定义，即生理健康、心理健康、社会健康和道德健康。世界卫生组织也将这种观点吸收进来，将道德健康作为心理健康的一部分，扩大了健康的内涵。

老年妇女作为妇女的重要组成部分，其健康概念与妇女健康具有一致性。妇女健康作为健康的延伸，随着对妇女健康研究的不断深入，其概念得到了不断完善。1995 年世界卫生组织在其立场报告中指出：“对许多妇女来说，健康不仅仅意味着身体状况良好，还意味着能够更多地控制自己的生活及有关方面，拥有必要的信息和资源，以便对自己和家庭的健康负责，简言之，健康意味着拥有选择”（世界卫生组织，1996）。

徐午在总结女性主义“妇女健康”概念时指出：“女性主义同其他人文学科一起，把健康从纯医学的定义中解放出来，把妇女健康的内涵同‘传统的’、男性的健康标准划分开来，把妇女个人和群体的完好状态作为妇女健康的核心与标准，重新建构的妇女健康理论，指导了妇女健康实践。”妇女健康理论把妇女健康的社会性从医疗模型中分离出来，把不同集团利益从一揽子社会政策中分离出来（金一虹、刘伯红主编，1998）。

性别角色及不平等的性别关系与其他社会和经济变量发生相互作用，造成不同的、不公平的接触健康风险状况，造成了获取和利用卫生信息、保健和服务方面的差异，这些差异又对健康情况产生明显的影响（世界卫生组织，1996）。可以说社会性别观念使人们对妇女健康内涵的理解达到了高度的整合和一致。

（二）老年妇女健康的影响因素

个体的健康状况受到自身生理因素和外界社会因素的共同影响。本章节将重点讨论社会因素对老年妇女健康的影响。世界卫生组织在 1998 年发布的《妇女、老龄化与健康》（第二版）报告中，将影响老年妇女健康状况的社会因素归纳为经济、社会、文化、政治四个框架之内（见图 3–1–1）。

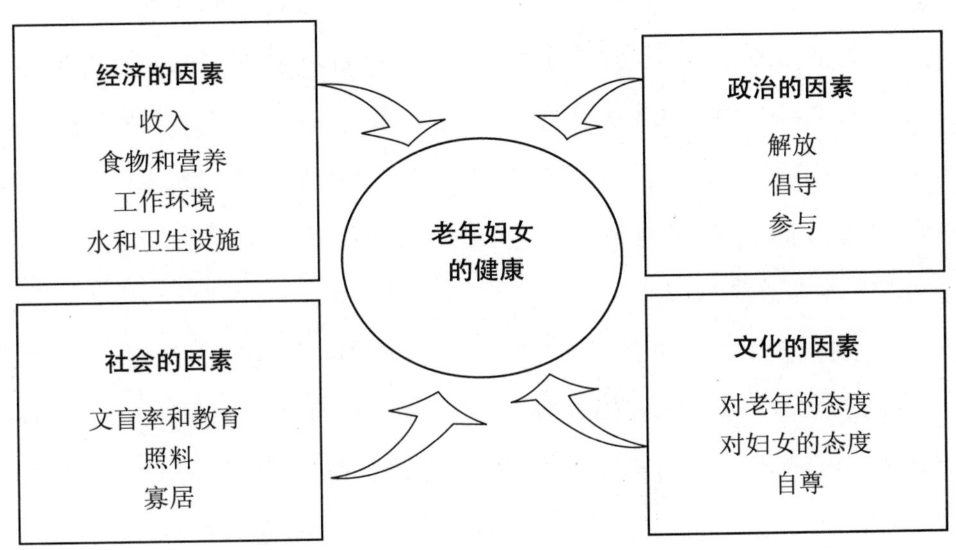

图 3-1-1　影响健康的社会因素

资料来源：世界卫生组织 . 妇女、老龄化和健康 [R]. 2002.

有关社会性别与健康关系的研究认为，在生命历程中逐渐累积的健康资源、权利、健康维护能力等诸多方面的男女不平等，是导致老年妇女群体健康状况低下的重要原因；而老年妇女社会地位的低下又反过来影响了她们获取和使用健康、医疗服务资源的机会和能力，进一步加剧了老年妇女与男性在健康方面的不平等。

二、研究述评

世界卫生组织总干事中岛宏博士指出："妇女健康是通向全民健康的必由之路"（世界卫生组织，1996）。对妇女健康的重视是伴随着 20 世纪 60、70 年代国际妇女运动的发展而不断强化的。以 1971 年美国波士顿妇女集体写作的《我们的身体，我们自己》一书的出版和纽约第一届妇女健康大会的召开为标志，妇女健康运动成为美国女权运动中一个非常引人注目的组成部分。美国妇女健康运动的矛头直接指向以金钱为主宰、以富人为主体、被科学技术垄断、存在性别歧视的医疗制度，提倡自助保健模式。它不仅提高了美国公众对妇女健康问题的觉悟，而且使妇女健康问题日益成为世界各国和国际组织关注的问题（王政，1995；刘伯红，1998）。到 20 世纪 70 年代末、80 年代初，妇女健康运动已经成为一股国际潮流（Cordia Chu，1998）。

在老年群体中，与男性相比老年妇女具有性别劣势；在妇女群体中，与青壮年妇女相比，老年妇女具有年龄劣势。虽然老年妇女作为性别、年龄双重弱势群体，其健康问题更加突出，但在国内外相关研究中，专门对老年妇女健康状况进行系统研究的成果较为有限，大多数有关妇女健康的研究更多地关注育龄妇女健康，而老年健康的研究中对老年妇女群体的关注也起步较晚，美国著名的巴尔的摩纵向追踪调查直到20世纪70年代才开始将老年妇女纳入其研究视野，而相关的大型老年妇女健康方面的研究项目也在20世纪80年代才在美国得以立项开展（周云等译，2007）。

在我国，则还未开展过老年妇女健康方面的专项大型科研活动。有关老年妇女健康方面的研究多为小规模的、特定群体的病理医学研究（代国红等，2004）。

20世纪90年代后，国内有关老年群体的大型调查有了一定的发展，中国老龄科研中心、北京大学老年研究所等相继进行了涉及老年健康在内的大型调查，这些调查数据的研究开发推动了对我国老年妇女基本健康状况的认识，但对于全面、深入地认识老年妇女健康问题而言，目前的研究数据还远远不能满足需求。对老年妇女健康问题的深入了解，需要跨学科的科研团队、充足的资金和政府对老年妇女健康问题的关切。

（一）有关老年妇女健康问题的研究

1. 有关老年妇女身体健康的研究

与同龄的老年男性相比，老年妇女在自评健康、生活自理能力以及慢性病的罹患率等方面情况均更差，这是国内外大量老年健康的实证调查研究所一致证实的现象（曾毅等，2010；中国老龄科研中心，2003，2009；周国伟，2008；William，et al.，2005；顾大男等，2007；徐勤等，2003）。王芬等（2005）通过对鄂州市农村老年妇女健康状况调查发现，高血压、骨折、心脏病、糖尿病是鄂州市60岁及以上农村老年妇女的主要慢性病，阴道炎是老年妇女的主要妇科疾病。婚姻状况、经济状况、使用激素、家庭关系、孕产次数等因素与农村老年妇女健康有关；自测健康评定量表测查表明年龄大小、生活愉快及食欲等三个因素与农村妇女老年期的健康有关。开展社区保健服务、加强农村老年妇女的健康教育、提供有效的社区医疗和保健服务，有助于提高老年妇女的生活质量。

美国曾报道每年由于骨质疏松引起骨折约120万人次，因为骨折造成100亿美元的损失（高芳堃主编，2002）。据推测，我国骨质疏松患者约有6 000万~8 000万人。北京60岁及以上老年妇女骨质疏松发生率为68.9%，80岁以上为85%；上海市为

19.6%。此外，老年人所患疾病以慢性退行性疾病为主，老年妇女最常见的疾病主要是白内障、高血压、冠心病、肿瘤、骨质疏松和肝胆疾病。

2. 有关老年妇女生殖健康的研究

目前在农村广泛开展的生殖健康服务，一般将已绝经的老年妇女排除在外，致使老年妇女患病得不到及时有效的诊治。应该扩大农村开展生殖健康普查的范围，注重老年妇女群体的生殖健康状况，加强生殖健康知识科普教育，增强老年保健意识（代国红等，2004）。

有关资料显示，20世纪70年代末，性病开始在我国出现，并逐渐形成流行的趋势。在1991–2000年间，全国性病报告病例数呈现增加趋势，年均增长率为19.3%。虽然男性病例数和发病率均高于女性，但女性病例数的增长幅度高出男性近2个百分点。男女性病患者的比例从1991年的1.6∶1缩小为2004年的1.3∶1（梁国钧，2006）。从20世纪70年代至今，甚至到2030年，当时患有性病的青壮年妇女将陆续步入老年阶段，其患病状况将直接对老年妇女的健康与生存状况带来很大威胁。

3. 心理健康的研究

曾毅等根据2005年“中国老年人健康影响因素调查”的数据测算了我国老年人的精神虚弱指数，结果显示，老年妇女的精神虚弱指数显著高于老年男性（曾宪新，曾毅，2010），即老年妇女面临着更多的心理健康问题，这与国内外大量的研究结论是一致的，妇女的心理健康问题比男子更为严重（张蕴璟、常姣娥，1997）。很多老年妇女要面对逐渐衰减的身体健康状况，心理健康也在发生变化。城市老年妇女的心理特征表现在感知觉和记忆的变化、焦虑和恐惧、对现实不满甚至失去信心、心理“惰性”和压抑、有“失落感和孤独感”（陈巧玲，2005）。在对银川市女性离退休老年人的研究也发现，她们“躯体化”、“焦虑”和“恐怖”三种因子的平均分都高于老年男性（文润玲等，2002），缓慢、舒展的体育锻炼会更有效地缓解老年人的心理焦虑和抑郁（程云峰，2002）。

妇女精神卫生是妇女健康的重要组成部分。据估算，在各类精神疾病中，以抑郁症的发病率最高，而女性终生忧郁症患病率高达20%~26%，是男性的2~3倍。①妇女特别是农村妇女精神疾病发病率高，除生物因素外，背后更有着深厚的社会根源，它深刻地折射出中国社会变迁中诸多层面的问题，如妇女权利的缺失、男尊女卑和

① 抑郁症是一种可以治疗的疾病 [EB/OL]. [2007–12–21]. http://www.21rcw.com/show_information26795.html.

重男轻女的传统文化、农村妇女农民身份和性别身份的双重羁绊、农村社会组织和支持体系的缺乏、教育水平低下造成的自身某种狭隘性等等，使妇女心理健康问题难以疏解。

4. 有关老年妇女残疾状况的研究

老年妇女残疾与老年妇女健康直接对应，研究老年妇女的残疾状况，可从另一个层面反映我国老年妇女的健康状况。杜鹏、杨慧（2009）研究发现我国女性老年残疾人多于男性。第二次全国残疾人抽样调查共调查了 85 260 名老年残疾人，其性别构成为男性占 47.3%，女性占 52.7%。不论在城市还是农村，均呈现出女性老年残疾人多于男性的特点。低龄男性老年残疾人比例较高，但随着增龄，女性老年残疾人比例逐渐超过男性（但城市 60–64 岁女性残疾人比例就已超过男性），而且超出幅度越来越大，这一变化在农村尤为突出。女性老年残疾人数多于男性，可能与男女平均预期寿命差异及年龄别残疾率有关。

在各类残疾中，除听力、言语残疾之外，老年妇女在各类残疾的比例都高于老年男性，特别是在视力、精神和多重残疾中，女性残疾老人的比例分别比男性残疾老人高 29.2%、36.0% 和 16.3%（丁志宏，2008）。老年期是人生重要的丧失阶段，对老年妇女而言，失去的不仅仅是配偶，还失去了经济保障，以及因以泪洗面、思念亲人而导致的视力下降和心理压力增大、孤独寂寞感增强，进而导致老年妇女在精神、视力等方面的残疾风险随之加大。

（二）有关老年妇女健康相关因素的研究

用社会性别方法分析由性别制度和性别文化造成的两性角色、权力、地位及资源分配等方面的差异对两性健康状况、健康服务提供与利用的影响，使人们对妇女地位与妇女健康关系的认识进一步加深。研究者普遍认为，男女不平等和妇女地位的低下，使她们比男子更有可能贫穷、不识字、挨饿、营养不良、得不到保健，并且限制了她们选择健康生活方式和保健行为的权利和能力，这些都影响到妇女的健康水平。此外，妇女在家庭和社会中的地位决定了她们的一般健康和生育健康（Cordia Chu，1998），男女在家庭内部分配资源时，一般并不是一个直截了当的过程，而是包含谈判和使用的权力，而他们的格局的形成受社会因素的影响极大。由于妇女拥有的社会经济资源有限，她们在获得医疗保险、医疗保健及预防性健康服务等方面，与男性相比均处于劣势地位。总之，妇女在健康方面的不利处境是与其现实的社会地位密切相关的。

徐勤、王珣（2003）认为老年妇女一般缺乏医疗保险，患病率高、带病期长、伤残率高、自评健康状况差、更需要他人照料等健康状况是她们处于弱势地位的重要表现。此外，她们闲暇生活贫乏、单调，心理问题比较突出。

李倬珍等（2004）对湖北省7 000余名更年期、老年期妇女健康状况调查发现，湖北省更年期、老年期妇女保健知识缺乏，患病后不能及时就医，农村、经济收入低的妇女就医难情况更为突出，更年期、老年期妇女健康状况不仅与生理状况有关，也与社会、经济、文化因素有关。提高更年期、老年期妇女的自我保健能力，加强心理指导和慢性病的防治，有助于提高老年妇女的健康状况。

李彩凤（2006）研究认为物质条件差、受教育程度低以及社会保障制度不完善等因素，导致城市老年妇女在身体、心理健康方面出现许多问题。老年妇女增强健康意识，积极营造和谐温馨的家庭环境，维护老年妇女的合法权益是提高城市老年妇女健康状况的重要因素。

工作和生活环境也与健康存在着密切的联系。如果长期暴露在有毒、有害的工作和生活环境，就会增加患病风险，影响身体健康。此外，人类生物遗传因素对老年妇女的健康状况具有重要的影响作用，由于妇女的生理脆弱性，与老年男性相比，老年妇女健康状况受生物因素影响的可能性更大（姜秀花，2008）。

社会不平等是造成健康不平等的根本原因，阶层、年龄、性别、民族、地域等因素都会影响到人们的健康。妇女地位低下是性别不平等关系的直接表现，它反映了社会文化对妇女的歧视和偏见，以及由此带来的在健康资源分配和发展方面的男女不平等。同时，妇女地位低下又进一步影响到妇女获取和使用健康资源的机会和能力，造成健康方面的不平等。妇女地位作为影响妇女健康的重要变量一直受到国际社会的重视，消除基于性别的一切歧视，保证在男女平等的基础上普遍取得保健服务，成为国际社会的一项优先目标。

（三）对老年妇女健康照料的研究

陈晓敏（2006）通过对上海市徐汇区老年妇女调查研究发现，在城市老年妇女养老的生活照料社会支持网中，形成了以配偶为主体、子女为骨干、社区为老年生活照料依托的网络格局。但是家庭成员是城市老年妇女生活中的主要照料者，虽然社区的照料作用不断提高，但仍然需要构建以“社区照顾”为内容和方式的老年生活照顾的社会支持网络。

袁小波（2009）从不同性别老年人依靠成年子女照料者比重来看，老年妇女与老年男性存在较为明显的差别：老年妇女更多地依靠儿媳妇，其次为儿子和女儿，而老年男性则更多是依靠儿子照料。在高龄老人照料来源的性别差异方面，约 2/3 的男性高龄老人主要依靠男性照料者，2/3 的女性高龄老人主要接受来自女性成年子女的日常照料。

以上研究分别从妇女健康指标、老年妇女的身体健康、生殖健康、心理健康、残疾问题、健康相关因素和健康照料等方面，研究分析了老年妇女的健康状况。这对于我们认识老年妇女健康与照料问题具有非常重要的参考价值，但是，鉴于数据资料的限制，以往研究多集中在局部地域性研究和现状研究方面，对于老年妇女的健康状况的宏观性研究、趋势性研究相对不足，对于老年妇女的照料需求、满足情况及其主要问题与障碍涉及较少，缺乏满足老年妇女照料需求、改善老年妇女健康状况的操作性、战略性政策建议，这将在很大程度上制约我们在制定人口老龄化战略、应对人口老龄化挑战的能力。因此，我们有必要对老年妇女的健康状况与医疗照料进行深入研究。

第二章　老年妇女健康状况及医疗服务需求

本章将利用目前可获得的我国老年人口健康方面的调查数据资料，着重从躯体健康方面展示我国老年妇女的健康状况，同时兼顾心理和社会适应方面的健康状况。

健康是一个动态的概念，包含了丰富的文化内涵和时代特征。生产力水平、生产关系、科技水平、世俗文化以及哲学思想等等，都会影响人们对这一概念的理解和界定。随着近代医学的发展和社会的不断进步，人们对疾病与健康的认识日益系统和全面。健康的三种基本概念化模式，即把健康定义为无病的医学模式、完成个人社会职责的社会文化模式和全面感到情绪良好或快乐的心理模式逐步整合起来，形成一套系统的生物 – 心理 – 社会医学模式（F.D. 沃林斯基著，孙牧虹等译，1999）。

妇女健康的多维性决定了要全面反映妇女的健康状况，应包括生理学指标、心理学指标和社会学指标，老年妇女的健康状况也应该从上述三方面来全面地测度评估。

就目前国内外有关老年人的健康状况的常用测度指标来看，自评健康（Self-reported）、基本生活自理能力（ADL）和社会生活自理能力（IADL）是侧重于躯体的健康和完好状态，而老年人的生活满意度及自评完好等则是侧重于对老年人心理及社会适应方面的测量。

一、我国老年妇女的基本健康状况

与其他国家一样，我国老年妇女与老年男性相比，在健康方面同样存在寿命较长、健康状况较差、医疗保障以及照料资源等相对较少等问题，老年妇女在健康方面往往面临着比同龄男性更多的困境和压力，而身处农村、高龄、丧偶、独居、经济贫困的老年妇女在健康和医疗保健方面的境况更值得关注。

（一）平均期望寿命较长，但健康预期寿命相对较短

2005 年，我国女性人口的平均期望寿命已经达到 75.3 岁，比男性的 70.8 岁高 4.4 岁。但无论城乡，各年龄段女性健康期望寿命占余寿的比重都低于男性，即女性虽然寿命更长但是自我评价为健康的时间相对较短（王梅，1993；毕秋灵等，2008）。2004 年我国 80 岁老年妇女的这一比重（65.4%）甚至低于 85 岁的老年男性（67.1%）。总体而言，2004 年我国老年男性平均有 1.5 年生活不能自理，而老年妇女平均为 2.5 年（杜鹏等，2006）。

分区域的研究显示，1994–2004 年的 10 年间，在中西部地区，随着老年妇女平均期望寿命的增长，其健康预期寿命的增幅相对较小，生活不能自理的时间相对延长；而在社会经济条件较好的东部地区，老年妇女健康预期寿命的增长则略高于平均期望寿命的增长，生活能自理的时间相对增加（杜鹏、张文娟，2009）。

（二）自评健康更差

自评健康是一个重要的健康指标，它融入了很多个人经历、体验以及在所处文化中对健康的理解与期待。尽管自评健康主观性很强，但能反映潜在的生理、心理和社会角色功能变化，是一个很有价值的健康指标，越来越受到医学界的重视。自评健康广泛地应用于度量个人的健康状况，并且可以涵盖身体健康、精神健康及个

人认知等健康的不同侧面。国内相关调查数据均显示，无论城乡，我国老年妇女自评健康为“差”的比例都高于老年男性。以中国老龄科研中心 2006 年的调查为例：城市老年妇女比城市老年男性自评健康为“差”的高出 18.8 个百分点，农村地区高出 5.6 个百分点。

二、老年妇女生理健康状况

（一）慢性病患病率、多重疾患率高

很多国家的数据都表明，尽管女性比男性寿命长，但她们比男性更多经受导致痛苦但不致命的慢性疾病。

中国老龄科研中心 1992–2006 年的三次大型调查均显示，无论城乡，老年妇女慢性病自报率均高于同地域的老年男性（见表 3–2–1）。

表 3–2–1　1992–2006 年我国分城乡、分性别老年人自报慢性疾病带病率　%

		1992 年	2000 年	2006 年
城市	合计	64.1	67.7	80.8
	男性	63.3	63.8	78.1
	女性	64.8	71.3	83.3
农村	合计	53.7	51.8	65.1
	男性	51.3	48.1	61.9
	女性	55.9	55.4	68.3

资料来源：张恺悌，郭平主编 . 中国女性老年人口状况研究 [M]. 北京：中国社会出版社，2009：151.

国内外研究发现，男性患心脏病和癌症的比例高于女性，这是导致死亡率男高女低的重要原因。但是女性比男性更多患有非致死性的慢性病，包括关节炎（类风湿性关节炎可致严重的残疾，女性罹患此病的比例是男性的 2~3 倍）、大小便失禁、骨关节炎、骨质疏松（容易导致髋骨等骨折并致残，女性的发生率是男性的 4 倍多）和白内障等。相对心脏病和癌症而言，这些疾病不大可能致死，但是它们会导致功能上的残障，并降低她们的生活质量。老年妇女同时患有两种以上慢性病的比例高于老年男性。

尽管男性所经历的日常痛苦比女性少，但是一旦生病就可能危及生命，相反女性却会经历因多种慢性疾病而带来的残障影响 (Ester and Miehel，1998)，这些在健康

问题类型上的差异可能是女性比男性寿命更长的一个原因，尽管她们更不健康一些（NPRCWA，1999）。很多慢性疾病是可以通过早发现、早治疗或是改变健康习惯来预防的，新中国成立后出生的一代女性进入老年后可能会更健康一些。

（二）生殖系统疾病风险高

相比中青年女性而言，老年期的妇女面临着更高的与生殖系统相关的疾病风险，例如乳腺癌、宫颈癌和子宫癌，还要面临子宫切除后可能出现的并发症等。美国一项研究显示，75% 患乳腺癌的女性年龄在 50 岁以上，60 岁以上老年妇女患生殖系统癌症的风险最大。在过去 25 年中，女性患乳腺癌的几率从 16:1 提高到 8:1（NPRCWA，1999）。但即便是在美国，有关老年妇女生殖健康疾病的预防、诊断和治疗都相对滞后。而老年妇女往往对这方面的疾病缺乏相关的知识，许多老年妇女错误地认为过了生育旺盛期后就不会患乳腺癌。同时还受到传统文化中对女性生殖系统疾病的“污名化”的影响，许多老年妇女不去医院进行相关疾病的筛查及治疗。

1990 年美国国会对联邦医疗保险的一个改进就是增加每两年一次的乳房 X 射线照片，1997 年美国联邦政府医疗保险允许可以更多报销乳房 X 射线照片的费用。尽管医生建议 40 岁以后的女性每年都做乳房 X 射线照片（建议年龄 40 岁还是 50 岁，医生的意见不一致），有些老年妇女可能也不去做。实际上女性活得越长，患乳腺癌的可能性就越大，但癌症的发展会很慢。相同道理，年龄在 60 岁以上的女性患生殖系统癌症的风险也是最大的，但她们最不可能做子宫抹片检查（NPRCWA，1999）。

我国从 2009 年起逐步在农村和部分城市开展了针对女性乳腺癌和宫颈癌的免费筛查项目，并将其治疗费用列入了国家公共医疗报销的范畴，但要使广大老年妇女从中切实受益，则还需要政府及社会有关部门开展大量的宣传和知识普及工作。

（三）生活自理困难的比例较高，高龄组自理能力缺损严重

我国一系列老年人生活自理能力的调查数据均显示，在相同地域内，各个年龄组老年妇女生活不能自理的自报率均高于男性。农村老年妇女生活不能自理的比例最高（见表 3-2-2）。在 80 岁及以上老年妇女中，仅 4 成左右能够完全自理，低于同龄男性 8 个百分点左右（见表 3-2-3）。

表 3-2-2　2004 年老年人生活不能自理的比例　%

	总体	男	女
城市	6.8	6.1	7.5
镇	7.1	5.9	8.2
乡村	10.2	8.4	11.9
全国	8.8	7.4	10.1

资料来源：2004 年全国人口变动情况抽样调查数据（《中国人口统计年鉴 2005》）。

老年妇女自报生活自理困难的比例高，在很大程度上与她们更多罹患不致死的慢性疾病有关。美国“女性健康与衰老研究”项目发现，尽管老年妇女的残障程度很高，但是多数女性被访者仍在操持一些家务杂事（Simonsick 等，1995）。本课题组在实地调查中也发现老年妇女普遍存在类似情况：不少老年妇女虽然客观上生活自理困难，但现实中并没有依靠他人提供照料帮助，反而还自己承担主要的家务劳动，继续照顾家人。

表 3-2-3　2006 年老年人日常生活自理能力分布

性别	年龄组 / 岁	能够自理 /%	部分自理困难 /%	不能自理 /%
男性	60–69	91.4	6.0	2.6
	70–79	81.5	13.3	5.2
	80+	50.7	29.6	19.7
女性	60–69	87.2	9.4	3.4
	70–79	73.1	18.0	8.9
	80+	42.8	33.3	23.9

资料来源：张凯悌，郭平．中国人口老龄化与老年人状况蓝皮书 [M]. 北京：中国社会出版社，2010：137.

美国国家卫生局 2000 年的报告显示，1984–1995 年，美国 70 岁以上老年人日常活动有问题的比例在下降，特别是老年妇女报告有问题的比例下降较为显著：走路（1995 年的 18% 对 1984 年的 21%）；弯腰（16% 对 20%）；爬楼梯（12% 对 16%）（霍曼著，周云等译，2007）。我国已有的调查数据还没有显示出老年妇女生活自理能力在近 10 多年内有显著的改善和提高，甚至还有研究显示，与 1994 年相比，我国高龄老年妇女不能自理的比例有较大增长（杜鹏，张文娟，2009）。

三、老年妇女心理健康状况

研究显示，我国老年妇女的负性情感比例高、心理健康状况较差，其心理健康状况总体比老年男性差（陈立新、姚远，2005）。中国老龄科研中心2000年和2006年的调查数据也显示，无论城乡，老年妇女表露出有负性情感的比例均高于老年男性（见表3-2-4），但2006年较之2000年相应的比例均有所下降。这可能与老年妇女缺乏稳定独立的经济保障、受教育水平更低、社会参与机会少等因素有关。曾毅等（2010）利用高龄老人健康调查追踪数据的研究也显示，老年妇女的精神虚弱指数要显著高于同龄的老年男性。但总体而言，国内有关不同性别老年人心理健康的研究还很缺乏，亟待发展。

表3-2-4　2006年老年人消极心理比较　%

项目	城市		农村	
	女性	男性	女性	男性
常常感到孤独	20.3	15.4	30.8	31.1
认为老年人是家庭的负担	37.9	32.3	60.9	56.3

资料来源：张凯悌，郭平．中国人口老龄化与老年人状况蓝皮书[M].北京：中国社会出版社，2010：210、212.

四、健康维护状况和医疗保障水平

定期锻炼是健康维护的重要手段，特别是对于一些慢性疾病康复和维护非常有益，但现实生活中我国老年妇女的体育锻炼参与率显著低于同龄男性，并且农村老年妇女的体育活动参与率最低（张恺悌、郭平主编，2009）。国家统计局“2008年时间利用调查”也证实，老年妇女用于个人闲暇活动的时间（包括体育锻炼）明显少于同龄男性，这在很大程度上是传统社会性别分工的结果。本课题组在北京等地调研显示，附近缺少合适的活动场所是影响老年妇女参与体育锻炼的重要原因。

尽管老年妇女健康状况差，相应地对医疗保健的需求也更高，但是受制于个体的经济收入水平和医疗保障制度，老年妇女实际享用的医疗卫生资源还较为有限，这在农村尤为突出。

慢性疾病会增加医疗保健开支，但无论城乡，在患有慢性疾病的老年人中，老年妇女的医疗开支均显著少于老年男性：2005年，我国城镇老年妇女的医疗费用总支出约为2 806.4元，仅为男性（4 075.7元）的68.9%左右；农村老年妇女为1 011元，为同地域老年男性（1 901.4 元）的 91.1% 左右。在医疗保障费用开支上的这一显著性别差异，与男女老人家庭地位的高低、自身经济保障水平、特别是医疗保障状况的高低等因素有关。无论城乡，老年男性的医疗开支由基本医疗保险承担的比例均显著高于女性，而女性自己承担的比例则相对更高（见图 3-2-1）。

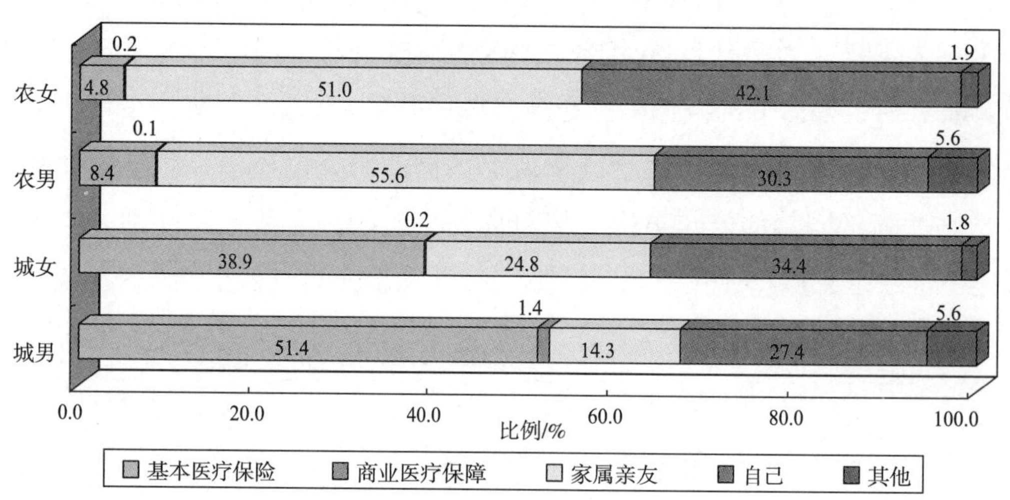

图 3-2-1　2005 年分城乡、分性别患有慢性病老人医疗费用支出来源情况

资料来源：张凯悌，郭平 . 中国人口老龄化与老年人状况蓝皮书 [M]. 北京：中国社会出版社，2010：180.

第三章　老年妇女的长期照料需求现状及趋势

如何满足日益增长的庞大老年群体在长期照料上的需求，是各国在老龄化、特别是高龄化社会所面对的一个重大挑战。长期照料需求的增长与老年人口的增长、特别是在健康水平和自理能力相对更差的老年妇女、尤其是高龄老年妇女规模的增长有着直接的关系，同时也与慢性病的发生，特别是与导致残障的慢性病在老年人群中比例的增长密切相关。

一、社会性别视野下的老年长期照料

（一）基本概念

老年人的生活自理能力是指老年人独立应对日常生活活动的能力。通常学者将老年人的生活自理能力分为基本生活自理能力（ADL）和社会生活自理能力（IADL）分别进行测度。前者衡量的是老年人在一些基本的日常生活活动方面的自理能力，这些活动包括自己吃饭的能力，穿脱衣服、室内活动、控制大小便的能力及洗澡等，后者包括购物、管理财务、独立乘坐交通工具等等。到目前为止，国际上对 ADL 和 IADL 的测评有许多的量表，各个量表在具体项目的设立及评估分值等方面不尽相同（王瑞华，1994；尹德挺，2008）。

表 3-3-1 是对国内两项全国性大型老年人调查所使用的老年人生活自理能力评估指标的比较，从表中可以看到两项调查在具体指标的选择上有所不同，相对而言，ADL 的指标一致性较高，而 IADL 的具体指标差异性则相对加大。测度标准的不统一，造成了对老年失能人口规模测算的困难。

失能是指其基本日常生活自理能力（ADL）的丧失，通常只要在 ADL 中的任何一项完全不能自理均意味着老年人健康预期寿命的终结，由此进入失能老年人群体。

长期照料（Long Time Care，LTC）是指提供给失能者以广泛的医疗和非医疗服务，提供生活照料、康复护理、精神慰藉、社会交往和临终关怀等综合性服务。由于失能往往是不可逆转的，所以这样的服务通常都会持续相当的时间，一般指六个月以上的服务。从服务的供给来看，长期照料分为家庭照料和社会化照料服务。据刘鹏飞（2009）的述评，家庭照料界定为亲属提供的照料或非亲属提供的无酬且不与任何组织挂钩的照料。社会照料被界定为非亲属提供的有偿照料或者属于某组织的其他人员提供的照料。

表 3-3-1　国内老年人生活自理能力评估常用指标比较

	北京大学“全国老年人口健康影响因素调查”（2005）	老龄科研中心“中国城乡老年人口状况一次性抽样调查”（2006）
ADL	吃饭、穿衣、上厕所、上下床、洗澡控制自己的大小便	吃饭、穿衣、上厕所、上下床、洗澡、室内走动
IADL	扫地、日常购物、做饭、洗衣、乘坐公共交通工具出行、连续蹲下站起三次、到邻居家串门、提起大约 10 斤（5 公斤）重的东西、连续走 2 里路	扫地、日常购物、做饭、洗衣、提起 20 斤重物、管理财务、步行 3～4 里、上下楼梯、使用电话、乘坐公交车

（二）老年人长期照料需求的性别差异

老年人生活自理能力的缺损是其产生照料需求的客观基础，也是国际社会进行照料需求评估的重要测度指标。无论是从老年人自报的生活自理能力还是通过相对详细的 ADL 量表测算的结果，均显示出老年妇女生活不能自理的比例高于男性这一态势，这也和许多国家的研究发现是一致的。从分城乡和分年龄组的数据资料来看，居住在农村地区、80 岁及以上高龄组的老年妇女，其生活不能自理的比例要显著高于城市及低年龄组的其他老年群体（见表 3–3–2，图 3–3–1）。

表 3–3–2　2004 年老年人生活不能自理的比例　%

	总体	男	女
城市	6.8	6.1	7.5
镇	7.1	5.9	8.2
乡村	10.2	8.4	11.9
全国	8.8	7.4	10.1

资料来源：2004 年全国人口变动情况抽样调查数据（《中国人口统计年鉴 2005》）。

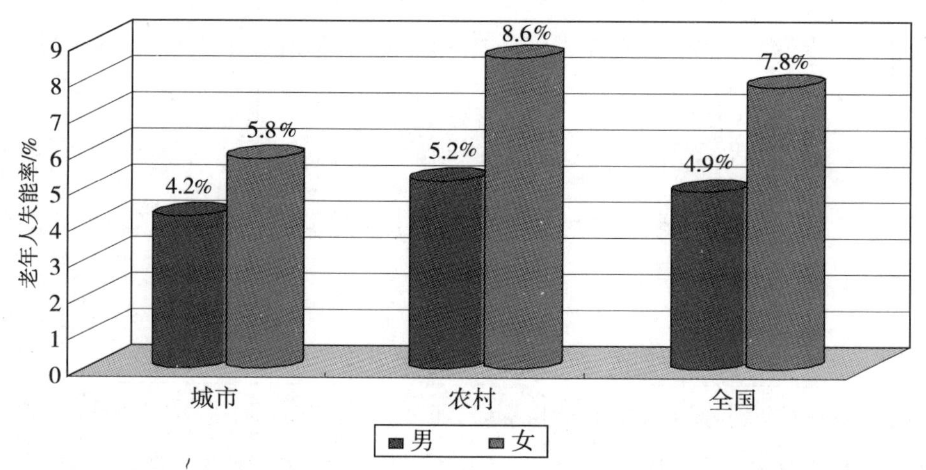

图 3 –3–1　我国分城乡、性别老年人口失能率（2006 年）

资料来源：王莉莉 . 老年人健康自评和生活自理能力 [M]. 北京：中国社会出版社，2009.

从表 3–3–3 可以看到，总体而言，女性的照料需求要高于男性，在各个年龄段均是如此，并且随着年龄组的增高，生活不能自理的老年妇女比例显著高于男性：在 80 岁以上的高龄组中，不能自理的则达到 23.9%，比同龄男性高出近 5 个百分点。相关研究也显示，慢性病患病率的增加导致生活自理能力和健康状况逐渐下降，使得高龄老人的照料需求较之低龄老人更为强烈（顾大男、曾毅，2004）。

“全国老年人口健康影响因素调查”（2005）的数据也同样证实了随着年龄的增长老年妇女的照料需求大幅提高，并且程度明显高于男性。根据未加权的调查数据计算的结果显示，在低年龄组的被调查者中，女性有照料需求的比例要低于男性，但在80岁以上的高龄组中，女性的照料需求则显著高于男性（见表3–3–4）。

表3–3–3　老年人日常生活自理能力分性别比较（2006）

性别	年龄组/岁	能够自理/%	部分自理困难/%	不能自理/%
男性	60+	44.5	50.5	4.9
	60–69	91.4	6.0	2.6
	70–79	81.5	13.3	5.2
	80+	50.7	29.6	19.7
女性	60+	26.7	65.4	7.8
	60–69	87.2	9.4	3.4
	70–79	73.1	18.0	8.9
	80+	42.8	33.3	23.9

资料来源：张凯悌，郭平．中国人口老龄化与老年人状况蓝皮书[M]. 北京：中国社会出版社，2010：137.

表3–3–4　分年龄、性别有照料需求老年人的分布

年龄/岁	男/%	女/%	合计/%
65–79	3.2	2.6	2.9
80–89	10.8	15.1	13.0
90–99	18.6	26.3	23.1
100+	33.7	43.8	41.7
合计	11.9	21.8	17.5

资料来源：曾毅，等．老年人口家庭、健康与照料需求成本研究[M]. 北京：科学出版社，2010：169.

注：未加权的调查数据，总样本人数15 636。

（三）照料提供者的社会性别差异

总体而言，老年人长期照料的承担者可以分为配偶、子女、保姆和钟点工。在这三者之中，子女的照料起到了主力军的作用（丁安详，2004），男女老年人在获得家庭照料支持方面存在着显著的差异。

成年子女在照料角色责任和角色经历方面的性别差异受到了国外较多学者的关注。女性被普遍认为是传统的照料角色（Brody，1990），美国一项统计数据指出，女性一生中须花费18年左右的时间来照料老年父母（Baldwin，1990）。成年女儿比成年儿子更有可能成为老年父母的主要照料者（Horowitz，1985b），成年儿子仅仅在缺少女性照料者的情况下才成为照料者。此外，成年儿子更可能依赖其配偶的工具性和情感性支持，较少参与常规性的家庭杂务和老年父母日常生活上的照料，只是提供间歇性的帮助（Stoller，1990；Dwyer & Coward，1991）。与成年儿子相比，成年女儿照料者拥有更强烈的义务感（Kathleen，2007）。但也有研究表明，少数成年儿子照料者也表达出照料老年父母的强烈责任感（Harris，1993）。

成年子女照料者角色的性别差异通常被认为与社会性别角色意识有关，即男性和女性在社会化的过程中被赋予了自身固有角色的观念。一方面，女性自觉接受了照料家庭和父母的责任，另一方面，男性则学会将家务事分派给女性，由此塑造了两性在家庭照料者角色中的差异（Brody，1981；Horowitz，1985b）。此外，时间因素理论模型、资源理论模型和分工合作理论模型也对家庭照料者的性别差异做出了解释（Finley，1989）。时间因素理论模型认为，女性成年子女比男性成年子女有着更多的空余时间来承担家庭照料工作；资源理论模型则认为男性成年子女拥有更高的教育程度、收入等社会资源优势，促使他们向外部发展，从而较少承担家庭内部的事务；而分工合作理论模型则认为男性和女性依其自身能力和特长分别承担不同的家庭责任，这种合理的分工会使得家庭获得最大化受益。总的来看，这三种理论都源于传统社会中男女两性社会地位差异造成的性别分工观念。

男女两性不仅在照料者角色承担上有着显著差别，他们也有着不同的照料角色经历。大多数研究发现女性照料者承受着更加沉重的照料负担，更容易产生抑郁和压力感，生理健康方面也较男性照料者更差 (Eisdorfer，1991; Mui，1995; Martin & Silvia，2006）。Mui（1995）对此做出解释：认为相对于男性而言，社会规范对女性提出了更多的家庭照料责任期待，而女性自身也十分重视家庭关系，这种强烈的照料责任感难免会与工作发生冲突，这些都致使女性成年子女照料者感到更多的精神压力。然而，也有研究发现，并非男性照料者拥有较少的照料角色负担，而是男女两性在情感表达方面存在着差异，例如男性比女性更容易借助药物和酒精来应对压力，并且更容易压制消极情绪的自我表达（Carver et al.，1989）。而乔治等人（1992）的研究也发现，成年儿子照料者最容易报告照料中的困难，这是因为男性没有被社会赋予照料的角色，因此在其他照料者缺失的情况下不得已而成为照料者，从而产生更多的照料困难。Ada (1995) 在对儿子和女儿照料者的研究中发现，照料与工作的冲突以及照料双方关系不好是影响女儿照料者产生高精神压力的重要因素，而父母行为失常以及缺少次要照料者的帮助则是儿子照料者产生高精神压力的重要因素。

关于成年子女照料者角色承担和角色经历中的性别差异问题，国内学者也有不少研究发现。在中国，成年儿子和女儿同样扮演着重要的照料者角色，但“养儿防老”的传统观念则使儿子和儿媳背负着更大的照料责任（周云，2000）。成年儿子尤其是长子的养老责任源于中国传统儒家孝亲观念和封建宗法制度的影响，这种以成年儿子为主要照料者的家庭照料模式并非个人选择，而是社会文化对个人的要求和期望（张纯元，1991）。对于老年人来说，儿子养老天经地义，而女儿结婚后则成了“外人”，因而大多数老年人认为儿子在经济、身体照料和情感方面的支持比女儿的支持更加可靠（袁方，1998）。张文娟（2006）通过比较儿子和女儿对高龄老人的日常照料发现，儿子在照料高龄父母方面扮演了更为重要的角色，农村高龄老人照料者的这种性别差异较大，城市中则表现出了性别趋同性。同时，老年人的增龄和健康状况退化也增加了对儿子的依赖性。

尽管儿子承担着照料老人的主要责任，但儿媳却在具体的照料任务中发挥着重要的作用（周云，2003）。一项关于香港家庭照料者的研究指出，在社会规范为女性塑造家庭照料者角色以及对成年儿子承担照料父母的社会期望的共同作用下，由儿媳承担夫家双亲的照料任务已成为普遍的模式（黄何明雄等，2003）。另有学者认为，在由家庭照顾老人的社会格局里，儿子的地位和作用正在相对下降，女儿的地位和作用则在逐渐上升（王来华、约瑟夫·施耐德，2000）。随着生育政策的深入、社会观念的转变以及妇女地位的提高，女儿将会在老年照料中扮演越来越重要的角色（张文娟，2006）。胡幼慧（1992）将女性的照料角色与社会性别角色分工联系起来，认为女性之所以被认定为老年人日常生活及情感交流的主要照料者，主要源于社会性别角色分工赋予女性以家庭照料角色。此外，也有学者认为成年子女在照料责任承担方面并不存在显著的性别差异，家庭照料者之间并没有细致的分工，往往是根据性别和年龄来选择最恰当的合作方式共同承担照料父母的工作（Yu et al.，2000）。

有研究发现，男女两性不同角色分工的社会规范与“养儿防老”的社会文化期待之间的冲突会造成女性在家庭照料中受到不公平对待，例如她们没有关于父母生命安危的决策权，并会成为父母身体衰弱时的替罪羊（Ngan & Wong，1995），同时还面临着因不能满足父母以儿子为理想家庭照料者的愿望而造成的“吃力不讨好”的压力（黄何明雄等，2003）。此外，儿子和女儿在照料老年父母的过程中还表现出了不同的心理和行为取向（王来华、约瑟夫·施耐德，2000），例如，女儿较儿子而言与母亲之间的情感互动更为密切（熊跃根，1998）。

（四）对老年人长期照料资源的其他讨论

目前关于家庭照料，学术界的观点不一：一方认为，传统的家庭照料存在困境。刘成（2006）指出，居家老人对照护资源需求在膨胀，而家庭照护模式在不断弱化，表现为家庭照护资源的萎缩，包括家庭子女数量减少、子女价值观的改变以及家庭养老道德上的局限性，黄成礼（2005）认为，虽然家庭是失能老人获得长期照料的主要依靠，但是随着我国计划生育的实施和生育率的下降，家庭规模越来越小，空巢家庭逐渐增多，老年人对于家庭的依赖将会越来越难以维持下去。同时，家庭养老功能的弱化与老年人需要照顾人数的大量增加必然导致我国未来老年人口需要更多的由正式机构提供的长期护理，这将使社会及政府所承受的老年人口照料负担越来越大。另一方则认为，大量的实证研究依旧支持家庭是失能老人最为主要的照料资源，家庭成员，特别是配偶依旧是失能老人生活照料最主要的照料者（曾毅等，2011）。

虽然学者在家庭照料发挥的功能上观点不一，但在家庭照料对老年人及家庭成员的经济支出和时间花费的影响方面观点达成了共识。顾大男等（2006）研究发现，我国老年人的长期照料 95% 以上均由自己和家庭承担，其他途径只占不到 5%。根据中国老年人口健康调查数据，我国接受长期照料的老年人平均每月的照料费用约为 290 元。其中，接受照料的高龄老人的平均每月的照料费用为 330 元（顾大男，2008），由此可以看出照料给家庭造成了一定的经济负担。成年子女在老人照料中承担了重要的角色：除了承受经济压力外，还有体力负担和精神负担。他们往往由于提供照料而牺牲了个人的娱乐与休息时间，社会联系的减少，也影响了照料者的家庭和社会关系（刘鹏飞，2009）。另外，子女分配在照料上的时间也会影响工作及收入，Ettner 使用“美国国家收入与项目参与调查”发现，与父母同住对于女性照料者的工作时间产生显著的降低作用，并影响女性照料者的就业选择（Ettner，1995）。子女在工作与照料角色上的冲突，最终产生一个在工作薪酬、请保姆、入住机构中选择的博弈（于泽浩，2009）。传统的家庭护理满足不了老年人的需要，代之而来的是更多的利用市场服务，如聘请家庭服务员、利用相关机构的服务等。长此以往，护理费用将造成家庭沉重的经济负担（田申，2005）。

二、我国老年妇女照料需求的变化趋势

（一）老年照料需求的变化趋势研究回顾

人口老龄化是预期寿命增长的结果，老年人的照料需求在一定程度上与其健康预期寿命占预期寿命的比重密切相关。越来越多的研究开始关注健康预期寿命占预

期寿命的比重与人类寿命的延长之间的关系。对于这种变化，国际上存在三种假设：Fries（1980，1989，2003）提出老年残障期压缩假设，即功能完好的时间不仅在绝对量上会增加，相对于生命长度的比重也会增加；Gruenberg（1977）和 Kramer（1980）的老年残障期扩张假设，指出医疗护理以及提前预防会延长患病人口和功能缺损人口的寿命，导致功能缺损寿命在余寿中的比重不断扩大；Manton（1982）的动态均衡假设，认为预期寿命和健康预期寿命的延长是平行发展的。上述三种理论在欧美国家均得到了验证。如美国国家卫生局 2000 年的报告显示，1984–1995 年，美国 70 岁以上老年人日常活动有问题的比例在下降，特别是老年妇女报告有问题的比例下降较为显著（霍曼著，周云等译，2007）。

然而，我国老年妇女的失能状况及其健康预期寿命变化的趋势还存在争议：已有的调查数据还没有显示出老年妇女生活自理能力在近 10 多年内有显著的改善和提高，甚至还有研究显示：与 1994 年相比，我国高龄老年妇女不能自理的比例有较大增长，但不同地区老年人群的生活自理能力变化趋势是不同的，东部地区的老年妇女已经由老年残障期扩张模式转变为压缩模式（杜鹏、张文娟，2009）。对大陆和台湾地区老年人群的研究倾向于支持老年残障期扩张假设（杜鹏、李强，2006；Zimmer et al，2002）。但曾毅等（2007）对中国高龄人群的生活自理能力变化趋势研究并不支持老年残障期扩张假设。因此，在同一个时期的不同人群可能表现出不同的功能状态和变化趋势，功能缺损压缩、扩张和平行发展可能同时存在（Robine & Michel，2004）。

对于中国这样地域辽阔，经济、社会、文化发展不均衡的国家，老年妇女的生存发展境况也更为复杂，并且限于数据资料局限，我们在对未来 40 年间我国老年妇女失能规模预测时，面临着选择预测参数的巨大挑战。在充分考虑国际国内相关研究及国内数据资料的基础上，我们最终确定以 2006 年中国老龄科研中心调查获取的分城乡、分性别、分年龄老年人口的失能情况为主要依据进行测算。我们也深感这样的测算存在极大风险，也希望能与其它课题共同来探讨如何让这一测算更为科学、稳妥。在此，我们希望所得的数据仅仅作为一个政策决策的辅助性资料，而我们提出的问题和政策建议才是更有价值的部分，希望能够引起决策者关注。

（二）我国老年妇女的长期照料需求的趋势研究

对我国老年人口照料需求的评估是近年来我国老年学界关注的一个重要议题。但遗憾的是，已有的研究对男女老年人的差异性关注不足，通常都是将老年人作为一个无性别差异的总体进行研究，缺乏分性别的估计和分析研究。

党俊武（2007）对我国失能老年人口的研究显示：2007 年底，全国城乡失能老年人口为 1 350 万人，其中大部分在社会经济相对落后的农村地区（840 万人），到 2020 年，中国失能老年人口将达到 2 185 万人；2051 年则到达 3 850 万人。但很可惜该项研究没有进行分性别的比较说明，但根据老年人口生活自理能力的性别差异状况，在这一庞大的失能群体中，女性无疑会占据更大的份额。

根据本次战略研究的预测方案和 2006 年中国老龄科研中心的相关调查数据，我们对未来 40 年间我国失能老年妇女的规模进行了测算。在此，我们使用的失能标准为中国老龄科研中心 2006 年城乡老年人口抽样调查中的 ADL 量表中，任何一项回答“做不了”的数据结果。具体的数值参见表 3–3–5。

表 3–3–5　分年龄组、分性别失能人口比例

年龄组 / 岁	男 /%	女 /%
60–69	2.6	3.4
70–79	5.2	8.9
80+	19.7	23.9

资料来源：张凯悌，郭平 . 中国人口老龄化与老年人状况蓝皮书 [M]. 北京：中国社会出版社，2010：137.

1. 分性别失能老年人口总体规模的发展趋势

在未来的 40 年间，伴随我国老龄化的发展，我国失能老年人口的总体规模也处于急速增长阶段（见图 3–3–2）。2011 年我国失能老年妇女人口约占失能老年人口总体的 2/3，显著高于老年妇女占老年人口的比例。

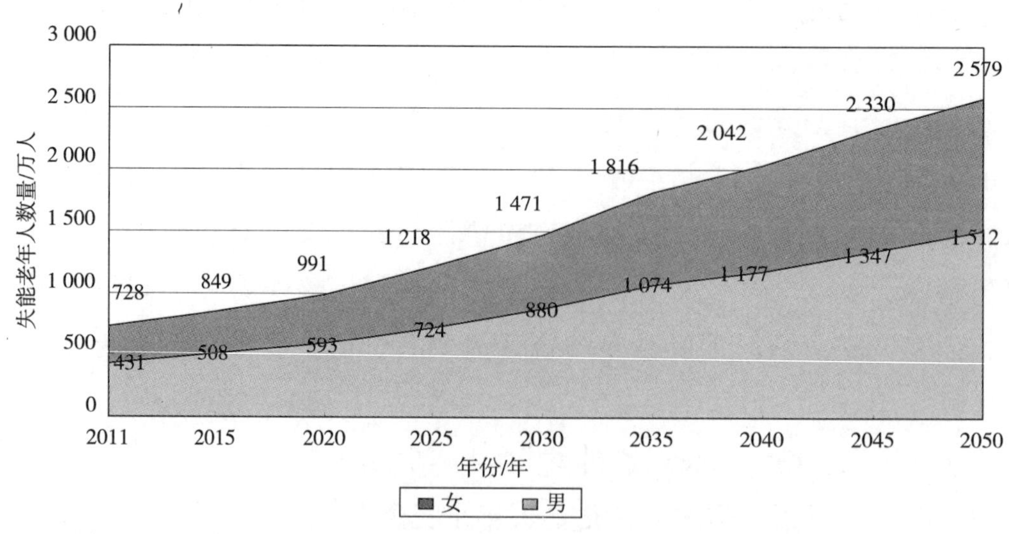

图 3–3–2　我国分性别失能老年人口总体规模的发展趋势（2011–2050 年）

资料来源：根据本战略课题分年龄组人口预测数据和中国老龄科研中心 2006 年城乡老年人口状况抽样调查分年龄组、分性别失能人口比例推算绘制。

2. 分年龄组、分性别失能老年人口规模的发展趋势

在未来的 40 年间，以老年妇女为例，我国老年人口的年龄结构经历了如下一个变化：2011–2015 年，60–69 岁低年龄组人口增幅较大，相应地其所占的比例也在增大，而 70–79 岁年龄组的中年龄组老年人口的比例在此间则处于相对缩减的态势；2015–2025 年的 10 年间，则又是低年龄组人口的比例相对压缩，中年龄组的相对扩张；2030 年经历了一个小波峰后，低年龄组人口的比例开始较显著的下降，而中年组和高龄组的增幅则相对显著（见图 3–3–3）。老年人口年龄结构本身的变化，也在很大程度上影响了我国不同年龄组失能老年人口规模的变化。

相比较而言，80 岁以下的老年人失能的比例相对较小，而 80 岁及以上的高龄组的失能人口比例则急剧增长，这是在失能人口聚集在高龄组的重要原因。

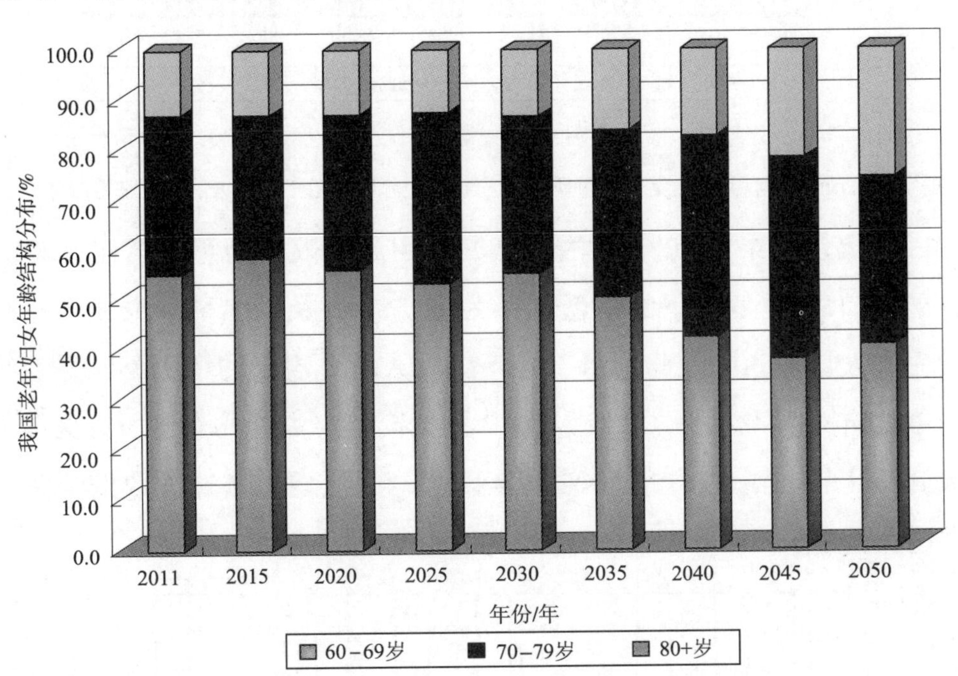

图 3–3–3　我国老年妇女的年龄结构变化（2011–2050 年）

资料来源：根据本战略研究分年龄组人口预测数据绘制。

从图 3–3–4 可以清楚地看到未来 40 年间我国不同年龄组男女失能老年人口规模的发展变化态势。

从规模上而言，未来 40 年间，我国低年龄组的失能老年人口无论男女的增幅都相对较小，70–79 岁组女性失能老年人口的增幅则相对较大，但最引人注目的是 80 岁及以上高龄女性失能人口的发展态势，这一群体的增幅是所有群体中最大的，增速也最快的：从 2011 年的 289 万人左右开始一路攀升，2020 年达到 396 万人左右，2030 年为 591 万人，

2050 年激增至 1 513 万人的规模，约占同年全国失能老年人口总量的 37.0%。

众所周知，老年妇女，特别是高龄老年妇女自身的经济保障、医疗保障和家庭照料资源等各方面都处于相对弱势的境况。如何满足这一庞大群体的照料需求，无疑是我国老年社会政策最为严峻的一个挑战。

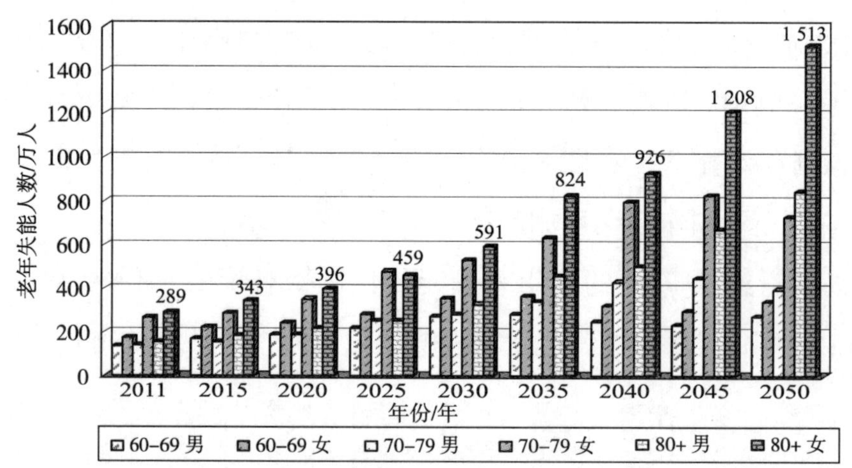

图 3-3-4　分年龄组、分性别老年失能人口规模的变化（2011-2050 年）

资料来源：据本战略预测数据和 2006 年老龄科研中心分城乡、分性别老年人口失能比例估算结果绘制。

图 3-3-5 揭示了未来 40 年我国老年妇女中失能人口的年龄结构。2011 年，老年妇女失能人口以 80 岁以下的中低老年为主，80 岁及以上高龄失能人口约占整个老年妇女失能人口的 40%，此后由于各年龄段人口总规模的增幅不同，老年妇女失能人口的年龄结构也随之不同。在 2030 年前，高龄组失能妇女占所有失能老年妇女的比重大致稳定在 40% 左右，而 2030 年以后，则呈现出增速加快的势头，其在总体中所占比例也逐步扩张，2050 年达到接近 60% 的水平。

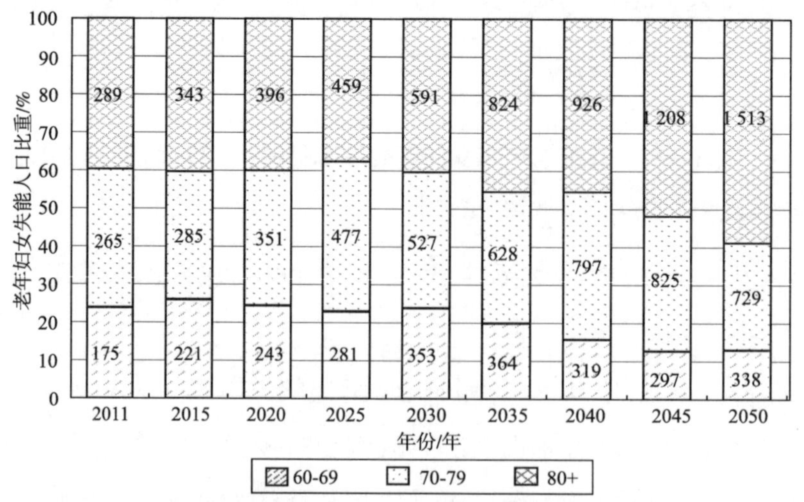

图 3-3-5　老年妇女失能人口的分年龄结构（2011-2050 年）

资料来源：据本战略预测数据和 2006 年老龄科研中心分城乡、分性别老年人口失能比例估算结果绘制。

3. 分性别高龄失能老年人口的城乡分布

由于农村地区社会经济发展水平较低，居住在这些地区的老人在照料方面面临的挑战更大。根据本战略课题预测的我国分年龄组、分性别老年人的城乡分布结构为依据，我们推算了未来40年间，高龄妇女失能人口的城乡结构变化趋势（见图3-3-6）。

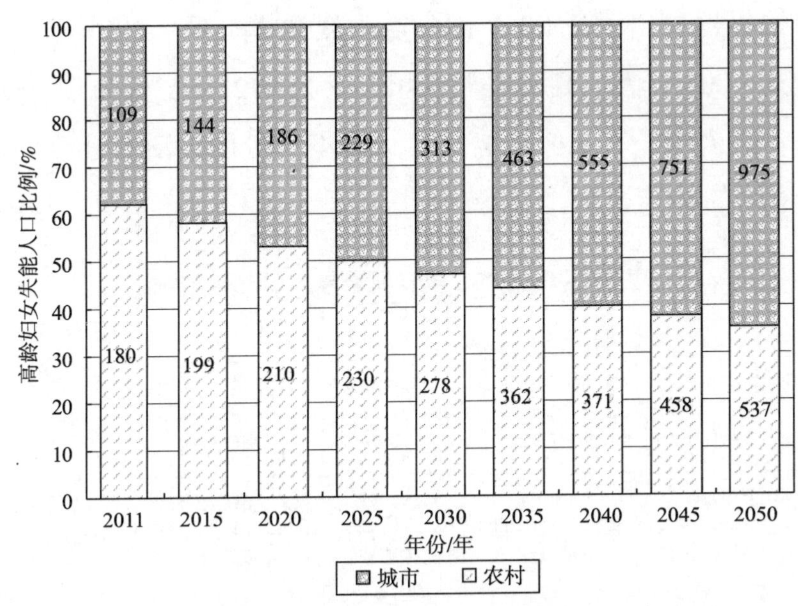

图3-3-6　高龄妇女失能人口的城乡分布（2011-2050年）

资料来源：据本战略预测数据和2006年老龄科研中心分城乡、分性别老年人口失能比例估算结果绘制。

从图3-3-6中可以看到，在未来的40年间，我国高龄妇女失能人口在城乡分布上经历了农村为主到城市为主的变化。2011年，6成多的高龄失能妇女居住在社会经济发展水平相对滞后的农村地区，在此后的40年间，尽管城乡高龄失能人口的规模都在增长，但城市地区的增幅显著高于农村，2025-2030年，城乡高龄失能老年妇女规模大致相当，2030年后则是城市地区的高龄失能人口规模显著高于农村。

三、老年妇女主要照料者的情况分析

从我国目前老年人的长期照料状况来看，家庭照料是绝对的主力，机构照料则由于种种原因还相当欠缺。而在家庭照料中，老年人长期照料的承担者可以分为配偶、子女及保姆、钟点工。现实中，男女老年人的照料资源和实际的需求满足状况存在明显差异。

（一）老年妇女丧偶率高，更多由子女提供照料

由于“男大女小”婚配模式（2000年我国老年人的平均夫妻婚龄差为3.7岁，

2005 年为 3.1 岁左右）及女性预期寿命长于男性（2005 年我国男性平均预期寿命为 70.8 岁，女性为 75.3 岁），老年妇女的丧偶率远远高于同龄的男性：2005 年我国农村和城镇老年妇女的丧偶率均比同地域的男性高出 12 个百分点左右，分别达到 39.7% 和 35.6%。并且随着年龄的增长，丧偶率的性别差异进一步扩大，高龄女性的丧偶率比同龄的男性高出了近 30 个百分点。从规模上看，2005 年我国丧偶老年妇女的规模已超过 3 000 万人，高龄丧偶老年妇女为 872 万人左右（见表 3-3-6）。换言之，在丧偶老年人中，7 成左右是女性，且 4 成多是生活在社会经济发展水平相对落后的农村地区的老年妇女。

表 3-3-6　2005 年丧偶老年人口总量结构

类别		老年人口			高龄老人		
		总量 / 万人	丧偶 / 万人	比例 /%	总量 / 万人	丧偶 / 万人	比例 /%
农村	男	4 773.449	916.37	19.20	407.68	197.02	48.3
	女	4 617.076	1 833.73	39.72	605.30	476.12	78.7
城镇	男	3 294.819	431.06	13.08	281.93	110.52	39.2
	女	3 332.487	1 185.91	35.59	395.81	296.11	74.8
合计		1 6010.96	4 365.04	27.26	1 690.72	1 079.77	63.9

数据来源：根据 2005 年 1% 人口抽样调查原始数据汇总推算，转引自本战略研究课题。

课题有关老年人家庭状况的预测显示，在未来的数十年间老年人口丧偶率的性别差异不会有大的变化，在丧偶老年人口中老年妇女的比例依旧会保持在 70% 左右，但是随着我国老年人口城乡结构的变化，丧偶的农村老年妇女在整个丧偶老人中的比例会逐步降低，而城镇丧偶老年妇女占全部丧偶老年人口的比例将由 2010 年的不到 30% 上升到 2100 年的近 60%。按照上述预测的结果可以推算，2010 年我国丧偶的老年妇女总体规模约为 3 200 万人左右，2030 年则达到 6 600 万人，2055 年我国丧偶老年妇女将超过 1 亿人。

全国妇联第三期中国妇女社会地位调查的数据显示，6 成以上的老年男性的照料者是自己的配偶，3 成左右是子女照料；而老年妇女的照料者则 6 成左右为子女，3 成左右为配偶，农村老年妇女对子女的照料需求依赖更突出。国内有关老年人照料者的实证研究结论也大致如此。

（二）中青年照料者的流失可能加剧

计划生育的普遍推行，以及我国社会经济的剧烈转型等所导致的家庭规模小型化、家庭结构核心化，急剧发展的城市化引发的农村青壮年优先向城市地区大规模转移等，都导致了老年妇女实际可以依托的照料者——与自己共同居住的中青年子女数量急剧减少。与此同时，教育水平的提高、市场经济体制的建立等，也促使更多的中青年妇女有更多的机会和可能走出家庭，参与社会劳动，以增强自身的社会生存能力和提高自己的生活水平，实现自身价值。全国妇联 2000 年和 2010 年开展的两期中国妇女社会地位调查的数据显示，10 年间我国 18–55 岁女性的在业率提高了 3.8 个百分点（全国妇联，2011）。而在传统社会和当下的农村社会中，儿媳和女儿这些中青年妇女正是老年妇女最为重要的照料提供者。因此中青年妇女社会劳动参与能力和机会的提高，也将会在一定程度上削弱老年妇女对中青年子女照料资源的利用。

而老年妇女自身由于社会经济条件相对较差，收入水平、医疗保障水平均相对较低，对正规照料资源的获取能力也相对有限，她们所面临的照料资源匮乏的境况将会更加严峻。

（三）健康低龄老年妇女将成为高龄老年妇女的主要照料资源

大量的实证研究显示，绝大多数中低龄老年妇女即便是罹患有多种慢性疾病，但都可以继续独立生活、处理自己的事务，并不需要特别的照料和帮助。但步入高龄后，随着失能和残障程度的加重，才需要别人为其提供相应的帮助和照料。按照我国妇女的初育年龄为 25 岁左右推算，步入 80 岁高龄老年妇女的子女通常也都年近 50 岁，也即将步入老年阶段。而此时正是女性逐步退出社会劳动，身体健康状况也相对较好的时期，她们将比中青年一代更有可能成为高龄老年妇女的实际照料者，承担起高龄老人照料的重任。但如果缺乏相应的社会支持政策和环境，这些年近半百的妇女在实际照料中所承受的身心压力，将会损害其自身的健康、影响其生活质量，进而增加了她们晚年的健康风险。

鉴于其它篇章对于长期照料的成本、制度等有专门的深入研究，故在本篇中不多赘述，本篇的政策建议将着重从老年妇女最主要的照料资源——家庭照料者的角度展开。

第四章　老年妇女健康和照料的政策建议

一、发达国家和地区老年照料支持的政策和实践

（一）美国照料者社会支持政策与实践

2000 年，美国国会通过《美国老年法》的第Ⅲ -E 修正议案——全国家庭照料者支持项目（简称 NFCPS），这标志着在美国家庭照料者的贡献得到法律的认可和保障。为老年人及未成年人提供家庭照料的人员(包括家人、朋友、邻居等)，均可以从中获益。2001 年 2 月，健康和居民服务部拨款 1.1 亿美元，正式启动了该项法案。

美国政府的老龄机构负责 NFCPS 的管理，与社区服务提供商共同合作。针对不同家庭的需求，为家庭照料者提供了五类服务：信息服务、支持性服务、个人咨询、支持小组和培训服务、喘息照料服务以及补充性服务。通过近年来的不断发展和完善，NFCSP 在帮助家庭照料者解决照料问题方面发挥了重要的作用，取得了良好的社会效果。许多家庭照料者因此而获得了照料支持性服务并提高了照料能力，他们在照料之余获得了适当的休息并能够兼顾工作。而对于老年人来说，则避免了非意愿的机构养老，继续生活在自己熟悉的家庭或社区环境中，并得到了更好的家庭照料。

在美国众多非政府组织开展的家庭照料者支持项目中，美国全国家庭照料者协会（简称 NFCA）在推动照料者政策和服务发展方面的成就最为卓越。美国全国家庭照料者协会成立于 1993 年，其使命是增强家庭照料者实现维护自身和所照料者利益的能力，并且消除阻碍他们得到健康和幸福的障碍，使他们摆脱压力、痛苦、隔离和经济困境。NFCA 通过建立网站，开设各种咨询和教育活动，为家庭照料者提供相关支持，帮助他们获得各种服务和支持并努力反映他们的心声，维护家庭照料者的利益。

（二）英国照料者社会支持政策与实践

英国政府十分关注照料者的生活质量及其与非照料者的权利平等问题，出台了《照料者（认可和服务）法案》（1995）、《照料者和失能儿童法案》（2000）、《照料者（平等机会）法案》（2004）以及《工作和家庭法案》（2006）等一系列旨在保障、帮助和支持照料者的法案，这一系列关于照料者权益的法律法规为英国照料者获得

社会支持和促进自身发展提供了有力的法律保障。

英国政府为照料者提供了一系列经济优待措施，以保障照料者的基本生活不因照料他人而受到影响。如英国相关法律规定，若家庭照料者的每周收入低于50.6英镑，且照料时间超过35小时，则可以申领每周50.6英镑的照料者津贴（Carer's Allowance）；那些因照料家人而没有工作或者每周平均工作时间少于16小时的16–59岁的低收入家庭照料者，还可以获得收入支持（Income Support）；如果符合一定的条件，家庭照料者还可以申请社区照料资金支持（Community Care Grant）。此外，家庭照料者在陪同被照料者出行时可以享受一些优惠待遇，例如减免博物馆、公园门票和地铁车票等。

在英国，各地开展了多种多样的针对照料者的社会支持服务，只要满足一定条件，照料者便可以向相关的社会服务机构申请相应的社会支持服务。如日间照料中心和护理院等都为家庭照料者提供了短暂休息以及工作和学习的机会。而各地的家庭照料者支持小组，则为照料者提供了彼此倾诉和交流的机会，以舒缓家庭照料者的精神压力。此外一些大专院校专门为家庭照料者开设特别课程，照料者可以根据个人学习习惯、照料任务和个人目标等来选择学习项目。一些学校还为照料者提供降低学费、交通费用补贴等优惠待遇。

2006年《工作和家庭法案》为家庭照料者更好地协调工作与照料提供了便利。当照料者的工作与照料发生冲突时，可以要求雇主提供弹性工作安排或紧急特许事假，照料者还可以选择6个月到3年的无薪短期休息。此外，雇主还会提供电话、停车位、善意通知等便利帮助照料者兼顾照料和工作。因照料家人而放弃工作的家庭照料者希望重返劳动岗位时，可以向当地工作中心办公室咨询，而一些雇主也十分愿意招聘这些家庭照料者。

英国全国照料者协会（Carers UK）是一个由照料者组成的旨在为照料者争取权益、消除照料者受到的歧视和不公正待遇的非政府组织，其使命是要让照料者的社会贡献和价值得到政府和社会认可，并使照料者能够得到切实的经济援助和精神支持。该协会利用调查研究—提出方案—政府游说这种模式开展的一系列活动，成功地推动了英国照料者社会福利制度的发展，使得照料者这一社会角色得到了国家和社会的正式认可，并逐渐获得更多的关注和支持。除了推动国家立法和政策制订过程之外，英国全国照料者协会也通过各种形式和渠道为照料者提供直接服务，每年举办照料者权益日活动，向广大照料者宣传国家法案赋予他们的权利，提高他们的权益保护意识。

（三）中国香港照料者社会支持政策与实践

为帮助老年人更好地生活在家庭和社区当中，香港社会福利署开展了一系列包括长者社区支援服务和院舍照料服务在内的安老服务，其中包括帮助家庭照料者缓解照料负担，并为他们提供暂时休息或者免除部分照料任务的机会。此外，社会福利署和卫生署也开展了针对家庭照料者的支持性服务，协助照料者更好地提供照料并减轻照料者的负担。

综合家居照顾服务为照料者提供了一般的家居照料辅助服务，包括为老人提供个人照料、简单护理、家居清洁、膳食以及洗衣服务等，为照料者免除了很多照料任务。长者日间护理中心则提供了临时日间照料或短暂住宿服务，让照料者在必要时能够得到短暂休息的机会。院舍照料服务包括护理安老院和护养院两种机构照料服务设施，通常为老年人提供长期入院照料服务。

（四）发达国家和地区照料者社会支持制度对我国的启示

发达国家和地区的经验表明，家庭照料者社会支持制度的价值观念基础是对家庭照料者的社会地位和角色价值的认可，同时需要在立法、服务、机构建设、整合社会资源以及动员民间力量等方面进行配套性建设。然而，我国社会经济的发展水平和老龄化程度与英美发达国家存在着较大差异，不可能完全照搬国外模式，需要立足我国当前经济社会发展水平，依托现有养老服务资源，以家庭照料者的突出需求为切入点，逐步开展家庭照料者社会支持服务。

近年来，我国社会化养老服务在政府的大力倡导和扶持下，取得了一定程度的发展，尤其是居家养老服务的快速发展为老年人的居家生活提供了极大的便利，也为我国开展家庭照料者社会支持服务奠定了资金、设施和观念上的基础。构建我国家庭照料者社会支持体系需要依托现有老年社会福利服务设施基础，首先明确家庭照料者社会支持体系在当前老龄事业中的定位，继而理论结合实际制定一套符合我国当前国情的家庭照料者社会支持体系。

二、老年妇女健康和医疗服务的政策建议

较差的健康与医疗保障水平会耗尽低收入老年妇女的有限资源。而长期以来我国医疗保障制度都是与个人能否获得正规的城镇单位就业机会直接挂钩，农村及非正规就业的人员是没有任何社会医疗保障的。但长期以来，城镇单位就业人员中男

性的比例要明显多于女性，而在农村和非正规就业的人员中则是女性比例显著高于男性，男女两性在就业状况上的这种差异，直接导致了女性的医疗保障状况总体上差于男性。

正如前面所述，老年妇女的健康问题是一个综合性的社会问题。要解决老年妇女在健康与医疗服务上面临的问题，我们应该从多方面综合着手进行解决。

（一）现实性政策建议

第一，增加对老年妇女慢性病、常见病预防知识的普及宣传工作，通过社区医院、电视、报纸等大众媒体进行广泛的宣传、倡导，减少慢性病的致残率。关心高龄、残疾、失能老年妇女的照料问题。

第二，进一步完善医疗保障制度、扩大覆盖范围，将老年妇女慢性病、常见病列入社会医疗保险的报销范围，切实提高其医疗保障水平。

第三，提高老年妇女体育锻炼的参与率，相对而言，老年妇女比老年男性更倾向于参与集体性的文体活动，增加和完善社区的公共健身场所和设施，鼓励和引导老年妇女组建锻炼小组等，增强其持续参与体育锻炼的可能，进而改善其身心健康状况。

第四，适当减轻老年妇女的家庭照料负担，为老年妇女更多地参与家庭以外的社会活动和事务创造良好条件。为老年妇女提供心理方面的支持和辅导，改善老年妇女的心理健康状况。

（二）战略性政策建议

从长远来看，要改善和提高老年妇女的健康和医疗保障水平，需要国家切实落实男女平等的基本国策，只有使男女两性在社会生活中更加平等，才能从根本上逐步改善男女两性在健康和医疗资源分配中的不平等状况。

第一，赋权女性。女性的教育水平和经济状况的提高对女性健康状况的改善有积极的促进作用。国外相关研究显示，教育水平、经济状况的改善有助于缓解人们（特别是女性）对慢性疾病和残障的影响，教育能够促进女性知晓并去使用预防性的医疗服务（Crimmins，E. & Saito，2001）。

第二，倡导性别平等的生活方式，改变传统的性别角色分工和定型。社会性别角色的定型对男女两性的健康都有不利的影响，如男性面临更多的健康风险，女性则更可能因为缺乏必要的医疗保障和服务，病残率风险更高。性别平等的生活方式将有助于缓解男女两性在健康和医疗保障方面的显著差异。

第三，国家资助开展老年妇女健康方面的专题科学研究，以便有针对性地了解和解决老年妇女在健康方面面临的特殊问题。

三、老年妇女照料者的社会支持政策

（一）家庭照料者社会支持政策建议

家庭照料者社会支持政策是国家为解决家庭照料者的相关问题，保障家庭照料者权益并增进其社会福利而制定的社会公共政策。家庭照料者社会支持的核心价值观是尊重和承认家庭照料者的社会价值，这是保障在现代社会居家养老模式能够得以传承和稳固的重要基础。对家庭照料者的社会支持政策不仅能够直接给予家庭照料者以现实的帮助，更重要的是，这种政策体现出的对照料者的关注和认同能够以角色支持的形式发挥激励家庭照料者的自我价值感，最终将通过提升家庭照料者的自我身份认同来实现照料角色经历的自我改善。

首先是立法层面，国家应该在法律层面对家庭照料者的贡献给予认可，并切实保障其个人的生存发展权利。

其次是完善对家庭照料者的基本生活保障政策。因照料老人而造成的直接经济开支和隐性成本会对家庭照料者带来基本生活保障方面的困难。从家庭照料者的贡献和价值来看，他们为国家和社会节省了大量长期照料经费，这赋予了家庭照料工作以极高的社会价值。如果因照料老人而减少的收入不能得到相应的补偿，即否认了家庭照料者的社会贡献和社会价值，不仅增加了家庭照料者面临的压力，也不利于保障家庭照料者的积极性和家庭照料关系的稳定。因此，为那些存在经济困难的老年人及其家庭照料者提供适当的基本生活保障尤为必要。

家庭照料者的发展性需求保障政策，应重视家庭照料者的个人发展性需求，尽可能地保障他们的工作、学习和休闲等权利不因照料老人而受到较大程度的影响。推行弹性工作制度，为家庭照料者平衡家庭和工作提供便利。

（二）家庭照料者社会服务建议

家庭照料者社会服务是根据相关社会政策体现出的价值观和方针、原则而为家庭照料者提供的一系列帮助项目和措施。借鉴国际社会在这方面的成熟经验，我国也应该在有条件的地区适时开展类似的社会支持服务：

第一，喘息照料服务。这一服务是为减轻家庭照料者长期照料老人的负担而提供的短暂照料服务，以使家庭照料者获得休息的机会，同时也是为家庭照料者因紧急情况不能照料老人所提供的替代性服务。

第二，心理服务。减轻照料者的抑郁、烦恼等不良心理压力，化解消极情绪，这是各国照料支持服务的一个重要内容，也是我们值得借鉴的宝贵经验。

第三，信息服务。在家庭照料的过程中掌握各种信息和知识对于解决照料中的困难和应对照料压力有着重要的作用。为家庭照料者及时提供各种照料技能和知识对于减轻照料负担有着重要的帮助。通畅地获取社会信息本身，也会有助于家庭照料者开阔视野，与社会建立更密切的联系与沟通渠道，帮助照料者寻找并获得适合的服务。

对家庭照料者的社会支持服务作为各国社会工作的一个重要内容，也应该成为我国社会工作发展的应有之义，得到政府和社会的重视和鼓励。

老年妇女社会参与政策研究

导　言

老年人的社会参与这一重要议题，日益受到联合国和各国政府的高度重视。自20世纪美国著名社会学家、芝加哥大学的欧内斯特·W·伯吉斯(Ernest W.Burgess)将象征互动理论中的社会参与概念引入老年研究领域（戴维·L·德克尔，1986），老年人生存的社会意义以及老龄生命的终极价值一直是政府和社会关注的焦点。

20世纪五六十年代，老年学界围绕着有关老年人如何适应社会、进行社会参与问题展开了一场针锋相对的论争，形成了两种截然相反的理论观点：疏离理论(Disengagement Theory)和活动理论(Activity Theory)。疏离理论指出，老年人随年龄增高而减少其活动程度，这既是正常的又是不可避免的。老年人正在经历一个自然、正常的和不可回避的社会隐退过程。分离过程是对社会需要的一个自然适应过程，老年人与社会疏离，不仅使老年人生活更加满意，而且对社会也有利。活动理论则主张：维持足够的活动程度和一定的活动范围是适应老年阶段发展的最有效的方法（裴晓梅，2004）。参与社会活动有助于老人维持积极的自我概念，保持较高的生活满意度。

但是鉴于活动理论与疏离理论在解释老年人社会参与方面存在的极大分歧及其局限，后来出现的年龄分层理论、连续性理论、社会交换理论等等，则从不同的角度阐述了有关老年社会参与的影响因素问题。其中，年龄分层理论极力说明年龄标准在老年人社会参与中的重要作用；连续性理论则强调个人人格的持续性对老人社会参与的影响；社会交换理论则主张将利益分析方法引入老年人社会参与的讨论之中。这些理论流派的争论，特别是越来越多的发展中国家开始步入老龄化国家的行列，老年人口在总人口中的比重迅速上升，直接推动了国际社会对老年人社会参与问题的关注。

1982年《维也纳老龄问题国际行动计划》指出：“……今天的老龄问题不仅是保护和照顾年长者和老年人的问题，而且也是年长者和老年人参与和参加的问题”。1999年世界卫生组织提出“积极老龄化”的倡议，将积极的老龄化界定为“尽可能增加健康、参与和保障机会的过程，以提高人们老年时的生活质量”。提出“积极老龄化”的核心理念就是强调老年人应积极面对晚年生活，作为家庭和社会的重要资源，通过参与社会来提高晚年物质生活和精神生活质量，以实现自我人生价值，为社会继续发挥余热。之后，健康、参与和保障成为实现积极老龄化的三个支柱。

特别是联合国《2002年马德里老龄问题国际行动计划》，把“独立、参与、照顾、自我实现、尊严”确立为21世纪老龄问题行动计划的基本原则，把“老年人与发展”列为三个优先方向首位之后，老年社会参与被正式纳入“积极老龄化”发展战略，成为应对21世纪人口老龄化的政策框架。

在国内，1996年公布的《中华人民共和国老年人权益保护法》明确规定“国家应当为老年人参与社会主义物质文明建设创造条件”。目前，“积极应对人口老龄化”已被正式列入《中华人民共和国国民经济和社会发展第十一个五年规划纲要》。可见，老年人社会参与问题已引起国际社会和我国政府的高度重视。促进老年健康，创造老年人参与的社会条件已经成为国际上普遍接受的观点，成为各国政府老龄政策的重要组成部分。

我国学术界也对老年人社会参与问题展开了一定的研究，但从社会性别的视角对老年妇女社会参与问题进行的专项实证研究还很少见。以往对老年人社会参与的研究，社会性别视角不强，对老年妇女在社会参与方面的弱势地位揭示的比较充分，这些研究往往把老年妇女视为弱势和被动的社会群体，对于老年妇女在社会、家庭中的积极、能动的一面揭示的比较少。作为“积极老龄化”精髓和核心的老年人社会参与，是否存在性别差异，老年妇女社会参与的状况如何，国外老年妇女社会参与有哪些值得借鉴的经验，如何从社会性别的视角去研究和推动老年人的社会参与，这些都是非常值得研究的问题。

本篇旨在人口老龄化和女性化过程中，运用社会性别视角，研究老年妇女的社会参与状况，探讨老年妇女社会参与问题的成因，在借鉴国外老年妇女社会参与政策的基础上，提出了改善老年妇女社会参与状况的政策建议，以促进老年妇女这一重要的人力资源继续发挥作用，实现自身价值，继续为社会的进步和国家的发展做贡献。

第一章　老年妇女社会参与的现状及趋势

一、老年妇女社会参与的现状

（一）老年妇女社会参与的政策环境

在我国，社会参与是法律所赋予老年人的基本权利，国家以法律、法规的形式为包括老年妇女在内的老年人的这项基本权益提供了法律保障。我国在建国初期就建立了职工退休制度，1958年中央颁布了《关于安排一部分老干部担任某种荣誉职务的决定》，对象主要为党政干部群体。1981年，中央提出了“老有所养、老有所医、老有所为、老有所学、老有所乐”的五个“老有”方针，其中的“老有所为”主要就是指社会参与。1982年，〔1982〕13号文件《中共中央关于建立老干部退休制度的决定》明确指出：“我们党的老干部是党的宝贵财富”。同年，中办发〔1982〕30号文件更为详尽地提出了七条“指导意见”规划了老年社会参与的途径和具体内容。这个时期离休干部充当着老年社会参与的主体，政府重点鼓励这部分老年人参与社会，为社会做贡献，并为其创造必要的条件和社会环境。1996年8月，随着《中华人民共和国老年人权益保障法》的颁布，老年人参与社会的权利和条件以国家基本法的形式确立，对老年社会参与走向广泛实践起到了实质性的推动作用。1999年10月全国老龄工作委员会(以下简称“全国老龄委”)成立，确立了“党政主导、社会参与、全民关怀”的老龄事业发展方针并将六个“老有”（老有所养、老有所医、老有所为、老有所学、老有所教、老有所乐）定为长期目标。2000年8月19日《中共中央国务院关于加强老龄工作的决定》的颁行，再次重申和强调了以包括“老有所为”的六个“老有”作为今后一个时期我国老龄事业发展的重要目标。全国老龄委还在2002年第二次老龄问题世界大会上代表中国郑重声明，坚决执行大会的《政治宣言》和《老龄问题国际行动计划》，以积极的态度促进“积极老龄化”的实施，为国际老龄化事业做出贡献（韩青松，2007）。

（二）老年妇女社会参与的主要形式

目前，对老年人社会参与的定义还没有非常一致的意见。主要的观点有：一是认为老年人社会参与就是继续参加生产劳动或者退休以后再工作，这种意见主张只有老年人参与可取得劳动报酬的社会活动才算社会参与；二是认为老年人社会参与应包括两方面的内容，即老年人重新就业和继续在业和老年人从事家务劳动；三是认为老年人社会参与应该包括一切有益于社会的各项活动，包括参与经济发展活动、家务劳动、社会文化劳动、参与人际交往活动等等，即老年人不论通过何种形式保持与社会的联系都属于社会参与活动。

邬沧萍等（1999）认为，老年人社会参与的内容可以概括为参与物质文明建设和参与精神文明建设，也可以分为参与政治、经济、社会和文化等几个方面。还可以将老年人社会参与的领域进一步具体化，如参加科学研究和技术推广活动，参与街道社区活动等。另外，通过从事家务劳动帮助第二代、第三代，也是对社会的一种贡献。

杨宗传（2000）则将老年人社会参与的内容概括为五个方面三个层次。五个方面依次为：社会经济发展活动、家务劳动、社会文化活动、社会人际交往、旅游活动和在家庭范围内的文化娱乐活动。同时，根据老年的健康状况和个人能力这五个方面的社会参与分为三个层次：第一方面的社会参与属于第一层次，只有那些身体健康或较健康和虽然身体一般但有一定专长的老年人能参加，约有 50% 左右的老年人能够参与这项活动；第二至第四方面的社会参与属于第二层次，多数老年人（身体健康、较健康、一般和较差者）都能参加，也应该参加；第五方面的社会参与属于第三层次，一般老年人都能参加，但仅参加这一项（不参与前四项）社会活动者只是极少数身体很差的老年人。并且认为老年人中凡有可能参加以上社会活动者，应尽可能地参与，社会要为老年人的各项社会参与提供条件和帮助。要争取尽可能多的老年人能参加第一层次的社会活动，大多数老年人都应参与第二层次的社会活动，除此之外，还应有一定的第三层次的社会参与。

另外一些学者认为，老年人参与社会的范围很广泛，不仅包括就业与再就业，还包括参与社区服务、老年社团，接受老年教育等。社会参与所强调的是“老年人能够按照自己的需要、愿望和能力参与社会”，在此理念指导下，老年人所参与的可以是正规的也可以是非正规的工作岗位，从事的可以是有报酬的也可以是无报酬的工作，还可以是参与民间社团、老年协会、私营机构、老年大学、学术团体、文化团体、志愿者甚至宗教团体的活动等。并认为在老年人参与社会的过程中，经济基础是核心，健康的老年资源是基本前提，多元化的参与空间是实施参与的现实途径（刘颂，2006；韩青松，2007）。

还有学者认为，老年人参与社会是指老年人参与一切对自身和社会有益的活动，老年人参与社会的外延应包括老年人的政治参与、经济参与、文化参与、社区参与、家务劳动的参与及公益活动的参与等（孙晋富，2006）。老年人社会参与不仅仅是指老年人参与社会经济发展活动、参与家务劳动，还包括老年人参与各种社会文化活动以及各种社会文化精神生活（杨淑芹，2003；林子利，2002）。

另外，有一些与社会参与比较近似的概念，如国外社会老年学提出的继续社会化和再社会化。此外，如老有所为、老年人再就业、老年人力资源开发、老年人才开发等，也被作为老年人社会参与的同义词使用。《中华人民共和国老年人权益保障法》从参与社会发展的角度来定义老年人社会参与，并将老年人参与社会发展的活动概括为八个方面，即：一是对青年和儿童进行社会主义、爱国主义、集体主义教育和艰苦奋斗等优良传统教育；二是传播文化和科技知识；三是提供咨询服务；四是依法参与科技开发和应用；五是依法从事生产经营活动；六是兴办社会公益事业；七是参与维护社会治安、调解民间纠纷；八是参与社会其他活动。

从参与领域来看，老年妇女的社会参与应包括经济参与、政治参与、文化参与、教育参与等；从参与范围来看，老年妇女的社会参与主要体现在其参与社会活动、社区活动以及家庭内部活动等方面。以往中国老年妇女社会参与的研究主要将老年妇女的社会参与划分为经济活动参与、社会活动参与、家庭活动参与、文化活动参与、维权活动参与、政治活动参与等方面。可见，以往的研究框架主要基于参与领域的划分，同时也结合参与范围的划分。

《2002年马德里老龄问题国际行动计划》指出："老年人对社会和经济的贡献超出他们的经济活动。他们往往在家庭和社区内发挥关键作用。许多有价值的贡献无法以经济尺度来衡量，如照顾家人、进行维持生计的生产性劳动、从事家务劳动以及在社区内从事志愿工作。"老年人社会身份的转变和生活习惯的特点决定了社区参与和家庭参与是老年人尤其是老年妇女社会参与的主要场域，因此，本篇认为基于参与范围来构建老年妇女的社会参与框架，从社会经济活动参与、社区参与和家庭参与三个方面对老年妇女社会参与进行研究，将更清晰，也更有针对性。

（三）老年妇女社会参与的总体态势

老年妇女社会参与呈现不均衡的态势。作为最重要的参与形式，老年妇女的劳动参与非常活跃，尤其是无酬劳动（包括家务劳动、无偿照顾家人和向家庭外成员提供无偿帮助、参加志愿者活动）的参与比男性更多，但从事有酬劳动比男性明显要少，因此，从社会经济活动考察，老年妇女的参与率比男性要低，但总的劳动时间又高于男性。从中国国家统计局2008年5月在北京等10个省区市开展的我国第一次居民时间利用调查结果整体来看，在45岁到74岁各个年龄组内，女性平均的总劳动时间均多于男性，特别是无酬劳动时间明显多于男性，并且这种差异并没有随着年龄组的提高而改变，这说明我国的准老年和老年妇女比男性的总劳动时间更长，但从事非生产性活动的时间比男性少（见表4-1-1），这限制了老年妇女社会参与的多元性，致使老年妇女的社会参与呈现出家庭内部无酬劳动过多，但其他社会参与较少的不均衡情况。

表 4–1–1 2008 年中国居民时间利用分性别数据 分钟

	合计		45–54 岁		55–64 岁		65–74 岁	
	男性	女性	男性	女性	男性	女性	男性	女性
劳动时间	376	445	528	548	458	474	302	353
其中：有酬劳动	259	181	454	309	344	175	155	79
其中：无酬劳动	117	264	74	239	114	299	147	274
非生产性活动 1	317	258	218	209	266	251	377	318
非生产性活动 2	747	737	694	683	716	715	761	769
总计	1 440	1 440	1 440	1 440	1 440	1 440	1 440	1 440

资料来源：国家统计局社会和科技统计司，2008 年时间利用调查资料汇编，根据表 2–13 整理。

注：非生产性活动 1 为自由时间和学习培训的时间；非生产性活动 2 为睡觉休息、用餐以及个人卫生等的时间

2006 年中国城乡老年人口状况追踪调查数据显示，在城市老年人从事有收入工作方面，存在着显著的性别差异：老年男性高于老年妇女，尤其是 60–74 岁的低龄老人，性别差异非常大。分年龄来看，随着年龄的增长男女两性从事有收入的工作都在逐渐减少，然而到了 80 岁以上，高龄女性几乎完全退出有收入的工作，而高龄男性继续从事有收入工作的比例仍占到 2.37%。

2006 年中国城乡老年人口状况追踪调查数据也显示，城市老年妇女愿意从事有收入工作的比例为 15.50%，虽然低于男性的 21.03%（见表 4–1–2），却显著高于城市妇女的 2.72% 的实际从事有收入的就业比例。

表 4–1–2 按年龄、性别分的城市老年人愿意从事有收入工作的比例 %

	合计	60–64 岁	65–69 岁	70–74 岁	75–79 岁	80–85 岁	85 岁及以上
男性	21.03	38.53	27.01	17.21	10.03	6.84	4.52
女性	15.50	27.77	19.73	12.15	8.11	3.49	5.08

资料来源：2006 年中国城乡老年人口状况追踪调查数据。

二、老年妇女社会参与的趋势

（一）社会经济活动参与水平提高

从国家层面来看，随着社会保障机制更加完善，如果退休政策更为弹性化，性别观念和意识更为平等，这将为老年妇女多元化的社会参与提供了更为有利的外部条件；从未来老年妇女的特征看，现在 40–59 岁的中年妇女将在未来 20 年陆续迈入老年，与现阶段的老年妇女群体相比，未来 20 年的老年妇女群体的受教育程度将普

遍提高，参与意识也更高，而且由于营养卫生状况的改善，她们的身体健康状况也相对较好，贫困化程度降低，这些改变都有助于提高其晚年的社会参与意愿。可以预见，在未来的20年，老年妇女在退休后经济负担较轻的情况下，生活方式的选择将更为多元，更为开放，主要基于自身兴趣而非出于生计需要参与有收入的劳动。

（二）社区参与更加活跃

随着社区参与和社区资本的理念深入人心，社区设施的日益完善，社区实践的逐步成熟，老年妇女的社区参与将会越来越多，志愿活动的大力开展也使老年妇女参与志愿活动成为社区参与的重要内容。与此同时，人口老龄化程度的加剧，老年人成为社区发展和建设最核心的成员，尤其是低龄老年妇女，她们的家务负担较轻，身体健康状况较好，受教育程度较高，对社区活动有很高的参与积极性，她们热心参与社区的公益活动、志愿活动、邻里互助等，希望通过这些有益的社区活动丰富自己的晚年生活，增进社区、邻里的和谐关系。此外低龄老年妇女在社区参与中也将逐渐摆脱被动参与的角色，在社区参与中不断接受培训和继续教育，提升自己的参与水平。社区低龄老人将成为社区建设一支重要的参与队伍。

（三）家庭参与的主力

随着社会保障制度的逐步完善，将来老年妇女在家庭参与和社会参与、社区参与之间的选择可能更为自由，但在独生子女政策实施带来的家庭结构变化、公共养老服务和托幼服务的缺乏、高龄老人的增加等诸多因素影响下，老年妇女仍将是家庭照料劳动的主要承担者。即便在社会公共服务体系逐步完善的情况下，照料家人，为他们提供整洁舒适的居住环境、营养丰富可口的食物以及家庭保健方面的帮助，也仍将是老年妇女对家庭贡献的一个重要内容。

第二章　老年妇女社会参与存在的问题及成因

一、老年妇女社会参与存在的问题

（一）社会经济活动参与率较低，且城乡差异大

大量的调查数据显示，无论城乡，老年妇女经济参与率均低于老年男性：根据2000年人口普查资料数据计算，老年妇女的经济活动参与率为23.7%，老年男性为42.7%，女性为男性的一半（徐勤、王莉莉，2005）。2005年全国1%人口抽样调查

数据显示，农村老年男女性的经济参与率分别为 50.9% 和 26.4%，城市老年男女分别为 6.7% 和 2.2%，2006 年中国城乡老年人口状况追踪调查数据显示，老年男性做生意的比例显著高于老年妇女。从分年龄来看，随着年龄的增长，男女老年人做生意的比例都在降低，值得注意的是，85 岁以上的女性高龄老人已停止做生意，而同年龄组的男性高龄老人继续做生意的比例仍占到了 1.33%（见图 4–2–1）。

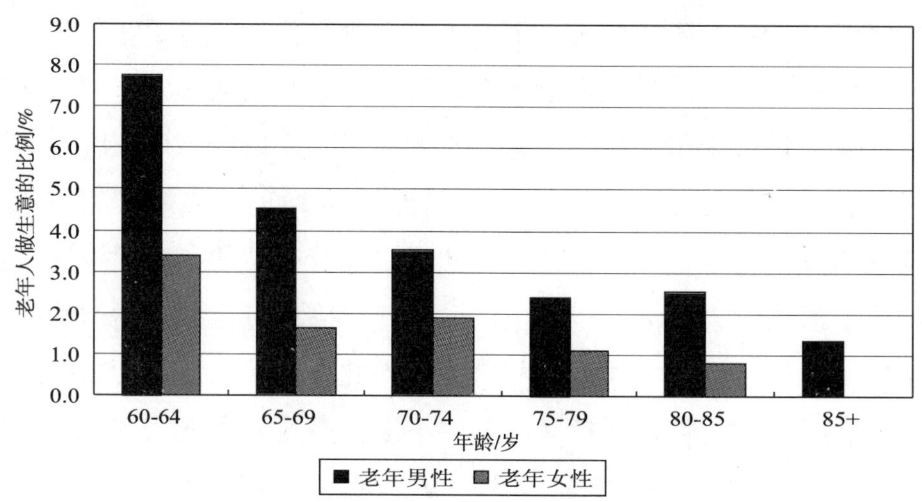

图 4–2–1　按年龄、性别分的老年人做生意状况

资料来源：2006 年中国城乡老年人口状况追踪调查数据。

2006 年中国城乡老年人口状况追踪调查数据也显示，城市老年男性在业比例高于女性，尤其是 60–64 岁组的男女老年人在业比例差距最大（见图 4–2–2）。在农村，老年妇女继续从事农业生产的比例为 26.11%，男性则为 44.66%。分年龄来看，随着年龄的增长，男女老年人从事农业生产的比例都在逐步降低，同时，各个年龄段的老年妇女从事农业生产的比例都显著低于老年男性（见图 4–2–3）。

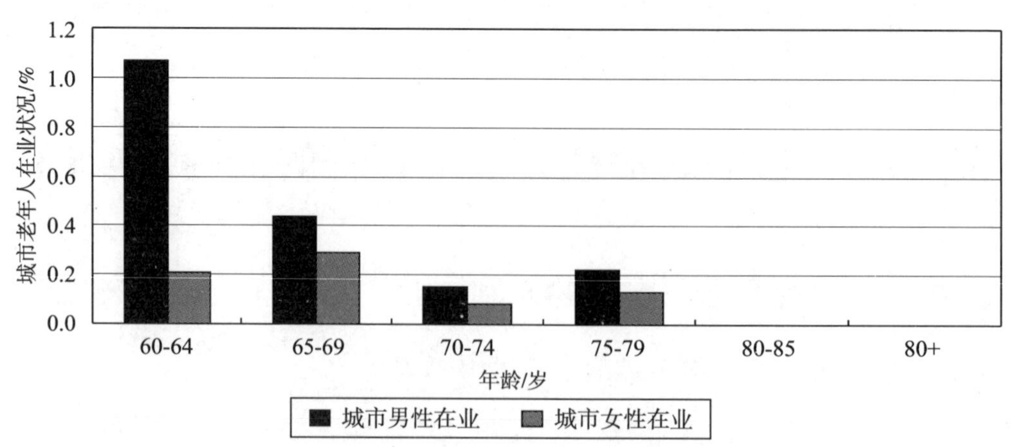

图 4–2–2　按年龄、性别分的城市老年人在业状况

资料来源：2006 年中国城乡老年人口状况追踪调查数据。

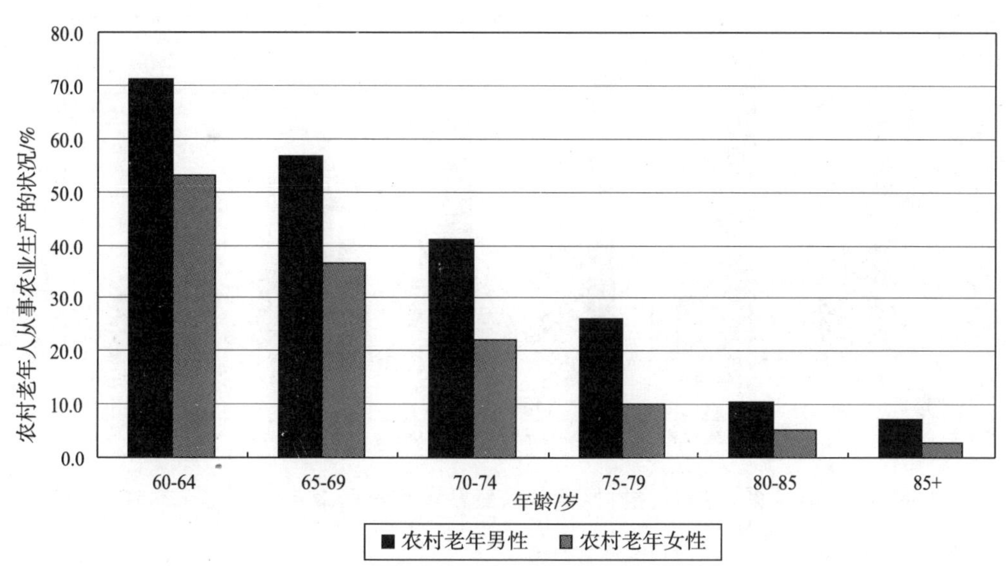

图 4-2-3 按年龄、性别分的农村老年人仍从事农业生产状况

资料来源：2006 年中国城乡老年人口状况追踪调查数据。

（二）社区参与积极性高，但参与机会相对较少

社区参与是老年人社会参与的主要形式，不仅包括各种老年人帮助他人、参与社团以及公益、志愿活动等，还包括各种政治、文化、体育、教育活动。中国老龄科研中心的相关调查数据显示，老年妇女愿意互助的比例高于老年男性。低年龄组老年妇女的社会公益活动参与率均高于男性，而进入高年龄组则开始低于男性（段正江，2009）。国内许多地区性的调查也显示，在城市地区各种老年活动的参与者，包括老年大学、志愿者服务等，均是以年轻的老年妇女为主体（段正江，2009）。国外的研究也同样证实了老年妇女在社区以及老年组织等的活动中更为积极活跃（霍曼，2007）。

2006 年中国城乡老年人口状况追踪调查数据显示，无论城乡，低年龄组（60-64 岁）老年妇女经常参加所在社区老年活动室活动的比例都要高于同年龄组老年男性，然而，65 岁以上各个年龄组老年妇女的这一比例都要显著低于同年龄组老年男性；城乡老年男性经常参加所在社区老年活动室活动的比例随着年龄的增长呈现出先缓慢上升而后逐渐下降的趋势，而城乡女性的这一比例基本上随着年龄的增长呈逐渐下降趋势；农村男女老年人的这一比例都显著地低于城市（见图 4-2-4）。

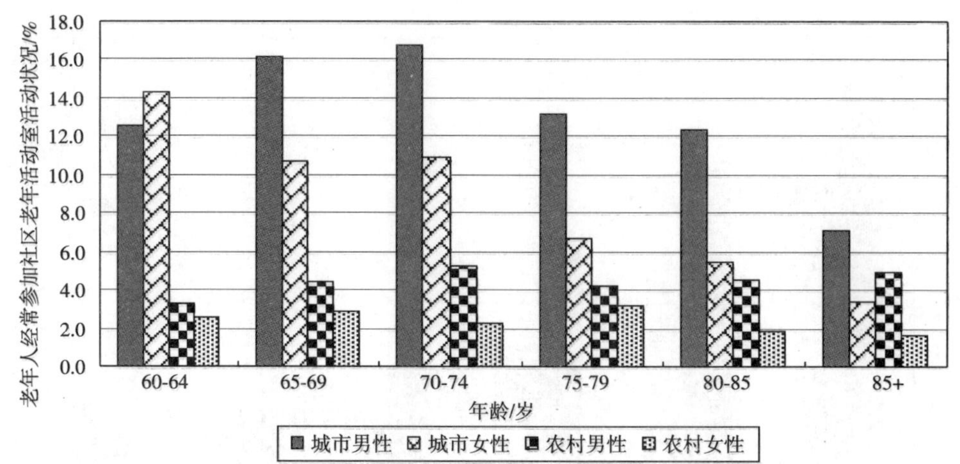

图 4-2-4 分年龄、城乡和性别老年人经常参加社区老年活动室活动状况

资料来源：2006 年中国城乡老年人口状况追踪调查数据。

低年龄组老年妇女的社会参与率均高于男性，而进入高年龄组则开始低于男性的这一趋势，也可以从老年人参加所在社区老年大学的状况、老年人参加所在社区老干部活动中心活动的状况图中看出（见图 4-2-5、图 4-2-6）。

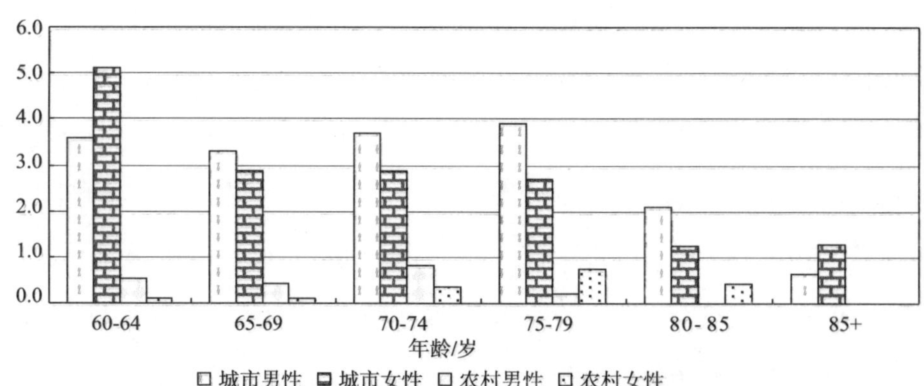

图 4-2-5 分年龄、城乡和性别老年人经常参加社区老年大学的状况

资料来源：2006 年中国城乡老年人口状况追踪调查数据。

从图 4-2-5 可以看出，低年龄组（60-64 岁）城市老年妇女经常参加所在社区老年大学的比例高于同年龄组老年男性，然而，65 岁以上各个年龄组老年妇女的这一比例都要显著低于同年龄组老年男性，并且随着年龄的增长呈逐渐下降趋势；而老年男性在 60-79 岁之间这一比例基本没有太大变化；分城乡来看，农村老年人的这一比例要显著低于城市老年人。

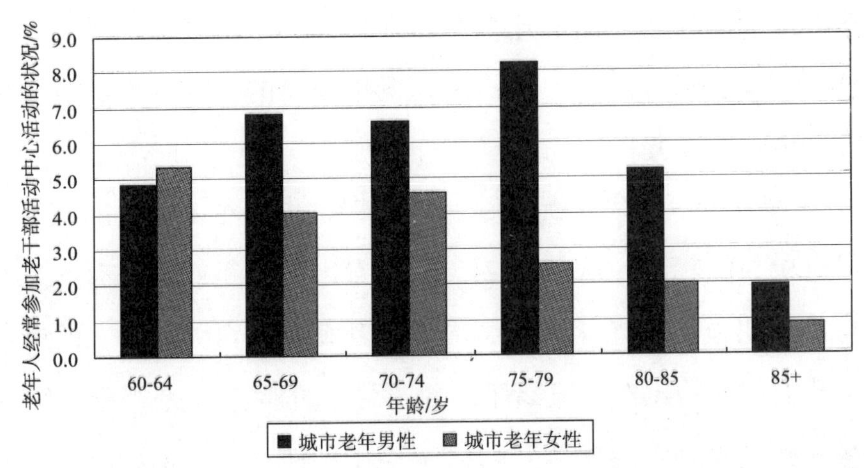

图 4–2–6　分年龄、城乡和性别城市老年人经常参加老干部活动中心活动的状况

资料来源：2006 年中国城乡老年人口状况追踪调查数据。

从图 4–2–6 可以看出，低年龄组（60–64 岁）城市老年妇女经常参加所在社区老干部活动中心活动的比例高于同年龄组老年男性，然而，65 岁以上各个年龄组老年妇女的这一比例都要显著低于同年龄组老年男性，并且随着年龄的增长呈逐渐下降趋势，尤其是 75–79 岁组的这一比例男女老年人的差距最大，男性老年人的这一比例高出女性 5.7 个百分点。而老年男性在 79 岁之前的这一比例基本呈上升趋势，而后逐渐下降。

（三）社区活动的参与范围相对单一

老年妇女在社区活动的参与上选择相对单一。2008 年全国妇联妇女研究所在北京、山西、陕西、甘肃、四川五省市的调查发现，老年妇女目前的社会活动以自发组织的活动为主，尤其以健身保健和娱乐活动为主。对上海老年妇女的社会参与情况分析发现，老年妇女在社会参与上主要限于使用户外健身器材和到老年活动室打麻将等，侧重于个人身体锻炼和娱乐活动。其中原因可能是户外健身器材和老年活动室有固定的地点，其他活动则没有固定的时间和地点。即使对于这类活动，其主要参与者也主要是城市、文化程度较高、经济情况较好的老年妇女。农村、文化程度不高、经济情况较差的老年妇女参与的比重仍然较低，使得老年妇女总体社会活动参与比重不高。

研究指出，老年妇女较少参与社会活动的原因很大程度上是由于她们根本不知道这些活动项目。随着年龄的增长，老年妇女的交往圈由业缘、地缘逐步退缩为姻缘与血缘，社会空间由开放型向封闭型退化。因此，需要加强老年妇女社会参与的宣传力度，让更多的老年妇女知道社会参与项目及其重要性，引导更多的老年妇女走出家门，参与到社会经济发展中来；调动老年妇女的积极性，减少身体衰退带来的负面作用（韦璞，2007）。

2006 年中国城乡老年人口状况追踪调查数据，也显示了老年妇女在社区活动的参与上选择相对单一的趋势。从图 4–2–7 可以看出，老年妇女在打太极拳、做保健操方面的参与比例明显高于老年男性，城市低年龄段（60–64 岁）的老年妇女在打太极拳、做保健操方面的比例明显高于老年男性，而后这一差距开始缩小，75 岁以后在打太极拳方面老年妇女的比例开始低于老年男性，并且差距随年龄增长逐渐扩大。在打太极拳、做保健操两个方面，老年妇女参加的比例随年龄增长呈递减趋势，而老年男性在这两个方面的参与比例相对比较平稳。

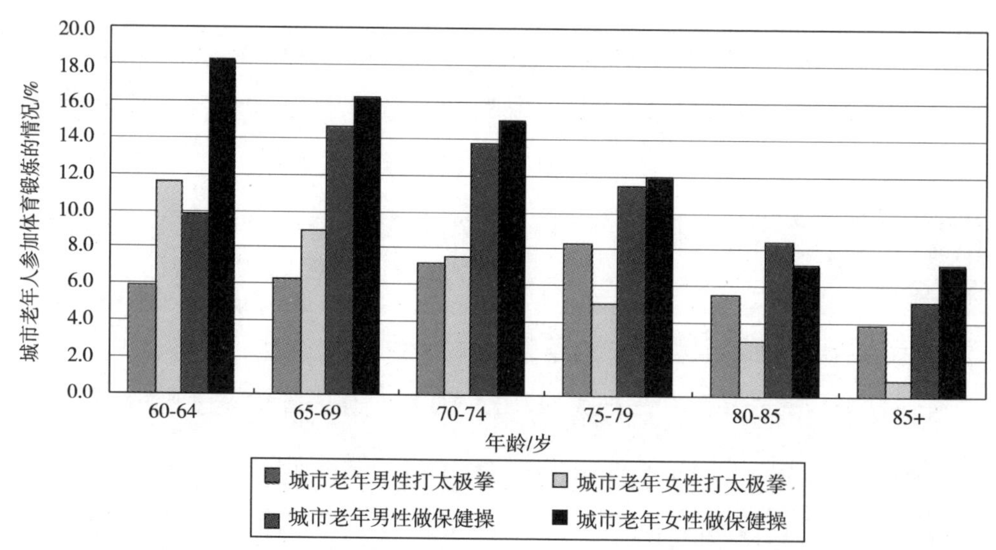

图 4–2–7　按年龄、性别分的城市老年人体育锻炼的情况

资料来源：2006 年中国城乡老年人口状况追踪调查数据。

从图 4–2–8、图 4–2–9 可以看出，在读书看报方面，无论城乡，老年男性参与的比例都明显高于老年妇女，尤其是城市老年人的男女差距更大且随年龄的增长而逐渐扩大，70 岁以后男女老年人的这一比例差距在 30% 以上，其中 75–79 岁组的这一比例差距高达 35.1%。在唱歌、跳舞方面，无论城乡，老年妇女的参与比例都高于老年男性。

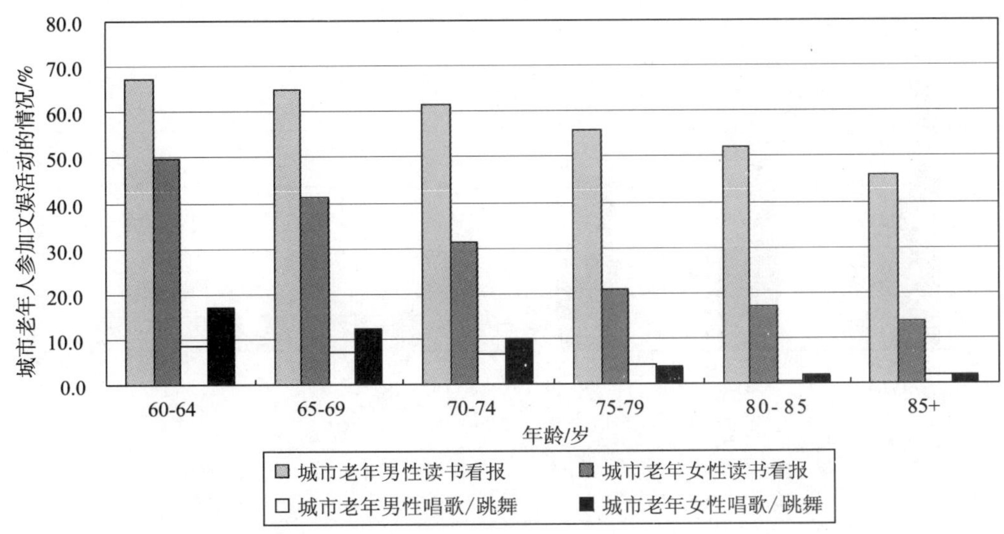

图 4-2-8　按年龄、性别分的城市老年人参加文娱活动的情况

资料来源：2006 年中国城乡老年人口状况追踪调查数据。

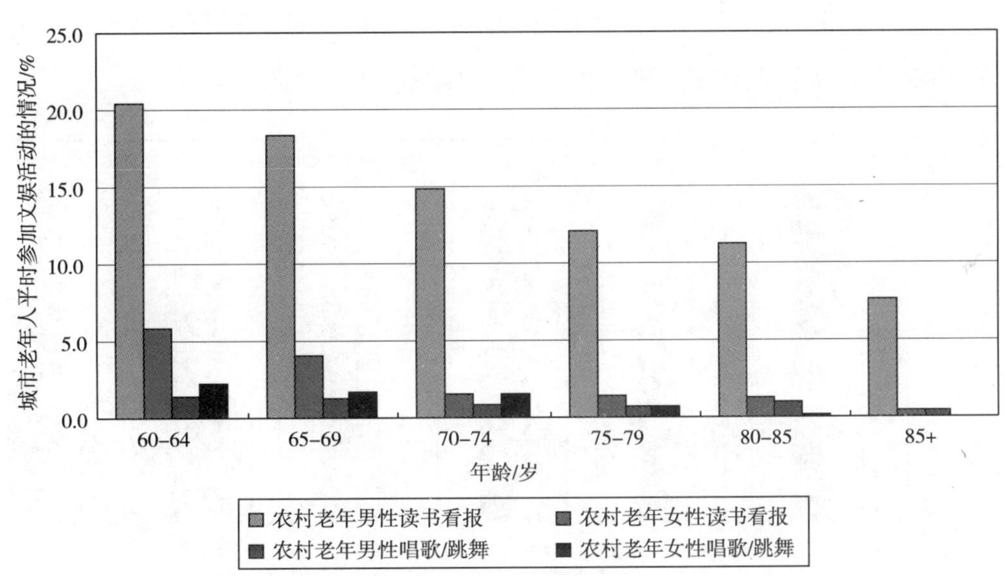

图 4-2-9　按年龄、性别分的农村老年人参加文娱活动的情况

资料来源：2006 年中国城乡老年人口状况追踪调查数据。

从图 4-2-10 可以看出，在用手机、学电脑或上网方面，各个年龄段的城市老年男性参加的比例都显著高于城市老年妇女，尤其是中低年龄段这一差距更为显著。

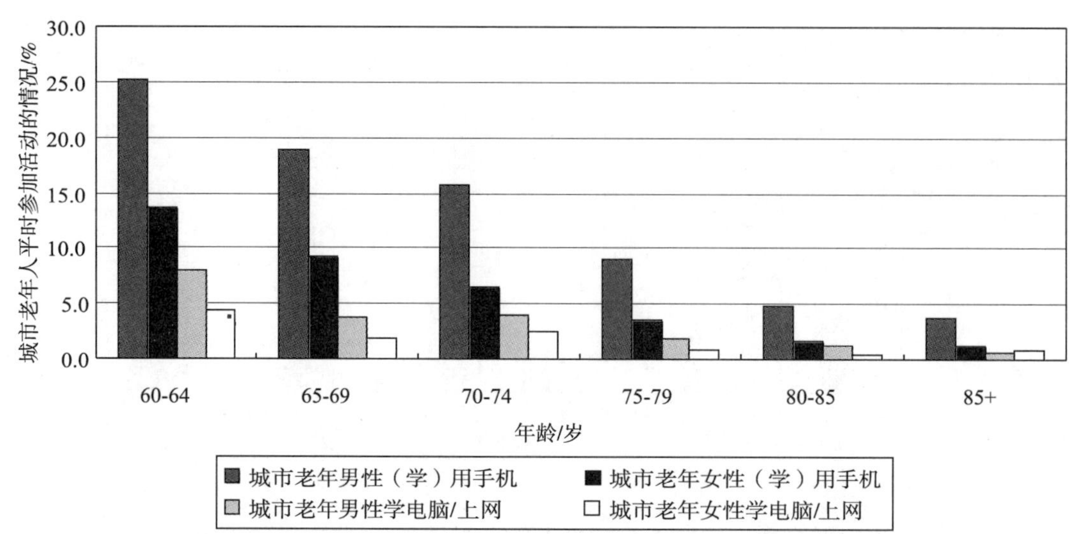

图 4–2–10　按年龄、性别分的城市老年人平时参加活动的情况

资料来源：2006 年中国城乡老年人口状况追踪调查数据。

从图 4–2–11 可以看出，在看电影或听戏、散步方面，农村老年男性的参与比例在各个年龄段都高于农村老年妇女，而且年龄越大差距越大。

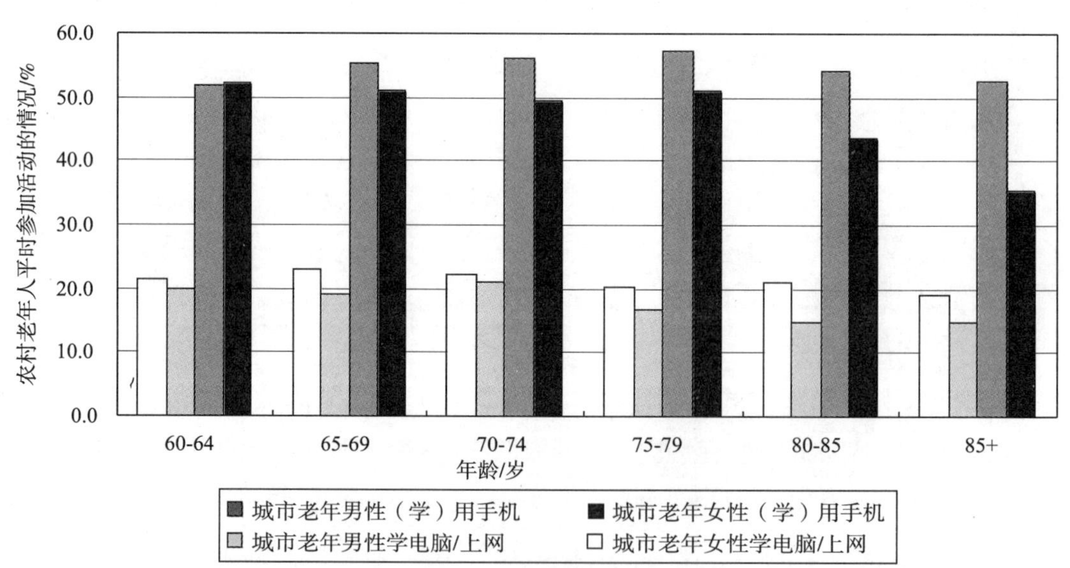

图 4–2–11　按年龄、性别分的农村老年人平时参加活动的情况

资料来源：2006 年中国城乡老年人口状况追踪调查数据。

在社区事务的管理和社区建设等方面，包括老年妇女在内的所有老年人的参与都非常有限（姜振华，2010）。从 2006 年中国城乡老年人口状况追踪调查数据可以发现，在这有限的参与中，性别差异也非常明显。

在农村，老年妇女参与社会事务的比例普遍低于老年男性。比如，从农村老年人关心村务公开情况、农村老年人参加村委会选举情况、农村老年人了解集体经济收入情况都可以看到这一趋势。

从图 4–2–12 可以看出，农村老年男性对村务公开的关心程度明显高于农村老年妇女，且随着年龄的增长，男女老年人对村务公开的关心程度呈逐渐下降趋势。

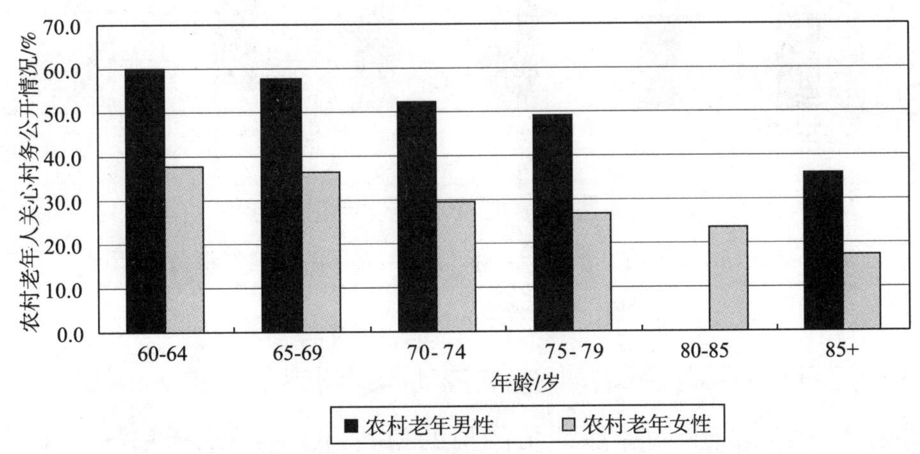

图 4–2–12　按年龄、性别分的农村老年人关心村务公开情况

资料来源：2006 年中国城乡老年人口状况追踪调查数据。

从图 4–2–13 可以看出，农村老年男性参加村委会选举的比例高于农村老年妇女，且随着年龄的增长，男女老年人的这一比例差距有扩大趋势，各个年龄组的这一比例差距分别是 5.1%、5.3%、5.5%、7.4%、7.4%和 6.8%。

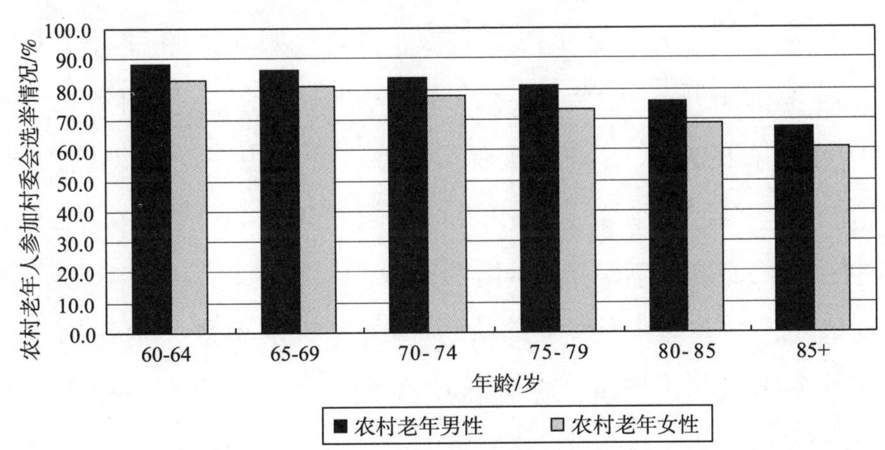

图 4–2–13　按年龄、性别分的农村老年人参加村委会选举情况

资料来源：2006 年中国城乡老年人口状况追踪调查数据。

从图 4–2–14 可以看出，农村老年男性对集体经济收入的了解程度明显高于农村老年妇女，尤其是中低年龄组（60–64、65–69、70–74）男女老年人的这一比例差距都在 12%以上，60–64 岁组的差距最大，高达 15.39%。

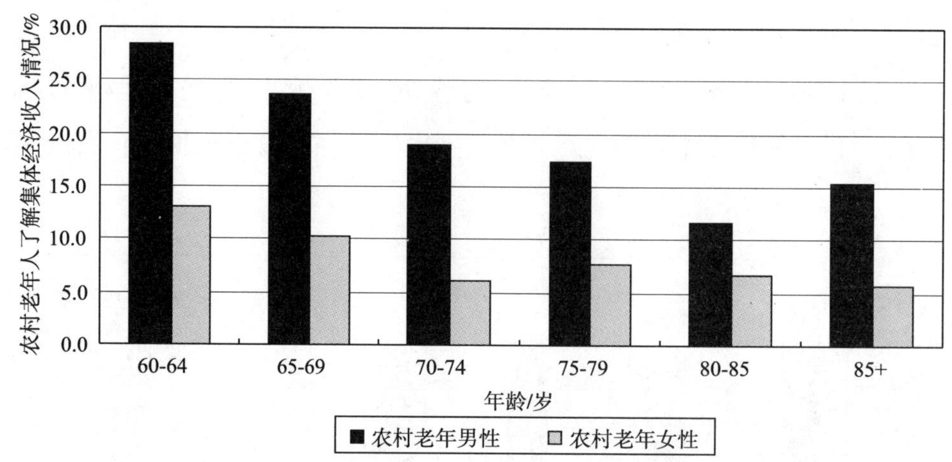

图 4-2-14　按年龄、性别分的农村老年人了解集体经济收入情况

资料来源：2006 年中国城乡老年人口状况追踪调查数据。

（四）家庭事务的参与率高，但家务劳动和照料得不到承认和补偿

家庭事务参与指老年人对家庭成员的帮助和照料，包括承担家务劳动和对父母、配偶、子女等家庭成员的帮助和照料等。在“男主外，女主内”的传统社会性别分工下，女性在家庭事务的参与程度要远远高于男性，而她们在这方面的贡献却没有得到社会的认可。

基于国家统计局 2008 年在 10 个省区市开展的时间利用调查数据，本课题组估算了 60–74 岁的老年妇女每天平均从事无酬的家庭照料劳动的时间约为 276 分钟，是同龄男性 2 倍左右（见表 4–2–1）。如果一名老年妇女按照目前的平均家庭照料时间度过 60–74 岁的 15 年，她将花费 25 155 小时用于家务照料劳动，按一年 365 天、每小时 7 元左右的最低劳动工资保守估算，[①]这些劳动所创造的经济价值约为 176 083 元（见表 4–2–2）。再按 2008 年我国 60–74 岁老年妇女总体规模约为 7 228 万人左右推算，这些老年妇女承担的家务和照料劳动所产生市场价值总量每年将达到 8 550 亿元左右。如果加上同年龄男性老年人的贡献，则每年 60–74 岁的老年人其家务和照料劳动的市场价值总量将达到 12 862 亿元左右，相当于当年我国第三产业国内生产总值（120 486.6 亿元）的 10.7%。老年妇女在家庭照料活动中所做出的贡献不仅具有巨大的经济价值，而且具有明显的社会价值，应该引起政府和社会的重视，但在我国目前的法律、法规、规章制度中还没有对老年妇女家庭照料的价值进行承认。

① 2008 年我国各地的工资水平差异较大，小时最低工资从 4.6 元到 9 元左右不等，7 元是目前我国各地非正规就业最低工资标准的中间值，但实际上我们认为家庭事务劳动和照料工作的价值应该高于非正规就业的最低工资。

表 4-2-1　我国分性别平均每天家庭事务照料时间 分钟

年龄	男	女	女－男	女 / 男（倍）
60–64 岁	130	294	164	2.3
65–69 岁	143	280	137	2.0
70–74 岁	141	253	112	1.8

资料来源：国家统计局社会和科技统计司 .2008 年时间利用调查资料汇编 [M]. 北京：中国统计出版社，2009.

表 4-2-2　我国 60–74 岁妇女平均每位老年人家庭照料时间总和及价值估计

年龄组	家庭照料时间总量估计 / 小时		劳动价值总量估计 / 元	
	男	女	男	女
60–64 岁	3 954	8 943	27 679	62 598
65–69 岁	4 350	8 517	30 447	59 617
70–74 岁	4 289	7 695	30 021	53 868
总和	12 593	25 155	88 147	176 083

资料来源：根据本书表 4–1–3 和全国平均最低小时工资估算。

二、老年妇女社会参与问题的原因分析

（一）传统性别观念的影响

城市老年妇女经济参与比例较低，其主要原因是受“男主外、女主内”传统观念的影响，老年妇女将时间和精力放在操持家务和照顾家人上，因此她们无论是在生产劳动上还是在务工就业上，都明显低于老年男性，传统观念的影响以及在整个生命周期过程中累积起来的就业劣势是造成城市老年人就业比例和就业意愿的性别差异的重要原因。

由于传统社会性别角色“男主外，女主内”的传统家庭角色分工定型的影响，使得两性在家务劳动的分担上存在显著的男少女多的格局，女性花在家务劳动等无酬劳动上的时间要显著多于男性。尽管女性在社会劳动上的时间总体少于男性，但女性在劳动时间（社会劳动 + 家务劳动）的总量上大大超过男性。另外，在城市地区，与老年男性相比，老年妇女经济参与的层次也较低，大多数是收入较少、技术含量不高的工作，这可归因于老年妇女受教育程度较低以及工作场所性别歧视等原因。农村老年妇女的劳动参与率比城市老年妇女要高，这与近年来农村青壮年劳动力大量流动到城市务工有密切关系，老年妇女不但要继续承担繁重的农业生产活动，同时还要承担对孙子女等留守儿童的照料任务，其承受的压力也更大。

（二）退休政策与社会保障制度不完善

调查数据显示，城市老年妇女的就业意愿高于实际的就业情况，反映出老年妇女一方面有就业的需要，另一方面却无法就业。这表明，由于退休政策的不平等以及社会保障制度的缺失，50多岁便被迫退出劳动岗位的女性，特别是具有丰富经验和较高素质的高层女性，提前退休的或者退休前从事临时工的老年妇女在退休后经济压力较大，这部分老年妇女可能有较强的从事有收入工作的意愿，但由于劳动市场的年龄歧视，她们再就业的机会非常有限，最终陷入两难困境。

现行的男女不同龄的退休政策规定，企业职工的退休年龄为：男性55岁，女性50岁；国家公务人员（包括企事业单位的干部）为：男性60岁，女性55岁。这一规定出自1993年8月颁布的《国家公务员暂行条例》第七十八条，它沿袭了20世纪50年代以来我国关于城市男女职工退休年龄差异的政策传统。最早可追溯到1951年发布的《中华人民共和国劳动保险条例》第十五条的规定，在1957年11月颁布的《国务院关于工人、职员退休处理的暂行规定》中，进一步明确了企事业单位和国家机关的工人、职员的退休年龄及男女差异。这种男高女低的退休年龄政策（差5~10年）一直沿用至今。

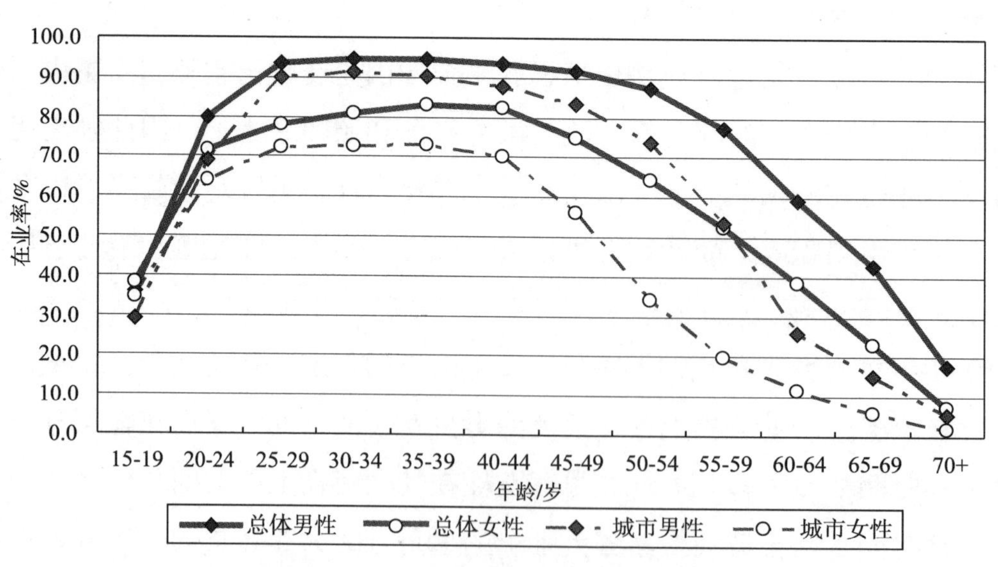

图4-2-15 中国分性别分年龄在业率

资料来源：根据2005年全国1%人口抽样调查资料表3-1a、表5-2绘制。

城市地区人口的在业状况受退休政策的影响相对较大，从图4-2-15中可以看到，在城市地区，男女两性的在业率差距在50-54这个年龄段达到峰值（相差39.3个百分点），而在60岁以后，男女两性在业率的差距显著缩小，男女两性在中老年时期在业率的这一显著变化显然与我国推行的男女不同龄退休政策有密切关系。20世纪90年代初启动的国有企业改革，还导致了大量不到退休年龄职工的下岗、提前内退等。据劳动社会保障部统计，1998–2003年，国有企业下岗职工累计为2 818万人，其中女性1 336万人，占全部下岗失业人员的47.4%，相比男性，这部分下岗女性更难获得再就业机会（国务院新闻办，2004），这也是导致老年妇女尤其是城市老年妇女就业率低的原因之一。

（三）社区职能发挥不充分

低龄老年妇女在社区中参与积极性高，身体健康状况较好，在帮助他人和志愿服务方面参与率高，但在文化教育活动参与方面，除了在运动场地的使用上参与率较高之外，在其他社区文化教育活动参与上比例都较低，这与社区设施的完备和便利程度有很大关系。社区的活动设施和场所的便利性和可及性，是老年人能否参与社区相关活动的一个客观物质基础。全国妇联妇女研究所2008年的调查显示，受访老年人家的附近，运动场地、公园、老年活动室这三类场所、设施是最常见的，分别达到71.0%、64.3%和62.5%（谭琳主编，2009）。这说明，老年妇女在文化教育活动方面的选择本身就少，这必然限制了老年妇女社区参与活动的多样性。2010年4月，课题组在北京望京小区所做的访谈中，被访者反映社区对老年妇女支持较少。一位被访者这样说："我们也有志愿者活动，自己凑钱买录音机，用点电社区都有意见。我们参加演出时都得自己出钱做衣服。舞蹈16套衣服2 000多元，自己到木樨园扛布、洗、晾、做。上边有活动时临时抽我们参加比赛，一点支持都不给，整体上重视不够。"

社区职能的错位是影响老年妇女社区参与的深层次的原因。社区的核心管理模式应该以自治为主，社区组织是社区居民自我管理、自我教育、自我服务的群众性自治组织，这意味着它可以超越公办公营的限制，向非政府组织延伸，从而为老年社会参与提供更为广阔的社会空间（韩青松，2007）。但我国目前的社区主要还是行政型社区，社区内大量事务仍然是由街道办事处和居委会以行政的方式来得以完成，社区建设主要靠党政组织宣传、推动，社区居民很少参与社区事务的决策、管理和监督过程（姜振华，2010）。由区或街道开展的行政型社区的优势在于，政府及其职能部门覆盖社会事务的方方面面，直接参与社区管理，有助于老年妇女参与自上而下地开展，也有助于在短时间内快速提高社区老年妇女参与的水平。但由区或街道开展的行政型社区老年教育也存在相当多的局限，如政府的工作量增大，社区其他组织、机构或个人资源没有被充分开发出来。由行政力量介入发展社区管理与民主自治的社区建设原则存在冲突。行政化的导向和管理方式使社区在运作过程中存在着严重的职能错位，不能很好地调动社区老年妇女的积极性。课题组在北京望京小区的访谈中可以很清晰地反映出来。一位被访谈人这样说："吃饭、看病，这是首要问题……还有像我们小区进出门没有自行车道……只有居委会职能转变了，这些问题就会考虑到。居委会是一级政府，不替大家考虑这些。以前 10 人，现在减到 3 人，他们也没有时间想、做这些。"

（四）家庭照料的价值未被认同

相关的研究已经开始关注家庭中所提供的非正规照料所创造的巨大价值，即使在美国这样的国家，都已经意识到并估算出来自家庭的非正规照料的巨大经济价值（霍曼，2007）。基于家庭养老的历史传统，中国家庭在老年照料中的作用更为明显，中国老年妇女作为家庭照料的主力，其创造的巨大经济价值和社会价值却未能得到更加充分的认识和重视。

一方面，我国的传统文化鼓励家庭成员对老年人提供细致精心的照料和护理，特别是认为这是为人子女不可推卸的义务和责任。承担照料责任获得社会舆论的认可和赞赏，这是目前我国照料老人的家庭成员能得到的唯一的社会支持。但与此同时，由于现代社会生活方式的巨大变化，男女平等思想的推行，又使得绝大多数中青年妇女都要参加社会劳动来挣钱与男性分担养家糊口的责任，同时这也是由妇女经济独立、实现个人发展的社会大趋势所决定的。

这样一种现实使得作为家庭照料者的老年妇女背负了沉重的负担和压力，照料提供者因为承担照料的责任而不能进入劳动力市场，从而无法获得有酬劳动，并且会错失提升机会，或者因为照料而不得不缩短有酬劳动的时间，承受经常请假、旷工等带来的经济上的较大损失。长期高强度的照料压力会给照料提供者带来许多健康方面的问题，常见的如头痛、筋疲力尽、身体疼痛、睡眠紊乱、患病率增加等现象。这会严重影响照料提供者的生活质量，并进而对其家庭造成更大的压力和负担。长期与生活不能自理者紧密接触，会给照料提供者带来许多负面的情感，如对照料者各方面状况的担心、焦虑，因无人理解自己承受的巨大压力而感到的孤独和孤立感、失落、无望、沮丧等，这会造成照料提供者与社会的隔离，同时也使得她们与家人及社会的关系紧张等等。同时在照料的过程中，双方也常常会发生一些冲突和矛盾，这些都会给照料提供者带来情感上的压力。另外，在人们的传统思想中，认为有收入的劳动才有价值，而家务劳动不带来收入，这也是家庭照料价值常被忽视的重要原因。

第三章　老年妇女社会参与的干预政策建议

一、国外老年妇女社会参与的经验

（一）鼓励老年妇女参与社会经济活动

美国人口普查和社会保障数据显示，虽然老年妇女劳动参与率低于老年男性，但老年妇女劳动参与率呈上升趋势。1975–1990年，55–64岁的老年妇女劳动参与率从41%上升到45%，65岁以上的老年妇女从8.2%上升到8.7%，相反，55–64岁的老年男性的劳动参与率从76%下降到68%，65岁以上的老年男性则从22%下降到16%（Elizabeth T. Hill，2002）。与之相似，加拿大的老年妇女劳动参与率从20世纪70年代开始也呈稳步上升趋势，其中，90年代最为明显。1976–1996年间，55–64岁妇女的参与率从31.7%上升到了36.3%，2004年则上升到了49%。1976–2001年间，65–69岁妇女的劳动参与率在6%~8%之间，却在2004年达到了11%。同样，加拿大男性劳动参与率在20世纪70年代至90年代呈下降趋势，90年代之后才开始回升（全国老龄工作委员会办公室，2010）。

在美国和加拿大的老年妇女就业中，兼职工作和临时工作比例上升明显。20世纪80年代至今，加拿大55–64岁妇女兼职工作比例为29%~33%，65岁以上的妇女兼职工作的比例在55%~60%之间，而临时工作的比例则呈上升趋势，从1997年至2004年，55–64岁妇女临时工作的比例从7.6%上升到9.4%（全国老龄工作委员会办公室，2010）。欧洲和澳大利亚情况也与此类似。在欧洲，一项2002年调查显示，老年妇女比老年男性每周全职工作的时间短，75岁以上老年妇女的工作时间几乎为0（见图4–3–1）。而无论老年妇女还是老年男性，其兼职工作的比例都较退休前明显上升，在70–74岁年龄组中，老年妇女从事兼职的比例最高，接近45%，比同年龄组男性高10个百分点左右（见图4–3–2）（Dragana Avramov & Miroslava Maskova，2003）。其中，在德国，55–65岁的人群中，女性全职工作的比例仅为33%，男性为50%，但退休女性从事兼职工作的比例却逐年上升（全国老龄工作委员会办公室，2010）。澳大利亚65岁以上的老年妇女比老年男性的有酬劳动参与率要低，2005年调查显示，65–69岁年龄组中只有11.5%的老年妇女参与有酬劳动，而70岁以上的老年妇女只有1.7%参与有酬劳动，相比之下，65–69岁的老年男性参与有酬劳动的比例达到23.2%，70岁以上的老年男性为5.8%。

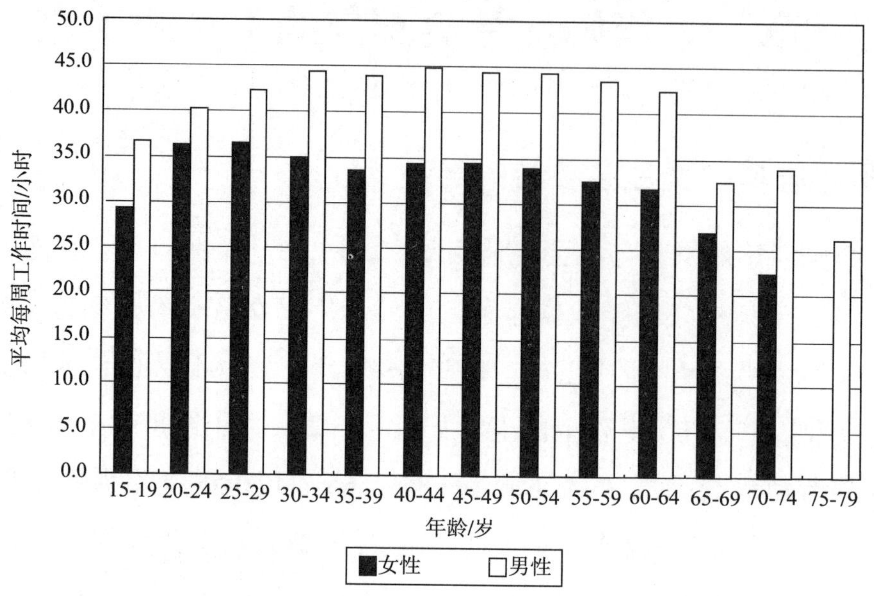

图4–3–1　欧洲15–79岁女性和男性每周工作平均时间

资料来源：欧共体家庭工作组（ECHP）。

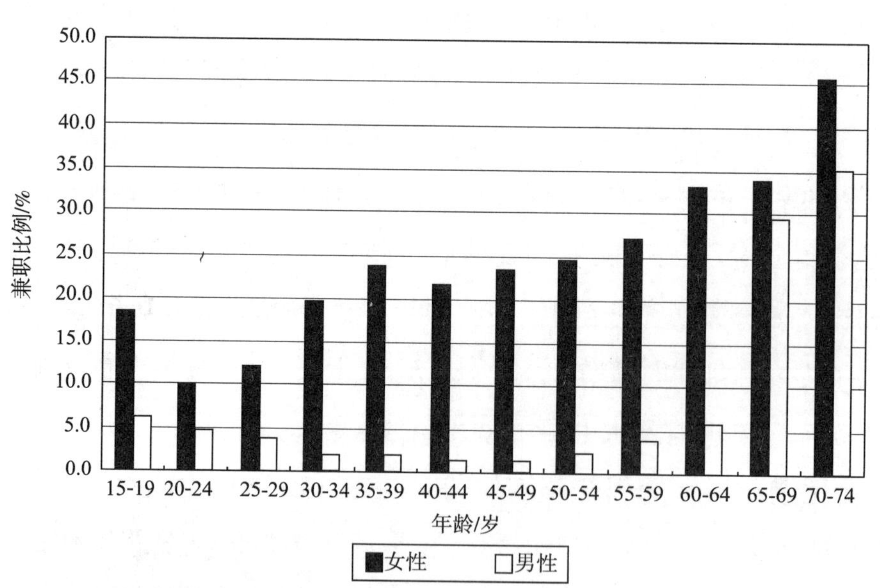

图4–3–2　欧洲15–79岁女性和男性兼职比例

资料来源：欧共体家庭工作组（ECHP）。

国外老年妇女经济参与率的提高但以兼职工作为主的情况，与其退休制度和就业政策的导向是分不开的。首先，男女同龄退休已经成为主流趋势。目前国际上有98个国家实行男女两性同样年龄退休（SSA，1999），有60多个国家正在推进两性平等退休的法律（清华大学公共管理学院社会政策研究所，2001）。其次，世界范围内退休年龄有向后推迟的趋势愈加明显。主要原因在于各国人口平均寿命延长导致老龄化社会的来临以及养老金收支财政危机的加剧，为此，各国政府纷纷推迟退休年龄，鼓励老年人再就业。美国从20世纪90年代末以来，实际退休年龄从65岁逐步向67–68岁推迟，强制性的退休政策也逐渐转变为中立政策（Richard V. Burkhauser, 1997）。日本从1994年11月2日起把全额养老金的支付年龄提高到65岁，计划从2006年至2018年对女性支付养老金的年龄分阶段从55岁提高到60岁。意大利从1994年1月到2000年逐步把正常退休年龄从当前的女55岁、男60岁提高到女60岁、男65岁（贠杰，2004）。在法国，由于劳动者退出就业市场的平均年龄在逐年下降，为此法国政府开始严格限制提前退休者领取公共养老金，并通过社会一致计划、劳动健康计划等机制促进50岁以上的老年人就业（全国老龄工作委员会办公室，2010）。一些东欧转轨时期的国家也正在计划延长退休年龄，像爱沙尼亚、捷克、匈牙利、保加利亚等（贠杰，2004）。在澳大利亚昆士兰州，政府发起一项“鼓励老年人重新回到工作岗位”的活动，呼吁用人单位重视老龄技术人才的作用。[①]

国外许多学者建议针对老年妇女的职业培训应该跟上，以满足一直被忽视的老年妇女的学习需求（Sehba Mahmood，2008），事实上，世界各国针对老年人开展了各种有特色的教育形式，如美国的“老年招待所”、英国的老年大学学习小组等。1962年美国专门成立了美国退休者协会，目的是为退休者制定学习活动计划。欧洲各国的各级教育体系都向老年人敞开大门，如法国的第三年龄大学数目之多、影响之广已为全世界熟知，而德国的“大学向老年人开放”运动也让越来越多的老年人重新走进校园，瑞典则取消普通大学的入学年龄限制，一律向老年人开放。

（二）支持老年妇女的社区参与

比起老年男性，老年妇女的社区参与具有更多的情感支持和社会交往色彩，参与形式也更加多元。一项加拿大的研究显示，老年男性在参加与他们退休前相关的工作、或能获得一定的社会地位和能见度的志愿工作时表现更积极，相比之下，老年妇女的参与活动很开放和多样，更多是自发的、有奉献精神的（Charpentier, Mich è le ，Qu é niart，et al., 2008）。在参与志愿工作中，女性往往把志愿工作看成是帮助他人的一个途径，而男性则往往将其视为工作角色的替代（Moen，P., 2001）。如在德国，老年妇女创办的“绿衣女士”项目主要是在医院身着标有医院院徽的绿大褂，义务帮助患者寻找应去的病房或者诊室，或伴随病人克服生理和心

① 参见澳大利亚昆士兰州政府网站：http://www.women.qld.gov.au.

理困难（全国老龄工作委员会办公室，2010）。

退休社区中，老年妇女比较容易找到同龄人，她们处于相同的生命阶段中，有着类似的生活经历。当朋友去世后，女性一般会建立新的关系，在家庭之外尤其是社区进行情感交流和物质支持，友谊关系对她们的老年生活至关重要，社区参与成为老年妇女热衷的参与形式（Roberto，K. A.，1996）。社区中年轻老年妇女是一支重要的力量，她们在照顾年龄大的老年妇女生活方面发挥着重要作用。女性生活质量的提高使得不同年龄的女性能够相互支持，老年妇女之间不断形成社会支持小组、老年寡妇小组和女性照料提供者小组等，在减少孤独方面很有效果。这些小组鼓励其成员去满足自己的需求，扩大女性对其有权使用的公共服务的认识，分享个人的经历，团结起来共同争取老年妇女的权益（Markson，B.，1999）。

为了支持老年妇女参与社区活动，国外许多地方政府和社会机构提供了一系列服务。如美国政府制定了“老年人社区服务就业方案”，在社区对经济有困难并具有劳动能力的老年人实行就业帮助——从事社区服务活动，从事有偿工作，并免除其税收（胡汝泉，1991）。美国联邦连锁百货商店、五月连锁百货公司基金会和 BJC 保健护理组织开发的“老年人服务与信息系统”（Older Adult Services and Information Systems，OASIS），分布在全美 26 个城市约 30 家购物中心和连锁店，以“丰富老年人生活”为宗旨，为希望活跃于社区并为社区做出贡献的老年人提供富有挑战性的艺术、人文学科、健康、技术等领域的计划和志愿者服务。商店提供经过特别设计，内有办公室、休息室和教室的空间，会员可以在此舒适地休息或者约见志趣相投的朋友（全国老龄工作委员会办公室，2010）。

为促进老年人的社会参与，保证老年人不被社会排斥，日本通过各种措施鼓励老年人参与社会生活，开发老年人力资源，如延长工作年限、组建“长寿社会开发中心”、“银发人才中心”等，真正实现了老有所为；完善各项公共设施，如为了方便老年人参与社会生活，考虑老年人的生理机能弱化的现实，日本对公共建筑物及老年人的住所进行了全面的改造，增加便于老年人行走、活动的基本设施，消除老年人生活中的不便之处（王彦军，2010）。日本老年人自发成立的“老人俱乐部”已经成为影响较大的老年人社团，从 1950–1951 年开始成立，至 2005 年全日本已经有 13 万所“老人俱乐部”，对促进日本老年人的社会参与起到了重要作用（全国老龄工作委员会办公室，2010）。

澳大利亚的昆士兰州在社区提供了无障碍交通设施、住房、退休和金融安全、减少社会隔离、支持关怀等服务来帮助老年妇女在社区的参与。其中，老年人行动计划于 1995 年成立，以减少老人在社会中孤立的危险。作为计划的一部分，政府的社区部为全州各地 20 个非政府组织提供资金。老年人行动计划的目标是：促进老年人尤其是老年妇女的社会参与，减少他们对犯罪的恐惧，增加他们的社区的安全和安全感。①

（三）重视老年妇女家务劳动的价值

根据 2003–2007 年美国劳工统计局的美国时间利用调查，在 55 – 64 岁，女性平均每周花 26.2 小时从事无酬家务劳动，男性则为 17.8 小时。美国 2002 年健康与退休调查情况显示，老年妇女从事家庭照料的时间比老年男性高得多，老年妇女平均每年花在家庭照料上的时间为 648 小时，老年男性只有 489 小时。其中，在照顾配偶上的时间男女两性较为相近，没有显著差异，而老年妇女在照顾孩子、父母、婆婆上的时间比老年男性多得多，由此可见老年妇女仍是家庭照料的主要力量（Richard W.，2005）。

欧洲 50–65 岁组的老年人中，有 1/3 到 1/4 的老年妇女在照顾其他家庭成员，甚至年龄最大的 80–85 岁组的老年妇女都有 1/10 在承担照顾他人的任务。在转型国家，如波兰，有 30% 的 55–59 岁的老年妇女在承担照料任务，比西欧国家比例要高，这可能是年轻的母亲在劳动力市场比例较高以及公共托幼机构缺失的结果。无论东欧还是西欧，当老年男性退休后虽然做比以前更多的家务劳动，但花在家务劳动上的时间并不多，老年妇女在家庭事务上花更多的时间。老年妇女主要从事缝纫、编织等活动上，而老年男性更多地从事园艺、散步、自行车、运动和住房维修活动（Dragana A. & Miroslava M.，2003）。从欧盟国家 25–74 岁男女两性在家务劳动和自由时间的比较可以看出，女性比男性从事家务劳动的时间要长得多（见表 4–3–1）。亚洲其他国家的情况同样如此，马来西亚的一项调查显示，马来西亚老年妇女在家务上的参与更多，而老年男性更多地参与正式或非正式的工作（Sharifah R.，Tengku A. H.，2007）。一项黎巴嫩的调查显示，贝鲁特的老年妇女比老年男性更多地承担家务劳动，与世界上其他文化地区的研究一致。总体来看，家务劳动综合指数，老年妇女是男性的 3 倍。结婚的老年妇女家务劳动参与率最高，为 44.7%，其次是未婚的老年妇女，为 35.5%（Rima R. H.，etal.，2006）。

---

① 参见澳大利亚昆士兰州政府网站：http://www.women.qld.gov.au/health-and-safety/safe-active-older-women/isolation/

表 4-3-1 欧盟国家男女家务劳动及自由时间差异比较（20-74 岁） 分钟

	家务劳动			自由时间		
	女	男	女 - 男	女	男	男 - 女
比利时	272	158	114	290	322	32
德国	251	141	110	324	352	28
爱沙尼亚	302	168	134	276	328	52
西班牙	295	97	198	269	317	48
法国	270	142	128	248	286	38
意大利	320	95	225	248	308	60
拉脱维亚	236	110	126	249	288	39
立陶宛	269	129	140	229	290	61
匈牙利	298	160	138	278	329	51
波兰	285	144	143	276	325	49
斯洛文尼亚	298	160	138	269	334	65
芬兰	236	136	100	330	368	38
瑞典	222	149	73	304	324	20
英国	255	138	117	304	332	28
挪威	227	142	85	351	363	12

资料来源：根据 Christel Allaga，2006，How is the time of women and men distributed in europe，Table 1: Time use structure of women and men aged 20 to 74 中数据编制。http://epp.eurostat.ec.europa.eu/cache/ITY_OFFPUB/KS-NK-06-004/EN/KS-NK-06-004-EN.PDF.

国外很多国家已经开始逐渐认识到这些家务劳动和照料的巨大价值，美国有研究估算，美国的家庭照料为美国医疗系统节约了至少 2 000 亿美元的资金。如果没有来自家庭的这种非正规照料，整个长期护理的费用将是现在的 2 倍以上，同时有偿家庭护理的费用估计 1 年有 940 亿美元（霍曼，2007）。加拿大对老年人的无偿服务的价值进行了估算，仅 1992 年一年，老年人创造的无偿劳动价值就达 55 亿加元（全国老龄工作委员会办公室，2010）。德国、瑞典、瑞士、英国、日本等已普遍执行了“家庭照料补贴”政策，在养老保险体系中，对家庭成员因家庭照料责任而导致的养老金损失进行补贴（王震，2009）。在具体措施方面，德国还推出一项“老人出租”服务，也称“祖父母服务”，主要是由老年人尤其是老年妇女协助单亲家庭照顾和管理孩子，体现了老年妇女家务劳动的社会价值。

二、老年妇女社会参与的干预政策建议

第一，建议将积极老龄化与性别平等的理念结合起来，加强宣传倡导，在社会中树立男女平等、相互照料的新型老年文化。在鼓励男女老年人参与社会活动的同时，有针对性地鼓励男性老人积极主动地参与家庭生活照料工作，改善目前老年妇女家庭照料时间远高于男性的状况，为老年妇女更多参与社会活动创造条件。

第二，建议退休政策弹性化，提高老年妇女的社会经济参与水平。科学设计退休制度，切实落实男女平等基本国策，实行公平、弹性的退休制度，不仅可以减轻社会负担，也可以为老年妇女的经济参与、社区参与和家庭参与解除后顾之忧，极大地提高她们的积极性。

目前，我国已经步入人口老龄化加速发展的时期，未来的几十年中，我国人口老龄化的程度还将进一步加深。为了应对劳动力短缺、填补养老金巨额缺口、缓解财政压力等问题，普遍延长劳动者退休年龄，提高领取养老金的年龄下限，已经成为人口老龄化国家的一种普遍的政策选择。为此，我们建议：

（1）以国务院的名义发布男女高层人才同龄退休的政策文件，废除原国发〔1978〕104号文件的有关条款（该文件规定，女干部的退休年龄为55岁）。新文件实质上是对1990年和1992年国家人事部、中央组织部分别下发的《关于高级专家退（离）休有关问题的通知》和《关于县（处）级女干部退（离）休年龄问题的通知》精神的重申。在新文件中，对男女高层人才同龄退休的年龄作出明确规定，而不作为个人或单位的可以灵活选择的内容。

（2）对《中华人民共和国国家公务员法》中有关退休年龄的条款进行修订，明确规定男女公务员同龄退休。

（3）根据国家社会经济发展的需要，适时调整其他女性劳动者的退休年龄，并最终达到在所有劳动者中都实行男女同龄退休。

第三，建议充分发挥低龄老年妇女在社区建设和管理、社区居家养老服务等方面的积极作用。由于不平等的退休年龄以及劳动力市场上的性别歧视，由于退休、

下岗、失业等原因，更多的中老年妇女聚集在社区，成为社区活动的主力军。社区应该更多地为老年妇女提供参与的机会和平台，应该充分地发挥她们在社区建设和管理、社区居家养老服务及社区托幼服务等方面的作用，将她们视为构建和谐社区的重要人力资源。

第四，建议重视老年妇女在家庭照料中创造的经济价值，制定适合中国国情的家庭照料者支持计划，由政府为在家庭中照料高龄老人（包括在家照料配偶的老年人）的家庭照料者提供补贴，以补偿他们长期付出的无酬劳动。应鼓励有精力的老年人参与家庭生活照料工作，并将其视为老年人对社会和家庭的贡献。

第五，为家庭照料主要承担者提供社会支持，鼓励男性更多地承担家庭责任。老年妇女作为家庭照料的主要力量，为缓解社会的养老压力、节约社会的养老成本，做出了巨大贡献，一定程度上是以牺牲自己的身心健康为代价的。前述许多调查数据显示，老年妇女在各个年龄段的健康状况都比同年龄段的老年男性差，各个年龄段老年妇女对照料的需求也强于老年男性。此外，许多调查数据也显示，各个年龄段老年男性的生活自理能力都好于同年龄段的老年妇女。这就出现了一个看似很矛盾的现象：总体来看，健康状况好、生活自理能力强的老年男性享受着来自健康状况差、生活自理能力弱的老年妇女的照顾。老年妇女花在家庭照料等方面的无酬家务劳动时间要显著多于男性。

为此，我们建议国家应建立相应的经济补偿机制，以缓解承担了较多家庭照料责任的老年妇女的经济负担，对其承担的家庭照料的劳动价值给予社会承认。基于中国国情，为长期从事家庭照料者按月提供照料津贴，有利于及时肯定家庭成员长期照料的社会价值，缓解因失去工作而产生经济压力或陷入贫困。为承担家庭照料的老年妇女提供照料技能培训和缓解心理压力的支持性服务，提高老年妇女的照料技能，缓解她们的照料压力。对其承担的家庭照料的劳动价值给予社会承认。同时国家应该鼓励和倡导男性更多地参与和承担家庭事务，以更好地促进男女两性的各方面参与上的平等。

参考文献

总 论

[1] Alley D.E., Chang V. W..2007. The changing relationship of obesity and disability [J] .Jama-Journal of The American Medical Association.

[2] Allison D.B.. 1986. The use of discordant sibling pairs for finding genetic loci linked to obesity: pratical considerations [J] . International Journal of Obesity.

[3] Amy Finkeltein.2005. The aggregate effects of health insurance, evidence from the introduction of medicare [R/OL] . NBER Working Paper NO. 11619. Http://Www.Nber.Org/Papers/W11619.

[4] Anderson G.F., Hussey P.S.. 2000. Population aging, a comparison among industrialized countries [J] . Health Affairs.

[5] Anderson G.F., McCutchenon A., Aday L., 1983. Exploring dimensions of access to medical care [J] . Health Services Research.

[6] Baker D.W., Joseph J.S., Jeffrey M.A. et al. 2001. Lack of health insurance and decline in overall health in late middle age [J] . The New England Journal of Medicine.

[7] Benzeval M., Judge K.. 2001. Income and health: the Time Dimension [J] . Social Science & Medicine.

[8] Boaz R.F., Muller C.F., 1992. Paid work and unpaid help by caregivers of the disabled and frail elders [T] . Medical Care.

[9] Bongaarts J., Feeney G.. 1998. On the quantum and tempo of fertility [J] . Population and Development Review.

[10] Bovbjerg R.R., Hadley J.. 2007. Why health insurance is important [J] . Health Policy Briefs.

[11] Brody E.M., Schoonover C.B.. 1986. Patterns of parent care when adult daughter work and when they do not [J] . The Gerontologist.

[12] Bryk A.S.& Raudenbush S. W.. 1987. Application of hierarchical linear models to assessing change [J] . Psychological Bulletin.

[13] Busch S.H.& Nielia D.. 2005. Family coverage expansions, impact on insurance coverage and health care utilization of parents [J] . Journal of Health Economics.

[14] Carmichael F., Charles . 2003. The Opportunity costs of informal care, does gender matter [J] . Journal of Health Economics.

[15] Chiu L., Tang K. Y.& Liu Y. H.. 2000. Cost analyses of homecare and nursing home services in the southern Taiwan area [J] . Public Health Nursing.

[16] Dror W.H.& Schmeer K.K.. 2003. Health insurance and child mortality in costa rica [J] . Social

Science and Medicine.

[17] Glen H. Elder Jr.. 1994. Time, human agency, and social change: perspectives on the life course [J] . Social Psychology Quarterly.

[18] Fries J.F.. 2003. Aging, natural death and the compressing morbidity [J] . Annals of Internal Medicine.

[19] Institute of Medicine.2001. Coverage matters, insurance and health care [M] . Washington: National Academies Press.

[20] Kiuila O.& Mieszkowski P.. 2007. The effect of income, education and age on health [J] . Health Economics.

[21] Krugman P.& Wells R.. 2006. The health care crisis and what to do about it [J] . The New York Review of Books.

[22] Lave J.. 1985. Cost containment policies in long-term care [J] . Inquiry.

[23] Lubitz J., Greenberg L.G., et al. 2001. Three decades of health care use by the elderly [J] . Health Affairs.

[24] Marqui M.S.. 1995. The uninsured access gap, narrowing the estimates [J] . Inquiry.

[25] Pollard J.J，Bonneux L.,et al, Age-Specific Increases in Health Care Costs, The European Journal of Public Health,2002.

[26] SSA, Social Security Programs Throughout the World—1999,1999.

[27] C.A. Etaugh. 2003. 女性心理学（影印版）[M] . 北京：北京大学出版社 .

[28] 埃托奥 (Claire A. Etaugh)，布里奇斯 (Judiths Bridges). 女性心理学 [M] . 苏彦捷，等译 . 北京：北京大学出版社 .

[29] K.W. 夏埃 , 等 . 2003. 成人发展与老龄化 [M] . 上海：华东师范大学出版社 .

[30] Neil Gilbert.2003. 社会福利政策导论 [M] . 上海：华东理工大学出版社 .

[31] N. R. 霍曼 . 1992. 社会老年学 [M] . 北京：社会科学文献出版社 .

[32] 坎迪达・马奇等 . 2004. 社会性别分析框架指南 [M] . 北京：社会科学文献出版社 .

[33] 陈方 .2003. 失落与追寻，世纪之交中国女性价值观的变化 [M] . 北京：中国社会科学出版社 .

[34] 陈功 .2000. 家庭革命 [M] . 北京：中国社会科学出版社 .

[35] 陈功 , 宋新明 2003. 老年人的健康状况与医疗服务 [M] . 中国城乡老年人口状况一次性抽样调查数据分析，北京：中国标准出版社 .

[36] 陈卫民，李莹 .2004. 退休年龄对我国城镇职工养老金性别差异的影响分析 [J] . 妇女研究论丛（1）.

[37] 陈顺馨，等 2004. 妇女、民族与女性主义 [M] . 北京：中央编译出版社 .

[38] 程为敏 .1996. 需求与选择——当前老年社会福利政策的发展方向 [J] . 社会学研究（3）.

[39] 单艺斌 . 2000. 关于老龄人口的性别差异度研究 [M] . 东北财经大学学报（4）.

[40] 第二期中国妇女社会地位课题组 .2006. 转型中的中国妇女社会地位 [M] . 北京：中国妇女出版社 .

[41] 董克用，王燕等 . 2000. 养老保险 [M] . 北京：中国人民大学出版社 .

[42] 杜芳琴.2002. 贫困与社会性别，妇女发展与赋权 [M]. 郑州：河南人民出版社.
[43] 杜鹏. 2003. 中国老年人主要生活来源的现状与变化 [J]. 人口研究（6）.
[44] 杜鹏，翟振武，陈卫. 2005. 中国人口老龄化百年发展趋势 [J]. 人口研究（6）.
[45] 杜鹏.1997. 中国老年人居住方式变化的队列分析 [J]. 中国人口科学（3）.
[46] 杜鹏.2006. 中国老年人的照料需求发展趋势与对策 [J]. 中国老龄（8）.
[47] 杜鹏，武超.2009. 1994–2004 年中国老年人主要生活来源的变化 [J]. 人口研究（2）.
[48] 杜鹏，张文娟.2009. 中国老年人健康预期寿命变化的地区差异，扩大还是压缩？[J]. 人口研究（5）.
[49] 段正江.2009. 老年志愿者活动——一个积极老龄化的重要实现途径 [D]. 北京：中国人民大学.
[50] 高庆波，邓汉.2009. 关于提高女性劳动者退休年龄的探讨 [J]. 妇女研究论丛（6）.
[51] 谷琳.2006. 我国老年人日常生活自理健康预期寿命的差异性分析 [J]. 市场与人口分析（5）.
[52] 顾大男.2004. 婚姻状态与满意度对健康长寿的影响 [M] // 曾毅，等. 健康长寿影响因素分析. 北京：北京大学出版社.
[53] 顾大男.2004. 婚姻对中国高龄老人健康长寿影响的差异性分析 [J]. 市场与人口分析（3）.
[54] 顾大男.2004. 中国高龄老人生活自理能力多变量多状态生命表分析 [J]. 人口与经济（4）.
[55] 顾大男.2004. 临终前生活质量 [M] // 曾毅，等. 健康长寿影响分析. 北京：北京大学出版社.
[56] 关博，关察.2009. 关于建立社会遗属保险的必要性和可行性 [N]. 沈阳大学学报（4）.
[57] 桂世勋.2006. 关于改革基本养老金计发办法的利与弊 [J]. 市场与人口分析（2）.
[58] 桂世勋.2001. 中国高龄老年人生活质量研究 [J]. 南方人口（4）.
[59] 郭平，陈刚.2009. 2006 年中国城乡老年人口状况追踪调查数据分析 [M]. 北京：中国社会出版社.
[60] 国家统计局.2002. 中国 2000 年人口普查资料 [M]. 北京：中国统计出版社.
[61] 国家统计局社会和科技统计司.2007. 中国社会的女人和男人——事实和数据 (2007).
[62] 郭志刚.2002. 中国高龄老人的居住方式及其影响因素 [J]. 人口研究（1）.
[63] 郭志刚.1996. 对子女数在老年人家庭供养中作用的再检验 [J]. 人口研究（2）.
[64] 胡汝泉.1991. 国外老龄对策辑要 [M]. 天津：天津教育出版社.
[65] 黄鹂.2007. 关注老年妇女问题——以安徽为例分析 [J]. 安徽大学学报 (哲学社会科学版)（4）.
[66] 黄润龙，牛飚.2002. 高龄老人的生活质量差异及成因 [J]. 人口与经济（增）.
[67] 黄玉浩.2010 贫困村空降初级村官之后 [N]. 新京报 2010–08–30.
[68] 霍曼，等.2007. 社会老年学：多学科的视角 [M]. 周云等译. 北京：中国人口出版社.
[69] 霍胜明，谭克俭.1997. 农村养老特征与对策 [J]. 经济问题（10）.
[70] 霍东红，王小娟，张芳，等.2000. 陕西周至农村 488 名老年人认知功能及影响因素调查分析 [J]. 中国慢性病预防与控制（8）.
[71] 贾国平.1995. 中国城镇老年妇女的经济状况及经济保障 [J]. 人口与经济（5）.
[72] 姜宏，王志红.2004. 从发表文献看中国社区老年人健康促进 [J]. 护理研究（12）.

[73] 姜木枝 .2003. 我国老年妇女养老问题的理论分析 [J]. 江西社会科学 (12).
[74] 姜振华 .2010. 社区参与与城市社区社会资本的培育 [M]. 北京：中国社会出版社 .
[75] 靳小怡 .2001. 中国社会转型期老年人生活状况研究 [J]. 西安交大学报 (社科版) (6).
[76] 李晨 .2007-03-07. 农民养老：一个迫在眉睫的问题 [N]. 科学时报 .
[77] 李建民 .2004. 社会支持与老年人口生活满意度的关系研究 [J]. 中国人口科学 (增).
[78] 李建民等 .2003. 老年人口经济特征分析 [M]. 中国城乡老年人口状况一次性抽样调查数据分析 . 北京：中国标准出版社 .
[79] 李凯，郝秦 .2004. 国高龄老人生活自理预期寿命的研究 [J]. 中国老年学杂志 (10).
[80] 李强，等 .1999. 生命的历程 [M]. 杭州：浙江人民出版社 .
[81] 李若建 .2007. 职业背景对老年人生活的影响及养老模式的选择再分析 [J]. 中山大学学报 (社会科学版) (6).
[82] 李小江，等 .1997. 平等与发展 [M]. 北京：三联书店 .
[83] 李小江，等 .1994. 性别与中国 [M]. 北京：三联书店 .
[84] 李玉子 .2003. 中韩日老年妇女的福利政策及生活 [J]. 云南民族大学学报 (哲学社会科学版) (5).
[85] 联合国经济及社会理事会 . [2001-08-29] .2002 年老龄问题国际行动战略 [R/OL] http://www.un.org/chinese/events/ageing/ecn5-01pcl9.pdf.
[86] 林戈，等 .1999. 建立以家庭和社区服务相结合的老年人社会保障体系 [J]. 人口研究 (2).
[87] 林志斌，等 .2001. 性别与发展导论 [M]. 北京：中国农业大学出版 .
[88] 刘伯红 .2002. 老龄问题的核心是女性老年人问题 [M] // 李富成 . 从维也纳到马德里：国际老龄活动 . 天津：天津科学技术出版社 .
[89] 刘金塘 .2001. 中国老年妇女人口的变化趋势 [J]. 人口研究 (5).
[90] 刘书鹤 .1994. 当今世界的老年妇女问题 [J]. 人口学刊 (4).
[91] 刘向红 .1995. 浅析老年妇女生活状况 [J]. 中国老年学杂志 (2).
[92] 柳玉芝 .2001. 关注中国高龄老人中的性别问题 [J]. 妇女研究论丛 (4).
[93] 罗伯特・K・默顿 .2001. 社会研究与社会政策 [M]. 北京：三联书店 .
[94] 马金 .1998. 浅析我国目前丧偶老人再婚问题 [J]. 南方人口 (1).
[95] 马梅英 .2002. 人口老龄化与医疗服务 [J]. 山西临床医药 (9).
[96] 穆光宗 .2002. 家庭养老制度的传统与变革 [M]. 北京：华龄出版社 .
[97] 牛飚，黄润龙 .2003. 中国高龄老人健康状况的性别差异 [J]. 市场与人口分析 (2).
[98] 裴晓梅 .2006. 建立遗属保险的意义 [N/OL]. 中国老年报 [2006-03-09]. 中国社会保障网 . http://www.cnss.cn/new/ztzl/200907/t20090701_212777.htm.
[99] 彭希哲 .2003. 社会政策与性别平等——以对中国养老金制度的分析为例 [J]. 妇女研究论丛 (2).
[100] 清华大学公共管理学院社会政策研究所 .2001. 中国社会政策回顾 (上) [Z]. 清华大学社会政策论坛 .
[101] 全国妇联 . 关于保障职业妇女与男性同龄退休的建议 [Z] .2010 年两会提 (议) 案 (内部资料).

[102] 全国妇联妇女研究所 .2007. 中国妇女研究年鉴 [M]. 北京：社会科学文献出版社 .
[103] 人口与发展论坛 .2003. 搭伴养老：黄昏恋的协奏曲 [J]. 人口研究（5）.
[104] 人口与发展论坛 .2001. 未来 4000 万孤寡老年妇女的养老问题怎么办？[J]. 人口研究（5）.
[105] 社会保障网 . [2009-09-22]. 新农保实施顺利 [EB/OL] http://www.cnss.cn/new/sbss/ylbx/200909/t20090922_242895.htm.
[106] 沈辉 .1996. 妇女与老龄化趋势 [J]. 妇女学苑（4）.
[107] 宋健 .2001. 老年丧偶妇女的养老问题及其前瞻 [J]. 人口研究（5）.
[108] 宋美娅，等 .2003. 妇女受暴口述实录 [M]. 北京：中国社会科学出版社 .
[109] 谭琳，等 .2001. 女性与家庭：社会性别视角的分析 [M]. 天津：天津人民出版社 .
[110] 谭琳 .1996. 论我国家庭养老中的妇女问题：老年妇女与女儿养老 [J]. 人口学刊（1）.
[111] 谭琳 .2006. 1995-2005 年：中国性别平等与妇女发展报告 [M]. 北京：社会科学文献出版社 .
[112] 谭琳 .2008. 2006-2007 年：中国性别平等与妇女发展报告 [M]. 北京：社会科学文献出版社 .
[113] 唐钧 .2001. 社会政策国际经验与国内实践 [M]. 北京：华夏出版社 .
[114] 汤哲，项曼君 .2001. 北京市老年人生活自理能力评价与相关因素分析 [J]. 中国人口科学（增）.
[115] 王德文，叶文振 .2004. 中国高龄老年人日常生活自理能力及其影响因素 [J]. 中国人口科学（增）.
[115] 王德文，叶文振 .2006. 中国老年人健康状况的性别差异及其影响因素 [J]. 妇女研究论丛（4）.
[117] 王德文，张凯悌 .2005. 中国老年人的生活状况与贫困发生率估计 [J]. 中国人口科学（1）.
[118] 王晶，赵莹，刘彦喆 .2010. 关于老龄女性化与农村老年妇女生存状况的思考——基于吉林省百村老年妇女生存现状调查 [J]. 东北师大学报（哲学社会科学版）(3).
[119] 王莉莉，郭平 .2010. 日本老年社会保障制度 [M]. 北京：中国社会出版社 .
[120] 王琳 .2004. 中国老年人口高龄化趋势及原因的国际比较分析 [J]. 人口与经济（1）.
[121] 王梅 .1993. 活得长不等于活得健康 [J]. 北京：中国经济出版社 .
[122] 王树新 .2001. 中国高龄老人自理能力性别差异 [J]. 中国人口科学（增）（1）.
[123] 王树新 .1996. 中国老年人口经济与居住生活质量 [J]. 人口与经济 .
[124] 王树新，曾宪新 .2001. 中国高龄老人自理能力的性别差异 [J]. 中国人口科学（增）.
[125] 王行娟，等 .2001. 在社区，谁管家庭问题？[M]. 北京：中国社会科学出版社 .
[126] 王因为 .1996. 中国老年妇女的社会价值与社会地位简析 [J]. 人口研究（1）.
[127] 威廉·N·邓恩 .2002. 公共政策分析导论（第二版）[M]. 北京：中国人民大学出版社 .
[128] 韦璞 .2007. 老年妇女社会参与现状及其影响因素 [J]. 市场与人口分析（16）.
[129] 魏国英 .2000. 女性学概论 [M]. 北京：北京大学出版社 .
[130] 魏彦彦 . [2006-03-09]. 遗属救济制度的弊端 [N/OL]. 中国老年报 . 中国社会保障网 . http://www.cnss.cn/new/ztzl/200907/t20090701_212777.htm.
[131] 吴可昊 .2002. 我国养老保障制度应考虑性别差异 [J]. 人口与经济（4）.

[132] 邬沧萍.1999. 社会老年学 [M]. 北京：中国人民大学出版社.

[133] 谢联辉，等.1998. 全球行动——迎接人口老龄化（联合国老龄化话题文件汇总）[M]. 北京：华龄出版社.

[134] 徐勤.2001. 脆弱的老年妇女——社会政策的新视点 [M] // 半个世纪的妇女发展. 北京：当代中国出版社.

[135] 徐勤.1995. 老年妇女——女性人口中需要社会关注的一个脆弱群体 [J]. 人口学刊（5）.

[136] 徐勤.2001. 高龄老人的心理状况分析 [J]. 人口学刊（5）.

[137] 徐勤，等.2001. 女性老年群体特征分析 [M] // 中国城乡老年人口状况一次性抽样调查数据分析. 北京：中国标准出版社.

[138] 曾毅，等.2010. 老年人口家庭、健康与照料需求成本研究 [M]. 北京：科学出版社.

[139] 查瑞传，曾毅，郭志刚.1996. 中国第四次全国人口普查资料分析（下）[M]. 北京：高等教育出版社.

[140] 郅玉玲.2006. 老年妇女的社会支持系统研究——一项基于浙江省的分析 [J]. 华东理工大学学报（社会科学版）（2）.

[141] 翟振武，等.2003. 老年人口的基本状况分析 [M] // 中国城乡老年人口状况一次性抽样调查数据分析. 北京：中国标准出版社.

[142] 张凯悌，郭平.2009. 中国人口老龄化与老年人状况蓝皮书 [M]. 北京：中国社会出版社.

[143] 张秋云，等.2007. 人口老龄化对农村医疗卫生服务的新要求 [J]. 中国社会医学杂志（24）.

[144] 张文娟，等.2003. 农村老年人日常生活自理能力的性别差异研究 [J]. 人口与经济（4）.

[145] 张文娟，李树茁.2004. 代际支持对高龄老人身心健康状况的影响研究 [J]. 中国人口研究（增）.

[146] 张小曼.2004. 社会支持对高龄老人独立生活能力的作用 [J]. 中国人口科学（增）.

[147] 郑晨迎.2002. 当前老年妇女问题 [J]. 中国妇运（6）.

[148] 郑功成.2000. 社会保障学 [M]. 北京：商务印书馆.

[149] 郑功成.2003. 中国养老保险制度的未来发展 [J]. 劳动保障通讯（3）.

[150] 郑真真.2002. 高龄老人自我状况主观评价及其影响因素分析 [M] // 赵宝华. 老年生活质量对策研究报告. 北京：华龄出版社.

[151] 中国保险资讯网.http://www.chinabx.com/show.asp?id=2405.

[152] 中国发展门户网. 基本社会保障性别差距明显 女性参与非正规就业高于男性. http://www.chinagate.com.cn.

[153] 中国老龄协会.2003. 第二次老龄问题世界大会暨亚太地区后续行动会议文件选编 [M]. 北京：华龄出版社.

[154] 中国老龄科学研究中心 2003. 中国城乡老年人口状况一次性抽样调查数据分析 [M]. 北京：中国标准出版社.

[155] 中华人民共和国国家统计局.2006. 中国劳动统计年鉴 2006 [M]. 北京：中国统计出版社.

[156] 周国伟.2008. 中国老年人自评自理能力——差异与发展 [J]. 南方人口（3）.

[157] 周清，刘谦.2005. 人口老化与空巢家庭挑战和谐中国 [J]. 学习月刊（6）.

[158] 周颜玲.2004. 全球视角：妇女、家庭与公共政策 [M]. 北京：社会科学文献出版社.

第一篇

[1] UN. World population prospects: the 2010 revision population database [DB/OL]. http://esa.un.org/unpp/index.asp?panel=2.

[2] 第二期中国妇女社会地位课题组.2006. 转型中的中国妇女社会地位 [M]. 北京：中国妇女出版社.

[3] 杜鹏，翟振武，陈卫.2005. 中国人口老龄化百年发展趋势 [J]. 人口研究（6）.

[4] 桂世勋.2001. 中国高龄老年人生活质量研究 [J]. 南方人口（4）.

[5] 郭志刚.2001. 国家应对人口老龄化战略研究第一子课题“人口趋势预测”数据.

[6] 郭平，陈刚.2009. 2006 年中国城乡老年人口状况追踪调查数据分析 [M]. 北京：中国社会出版社.

[7] 国家统计局.2002. 中国 2000 年人口普查资料 [M]. 北京：中国统计出版社.

[8] 国家统计局社会和科技统计司.2007. 中国社会的女人和男人——事实和数据 (2007)：93.

[9] 胡汝泉.1991. 国外老龄对策辑要 [M]. 天津：天津教育出版社.

[10] 黄鹂.2007. 关注老年妇女问题——以安徽为例分析 [J]. 安徽大学学报 (哲学社会科学版)（4）.

[11] 黄润龙，牛飚.2002. 高龄老人的生活质量差异及成因 [J]. 人口与经济（增）.

[12] 黄荣清.2009. 人口死亡水平 [M]// 路遇，翟振武. 新中国人口六十年. 北京：中国人口出版社.

[13] 姜木枝.2003. 我国老年妇女养老问题的理论分析 [J]. 江西社会科学（12）.

[14] 靳小怡.2001. 中国社会转型期老年人生活状况研究 [J]. 西安交大学报（社科版）（6）.

[15] 李建民，等.2003. 老年人口经济特征分析 [M] // 中国城乡老年人口状况一次性抽样调查数据分析. 北京：中国标准出版社.

[16] 李强，等.1999. 生命的历程 [M]. 杭州：浙江人民出版社.

[17] 李小江，等.1997. 平等与发展 [M]. 北京：三联书店.

[18] 李玉子.2003. 中韩日老年妇女的福利政策及生活 [J]. 云南民族大学学报（哲学社会科学版）（5）.

[19] 联合国经济及社会理事会.[2001-08-29]. 2002 年老龄问题国际行动战略 [R/OL] http//www.un.org/chinese/events/ageing/ecn5-01pcl9.pdf.

[20] 刘伯红.2002. 老龄问题的核心是女性老年人问题 [M] // 李富成. 从维也纳到马德里，国际老龄活动. 天津：天津科学技术出版社.

[21] 刘金塘.2001. 中国老年妇女人口的变化趋势 [J]. 人口研究（5）.

[22] 刘书鹤.1994. 当今世界的老年妇女问题 [J]. 人口学刊（4）.

[23] 刘爽.2010. 中国的出生性别比与性别偏好 [M]. 北京：社会科学文献出版社.

[24] 刘向红.1995. 浅析老年妇女生活状况 [J]. 中国老年学杂志（2）.

[25] 柳玉芝.2001. 关注中国高龄老人中的性别问题 [J]. 妇女研究论丛（4）.

[26] 罗伯特·K·默顿.1995. 社会研究与社会政策 [M]. 北京：三联书店.

[27] 马瀛通.2009. 人口性别结构 [M] // 路遇，翟振武. 新中国人口六十年. 北京：中国人口出版社.

[28] 清华大学公共管理学院社会政策研究所 .2001. 中国社会政策回顾 (上) [EB/OL] . 清华大学社会政策论坛 .http//www.usc.cuhk.edu.hk/wk_wzdetails.asp?id=2448.
[29] 全国妇联妇女研究所 .2007. 中国妇女研究年鉴 [M] . 北京：社会科学文献出版社 .
[30] 人口与发展论坛 .2001. 未来 4000 万孤寡老年妇女的养老问题怎么办 [J] . 人口研究（5）.
[31] 沈辉 .1996. 妇女与老龄化趋势 [J] . 妇女学苑（4）.
[32] 谭琳 .2001. 女性与家庭：社会性别视角的分析 [M] . 天津：天津人民出版社 .
[33] 谭琳 .2006.1995-2005 年：中国性别平等与妇女发展报告 [M] . 北京：社会科学文献出版社 .
[34] 谭琳 .2009. 2006-2007 年：中国性别平等与妇女发展报告 [M] . 北京：社会科学文献出版社 .
[35] 唐钧 .2001. 社会政策国际经验与国内实践 [M] . 北京：华夏出版社 .
[36] 邬沧萍 .2010. 中国人口性别比的研究 [M] // 从人口学到老年学（邬沧萍自选集）. 北京：首都师范大学出版社：31-78.
[37] 王晶，赵莹，刘彦喆 .2010. 关于老龄女性化与农村老年妇女生存状况的思考——基于吉林省百村老年妇女生存现状调查 [J] . 东北师大学报 (哲学社会科学版)（3）.
[38] 王莉莉 , 郭平 .2010. 日本老年社会保障制度 [M] . 北京：中国社会出版社 .
[39] 王琳 .2004. 中国老年人口高龄化趋势及原因的国际比较分析 [J] . 人口与经济（1）.
[40] 威廉・N・邓恩 .2002. 公共政策分析导论（第二版）[M] . 北京：中国人民大学出版社 .
[41] 谢联辉，等 .1998. 全球行动——迎接人口老龄化（联合国老龄化话题文件汇总）[M] . 北京：华龄出版社 .
[42] 徐勤 .1995. 老年妇女——女性人口中需要社会关注的一个脆弱群体 [J] . 人口学刊（5）.
[43] 徐勤，等 .2003. 女性老年群体特征分析 [M] // 中国城乡老年人口状况一次性抽样调查数据分析 . 北京：中国标准出版社 .
[44] 杨菊华 .2011. 人口转变与老年贫困 [M] . 北京：中国人民大学出版社 .
[45] 曾毅，等 .2010. 老年人口家庭、健康与照料需求成本研究 [M] . 北京：科学出版社 .
[46] 查瑞传，曾毅，郭志刚 .1996. 中国第四次全国人口普查资料分析 (下) [M] . 北京：高等教育出版社 .
[47] 翟振武，等 .2003. 老年人口的基本状况分析 [M] // 中国城乡老年人口状况一次性抽样调查数据分析 . 北京：中国标准出版社 .
[48] 张凯悌，郭平 .2009. 中国人口老龄化与老年人状况蓝皮书 [M] . 北京：中国社会出版社 .
[49] 郑晨迎 .2002. 当前老年妇女问题 [J] . 中国妇女（6）.
[50] 郑功成 .2000. 社会保障学 [M] . 北京：商务印书馆 .
[51] 郑真真 .2002. 高龄老人自我状况主观评价及其影响因素分析 [M] // 赵宝华 . 提高老年生活质量对策研究报告 . 北京：华龄出版社 .
[52] 中国老龄协会 .2003. 第二次老龄问题世界大会暨亚太地区后续行动会议文件选编 [M] . 北京：华龄出版社 .
[53] 中国老龄科学研究中心 .2003. 中国城乡老年人口状况一次性抽样调查数据分析 [M] . 北京：中国标准出版社 .

[54] 国家统计局 .2000. 中国劳动统计年鉴（2006）[M]. 北京：中国统计出版社 .
[55] 周清，刘谦，等 .2005. 人口老化与空巢家庭挑战和谐中国 [J]. 学习月刊（6）.
[56] 周颜玲，等 .2004. 全球视角：妇女、家庭与公共政策 [M]. 北京：社会科学文献出版社 .

第二篇

[1] Population division of the department of economic and social affairs of the united nations secretariat. world population prospects: The 2008 revision [EB/OL]. http://esa.un.org/unpp.
[2] 陈卫民，李莹 .2004. 退休年龄对我国城镇职工养老金性别差异的影响分析 [J]. 妇女研究论丛（1）.
[3] 董克用，王燕 .2000. 养老保险 [M]. 北京：中国人民大学出版社 .
[4] 杜鹏，武超 .2009. 1994–2004 年中国老年人主要生活来源的变化 [J]. 人口研究（2）.
[5] 杜鹏，武超 .1998. 中国老年人的主要经济来源分析 [J]. 人口研究（4）.
[6] 段成荣，杨舸，张斐，等 .2008. 改革开放以来我国流动人口变动的九大趋势 [J]. 人口研究（6）.
[7] 高庆波，邓汉 .2009. 关于提高女性劳动者退休年龄的探讨 [J]. 妇女研究论丛（6）.
[8] 关博，关察 .2009. 关于建立社会遗属保险的必要性和可行性 [J]. 沈阳大学学报（4）.
[9] 国家统计局社会和科技统计司 .2009. 2008 年时间利用调查资料汇编 [M]. 北京：中国统计出版社 .
[10] 桂世勋 .2006. 关于改革基本养老金计发办法的利与弊 [J]. 市场与人口分析（2）.
[11] 郭平，陈刚 .2009. 2006 年中国城乡老年人口状况追踪调查数据分析 [M]. 北京：中国社会出版社 .
[12] 国家统计局人口和就业统计司，劳动和社会保障部规划财务司 .2006. 中国劳动统计年鉴 –2006 [M]. 北京：中国统计出版社 .
[13] 国家统计局人口和就业统计司，劳动和社会保障部规划财务司 .2008. 中国劳动统计年鉴 –2008 [M]. 北京：中国统计出版社 .
[14] 国家统计局社会和科技统计司 .2007. 中国社会中的男人和女人——事实和数据 2007.
[15] 国家统计局社会和科技统计司 .2010. 中国妇女儿童状况统计资料 2010.
[16] 国家统计局人口与就业司 .2009. 中国人口与就业统计年鉴 2008 [M]. 北京：中国统计出版社 .
[17] 国家统计局人口与就业司 .2009. 中国人口和就业统计年鉴 2009 [M]. 北京：中国统计出版社 .
[18] 国务院 .2009. 国务院发布新型农村养老保险试点指导意见 [EB/OL]. http://www.gov.cn/zwgk/2011–06/13/content_1882801.htm.
[19] 胡汝泉 .1991. 国外老龄对策辑要 [M]. 天津：天津教育出版社 .
[20] 黄鹂 .2007. 关注老年妇女问题——以安徽为例分析 [J]. 安徽大学学报（哲学社会科学版）（4）.
[21] 黄玉浩 .2010–08–30. 贫困村空降初级村官之后 [N]. 新京报（14）.

[22] 霍胜明，谭克俭 .1997. 农村养老特征与对策 [J]. 经济问题（10）.

[23] 贾云竹 .2007. 中国老年妇女的经济地位状况分析 [J]. 浙江学刊（1）.

[24] 贾云竹 .2006. 中国老年女性人口的发展趋势及生存状况 [M] // 1995–2005 年：中国性别平等与妇女发展报告 . 北京：社会科学文献出版社 .

[25] 贾云竹 .2006. 中国老年妇女经济支持政策研究 [EB/OL]. http://www.wsic.ac.cn/researchproduction/68779.htm.

[26] 2011–08–10. 老年妇女维权难 [N]. 浙江老年报（14）.

[27] 李海楠 . 北京新农保实施顺利尚待完善 [EB/OL]. http://www.nysjw.com/news/show.php?itemid=1628.

[28] 李实，宋锦 . 2010. 中国城镇就业收入差距的扩大及其原因 [J]. 经济学动态（10）.

[29] 李巧玲 .2009. 甘肃省农村妇女经济生活状况调查——兼论贫困对农村妇女权益保障的影响 [J]. 开发研究（3）.

[30] 李若建 .2007. 职业背景对老年人生活的影响及养老模式的选择再分析 [J]. 中山大学学报（社会科学版）（6）.

[31] 刘铮，潘锦棠 .2005. 世界各国退休年龄现状分析比较 [J]. 甘肃社会科学（5）.

[32] N. R. 霍曼 .1992. 社会老年学 [M]. 北京：社会科学文献出版社 .

[33] 美国国务院国际信息局 . 美国参考 [Z] .http://www.america.gov/st/democracy–chinese/2008/March/20080304143106ajesrom0.4780084.html.

[34] 民政部 .2008. 民政部发布 2008 年民政事业发展统计报告 [R/OL] .http://www.mca.gov.cn.

[35] 民政部规划财务司 .2008. 2008 年民政事业发展统计提要 [EB/OL]. http://cws.mca.gov.cn/accessory/200905/1242966216915.xl.

[36] 穆光宗 .2002. 家庭养老制度的传统与变革 [M]. 北京：华龄出版社 .

[37] 潘锦棠 .2003. 世界男女退休年龄现状分析 [J]. 甘肃社会科学（1）.

[38] 裴晓梅 .2006–03–09. 建立遗属保险的意义 [N/OL]. 中国老年报 .

[39] 彭希哲 .2003. 社会政策与性别平等——以对中国养老金制度的分析为例 [J]. 妇女研究论丛（2）.

[40] 全国妇联主席呼吁北京率先实行男女同龄退休 [EB/OL]. http://news.sohu.com/20090403/n263179739.shtml.

[41] 全国妇联 2010 年两会提（议）案 . 关于保障职业妇女与男性同龄退休的建议 [J]. 内部资料 .

[42] 全国老龄工作委员会办公室 .2010. 国外涉老政策概览 [M]. 北京：华龄出版社 .

[43] 谭琳 .1996. 论我国家庭养老中的妇女问题，老年妇女与女儿养老 [J]. 人口学刊（1）.

[44] 王晶，赵莹，刘彦喆 .2010. 关于老龄女性化与农村老年妇女生存状况的思考——基于吉林省百村老年妇女生存现状调查 [J]. 东北师大学报（哲学社会科学）（3）.

[45] 王莉莉，郭平 .2010. 日本老年社会保障制度 [M]. 北京：中国社会出版社 .

[46] 魏彦彦 .2006–02–09. 遗属救济制度的弊端 [N]. 中国老年报 .

[47] 温家宝主持召开国务院常务会议讨论通过《中国老龄事业发展“十二五”规划》研究部署进一步做好社会保险基金管理工作 [EB/OL] .http://www.gov.cn/ldhd/2011–08/17/content_1927477.htm.

[48] 邬沧萍，杜鹏 .2006. 中国人口老龄化：变化与挑战［M］. 中国人口出版社 .

[49] 国家统计局 .2008. 2005 年全国人口 1% 抽样调查资料［M］. 北京：中国统计出版社 .

[50] 伍小兰 .2008. 中国老年人口收入差异研究［J］. 人口学刊（1）.

[51] 徐勤 .1995. 老年妇女——女性人口中需要社会关注的一个脆弱群体［J］. 人口学刊（5）.

[52] 徐勤，等 .2003. 女性老年群体特征分析［M］// 中国城乡老年人口状况一次性抽样调查数据分析［M］. 北京：中国标准出版社 .

[53] 徐勤，裴晓梅，伍小兰等 .2009. 社会转型期老年妇女的弱势地位［M］// 中国女性老年人口状况研究 . 北京：中国社会出版社 .

[54] 徐勤，魏彦彦 .2009. 从社会性别视角看老年贫困［M］// 中国女性老年人口状况研究 . 北京：中国社会出版社 .

[55] 杨慧 .2010. 妇女与社会保障说明性报告［Z］. 妇女发展纲要（2011–2020 年）（专家建议稿）.

[56] 杨慧 .2009. 中国城镇居民收入的代际差距研究［D］.［博士学位论文］，中国人民大学 .

[57] 杨慧 .2011. 社会性别视角下的流动人口社会保障状况研究［J］. 西北人口（4）.

[58] 姚远，米峙 .2005. 从构建和谐社会角度看解决中国老年妇女问题的重要性［J］. 妇女研究论丛（增刊）.

[59] 袁霓 .2010. 中国城镇非正规就业的自选择性与性别特征分析［J］. 统计与决策（13）.

[60] 曾毅（原著主编），马力，姜卫平 .2010. 生命支持系统大百科全书：人口学分卷［M］. 北京：中国人口出版社 .

[61] 张凯悌，郭平 .2009. 中国人口老龄化与老年人状况蓝皮书［M］. 北京：中国社会出版社 .

[62] 张凯悌，郭平 .2009. 中国女性老年人口状况研究［M］. 北京：中国社会出版社 .

[63] 张彦丽，王峰 .2009. 人口老龄化背景下我国老年妇女贫困问题研究［J］. 山东工商学院学报（4）.

[64] 赵勇 .2000. 消除贫困与社会保障制度［EB/OL］. http://www.nuigalway.ie/sites/eu-china-humanrights/ seminars/ns0404s/zhao%20yong-chn.doc.

[65] 郑功成 .2000. 社会保障学［M］. 北京：商务印书馆 .

[66] 中国老龄科学研究中心 .2003. 城乡老年人生活状况一次性调查数据分析［M］. 北京：中国标准出版社 .

[67] 郅玉玲 .2004. 老年妇女的社会非正式支持系统分析——以浙江省为例［J］. 中华女子学院学报（5）.

[58] 周云，柳玉芝 .2007. 老年妇女研究综述［M］// 刘伯红 . 中国妇女研究年鉴（2001–2005）. 北京：社会科学文献出版社 .

第三篇

[1] Ada，C.M..1995. Caring for frail elderly parents: a comparison of adult sons and daughters［J］. The Gerontologist，35：86–93.

[2] Arber Cooper, Hunt Annandale. 1999. national center on women and aging.

[3] Baldwin, B.A..1990. Family caregiving: trends and forecasts [J]. Geriatric Nursing, 11(4): 172–174.

[4] Brody.E..1981. Women in the middle and family help to older people [J]. The Gerontologist, 21: 471–480.

[5] Brody.E.M..1990. Women in the middle [M]. New York: Springer.

[6] Carver, C.S., Scheier, M.F., Weintraub, J.K..1989. Assessing coping strategies: a theoretically based approach [J]. Journal of Personality and Social Psychology, 56: 267–283.

[7] Crimmins, E. & Saito. Y.. 2001. Trends in disability free life expectancy in the United States, 1970–1990: gender, racial, and educational differences [J]. Social Science and Medicine, 52: 1629–1641.

[8] Dwyer, J.W. & Coward.R.T..1991. A multivariate comparison of the involvement of adult sons versus daughters in the care of impaired parents [J]. Journal of Gerontology, 46: 258–269.

[9] Eisdorfer.C..1991. Caregiving: an emerging risk factor for emotional and physical pathology [J]. The Menninger Foundation: 238–239.

[10] Ettner J, Lawler E, Bogan H, et al..2003. Morbidity profiles of centenarians: survivors, delayers, and escapers [J]. Journal of Geronotology: Medical Sciences, 58(A): 232–237.

[11] Finley.J..1989. Theories of family labor as applied to gender differences in caregiving for elderly parents [J]. Journal of Marriage and Family, 51: 79–86.

[12] Harris.P.B..1993. The misunderstood caregiver? A qualitative study of the male caregiver of Alzheimer' s disease victims [J]. The Gerontologist, 33: 551–556.

[13] Horowitz.A..1985. Family caregiving to the frail elderly [J]. Annual Review of Gerontology and Geriatrics, a (5): 194–246.

[14] Kathleen.W.P..2007. Characteristics of strong commitments to intergenerational family care of older adults [J]. The Journals of Gerontology, 62B: 381–387.

[15] Martin. P.& Silvia. S.. 2006. Gender differences in caregiver stressors, social resources, and health: an updated meta–analysis [J]. The Journals of Gerontology, 61 (B): 33–45.

[16] Mui, A.C..1995. Caring for frail elderly parents: a comparison of adult sons and daughters [J]. The Gerontologist, 35, 86–93.

[17] National policy and resource center on women and aging.1997. Half of America' s women are noting getting the mammograms they should [M] // The women and aging Letter. Waltham, MA: Brandeis University, 2, 8.

[18] Ngan, R. & Wong.1995. Injustice in family care of the Chinese elderly in Hong Kong [J]. Journal of Aging and Social Policy, 7(4): 77–94.

[19] Simonsick, E. M. , Phillip, C. L., Skinner, E. A., et al..1995. The daily lives of disabled older women [M] //. J. Guralnik, L. P. Fried, E. M. Simonsick (Eds.) The women' s health and aging study, characteristics of older women with disability. Bethesda, MD: National Institute on Aging, NIH Publication No. 95–4009.

[20] Stoller，E.P..1990. Males as helpers: the role of sons，relatives，and friends [J] . The Gerontologist，30：228–235.

[21] WHO. 1998. Women ageing and health: achieving health across the life Span.

[22] William B.G., Woo J., Sham A., et al..2005. Frailty index as a measure of biological age in a Chinese population. The Gerontological Society of America，(8).

[23] Yu，S. H.，S. H. Lai.，Z. H. Wen，et al.. 2000. Caregiving survey in Guangzhou: a preliminary report [M] //. Who should care for the elderly: an east–west value divide. by (eds.) Singapore: Singapore University Press.

[24] Cordia Chu.1998. 妇女生育健康促进与研究 [M] . 北京：中国书籍出版社 .

[25] Cordia Chu，Rod Simpson.1997. 生态大众健康——公共卫生从理想到实践 [M] . 李立明，王临虹译 . 北京：北京协和医科大学联合出版社 .

[26] 霍曼 .2007. 社会老年学：多学科的视角 [M] . 北京：中国人口出版社 .

[27] F.D. 沃林斯基 .1999. 健康社会学 [M] . 孙牧虹，等译 . 北京：社会科学文献出版社 .

[28] 毕秋灵，胡建平 .2008. 中国人口自评健康期望寿命研究 [J] . 中国卫生统计（2）.

[29] 陈立新，姚远 .2005. 老年人应对方式与心理健康关系的研究 [J] . 中国人口科学（4）.

[30] 陈晓敏 .2006. 城市老年妇女生活照料的社会支持网络研究 [J] . 北华大学学报 (社会科学版)（6）.

[31] 陈志敏，周国模 .2006. 农村老年妇女生殖健康状况调查 [J] . 现代医药卫生（10）.

[32] 程云峰，赵毅华 .2002. 体育锻炼对老年妇女心理情绪影响探讨 [J] . 河北体育学院学报（4）.

[33] 代国红，李增庆，李倬珍 .2004. 老年妇女健康状况与保健 [J] . 中国妇幼保健（2）.

[34] 党俊武 .2007. 中国失能老年人问题的解决之道 [J] . 中国社会导刊（3）.

[35] 丁志宏 .2007. 我国老年残疾人口 : 现状与特征 [J] . 人口研究（4）.

[36] 杜鹏，李强 .2006. 1994–2004 年中国老年人的生活自理预期寿命及其变化 [J] . 人口研究（5）.

[37] 杜鹏，杨慧 . 中国老年残疾人口状况与康复需求 [J] . 首都医科大学学报（3）.

[38] 杜鹏，张文娟 .2009. 中国老年人健康预期寿命变化的地区差异 : 扩张还是压缩 ? [J] . 人口研究（5）.

[39] 樊富民，等 .1997. 大学生心理健康与发展 [M] . 北京：清华大学出版社 .

[40] 高芳堃 .2002. 老年人健康保护 [M] . 北京：中国协和医科大学出版社 .

[41] 顾大男，等 .2007. 我国老年人临终前需要完全照料的时间分析 [J] . 西北人口（1）.

[42] 胡幼慧 .1991. 两性与老人照顾 [J] . 社区发展季刊（58）：170–183.

[43] 胡鞍钢，孟庆国 . [2000–11–13] . 中国卫生改革的战略选择——投资于人民健康与消除健康贫困 [J] . http://www.cei.gov.cn/look page. aspx? Page=Show Doc & Cate gory Alias=Zonghe/iif % & Productalias=50 lt & P Alias=50 tt & Block Alias=50 tigg & Page No=12.

[44] 黄何明雄等 .2003. 老年父母家庭照顾中的性别研究概观——以香港的个案研究为例 [J] . 社会学研究（1）.

[45] 嵇家琪 .1999. 健康学基础与社区保健 [M] . 北京：中国妇女出版社 .

［46］贾云竹 .2002. 老年人日常生活照料资源与社区助老服务的发展［J］. 社会学研究（5）.
［47］蒋永萍 .2008. 世纪之交中国性别平等与妇女发展状况［M］. 北京：中国妇女出版社 .
［48］金一虹，刘伯红 .1998. 世纪之交的中国妇女与发展［M］. 南京：南京大学出版社 .
［49］李彩凤 .2006. 城市年年妇女健康问题探究［J］. 中华女子学院山东分院学报（4）.
［50］李倬珍，代国红，汪早立 .2004. 湖北省更老年期妇女健康状况分析［J］. 公共卫生与预防医学（5）.
［51］梁国钧 .2005. 性传播疾病的流行及其预防［J］. 2005 年中国妇女研究会年会暨"北京+10"论坛"妇女与健康"专题论坛背景资料 .
［52］刘伯红 .1998. 美国妇女自我保健经典——我们的身体 我们自己（译者序言）［M］. 北京：知识出版社 .
［53］彭希哲，王禄宁，何圣 .2004. 运用妇女发展指标推动妇女发展［J］. 妇女研究论丛（6）.
［54］世界卫生组织 .1990. 妇女的健康：增进健康 造福世界［M］// 顾宝昌 . 生殖健康与计划生育国际观点与动向 . 北京：中国人口出版社 .［55］世界卫生组织 .2002. 世界卫生组织的性别政策 把性别观点纳入世界卫生组织的工作［Z］.
［56］田申 .2005. 我国老年人口长期护理需要及利用现状分析［J］. 中国公共卫生管理（1）.
［57］王芬，闵松林，高晓霞，等 .2005. 鄂州市农村老年期妇女健康状况调查与健康质量评价研究［J］. 中国妇幼保健（2）.
［58］王来华，约瑟夫·施耐德 .2000. 论老年人家庭照顾的类型和照顾中的家庭关系——一项对老年人家庭照顾的"实地调查"［J］. 社会学研究（4）.
［59］王梅 .1993. 活的长≠活的健康——寿命质量与医疗保障［M］. 北京：中国经济出版社 .
［60］王瑞华 .1994. 日常生活活动能力（ADL）的测定［J］. 中级医刊（4）.
［61］王树新，曾宪新 .2001. 中国高龄老人自理能力的性别差异［J］. 中国人口科学（增刊）.
［62］王政 .1995. 女性的崛起——当代美国女权运动［M］. 北京：当代中国出版社 .
［63］文润玲，刘桂珠，赵海萍 .2002. 银川市离退休老年人心理健康状况研究［J］. 中国老年学杂志（2）.
［64］熊跃根 .1998. 成年子女对照顾老人的看法——焦点小组访问的定性资料分析［J］. 社会学研究（5）.
［65］徐勤，王珣 .2003. 女性群体特征分析［M］. 中国城乡老年人口状况一次性抽样调查数据分析［M］. 北京：中国标准出版社 .
［66］徐毅，郭维明 .1997. 妇女健康研究的进展［M］// 全国妇联妇女研究所 . 中国妇女研究年鉴（1991–1995）. 北京：中国妇女出版社 .
［67］尹德挺 .2008. 老年人日常生活自理能力的多层次研究［M］. 中国人民大学出版社 .
［68］袁方，鄢盛明 .1998. 中国内地和香港地区老年人生活状况和生活质量研究［M］. 北京：北京大学出版社 .
［69］袁小波 .2009. 成年子女照料者的角色经历与社会支持研究［D］. 北京：中国人民大学 .
［70］曾毅，等 .2009. 老年人口家庭、健康与照料需求成本研究［M］. 北京：科学出版社 .
［71］张纯元 .1991. 中国老年人口研究［M］. 北京：北京大学出版社 .
［72］张恺悌，郭平 .2009. 中国女性老年人口状况研究［M］. 北京：中国社会出版社 .

[73] 张文娟.2006. 儿子和女儿对高龄老人日常照料的比较研究[J]. 人口与经济(6).
[74] 张蕴璟，常姣娥.1997. 增进妇女心理健康[M]// 国外医学妇幼保健分册. 北京：协和医学出版社.
[75] 周国伟.2008. 中国老年人自评自理能力——差异与发展[J]. 南方人口(1).
[76] 周云.2001. 从调查数据看高龄老人的家庭代际关系[J]. 中国人口科学(增刊).
[77] 周云.2003. 对老年人照料提供者的社会支持[J]. 南方人口(1).
[78] 周云.2000. 家庭成员年龄特点与家庭养老[J]. 中国人口科学(2).
[79] 美国老龄署网站.http://www.aoa.gov/prof/aoaprog/caregiver/caregiver.aspx.
[80] 香港社会福利署网站.http://www.swd.gov.hk.
[81] 英国照料者协会网站.http://www.carersuk.org.

第四篇

[1] Charpentier，Mich è le，Qu é niart，et al.. 2008. Activism among older women in Quebec，Canada: changing the world after age 65' [J]. Journal of Women & Aging (3).
[2] Dragana Avramov and Miroslava Maskova.2003. Active ageing in Europe [J].Population Studies.
[3] Elizabeth T. Hill.2002. The labor force participation of older women: retired? working? both? [J]. Monthly Labor Review (9).
[4] Markson.B..1999. Communities of resistance: older women in a gendered world .Review of Frida Furman. Facing the Mirror [J]. The Gerontologist.
[5] Moen P..2001. The gendered life course [M] //R. H. Binstock and L. K. George (Hds.)，Handbook of aging and the social sciences (5th ed.) [M]. San Diego，CA:Academic Press.
[6] Richard V..1997. Burkhauser.Implementing pro-work policies for older americans in the twenty-first century.Paper prepared for the United States senate subcommittee on aging forum on older workers (7).
[7] Richard W., Johnson, Simone G., et al.. 2005. Many older americans engage in caregiving activities[J]. Perspectives on Productive Aging(3).
[8] Rima R. Habib，Zohry，Ayman Zohry，et al..2006. Older adults in the division of domestic labor in communities on the outskirts of Beirut [J]. Eur. J. Ageing (9).
[9] Roberto，K. A..1996. Friendships between older women: Interactions and reactions [M] // K. A. Roberto (Ed.).Relationships between women in later life. Binghamton，NY: The Haworth Press.
[10] Sharifah R.，Tengku A. H..2007. Active ageing of older persons: the case for malaysia [J]. Seminar on the Social，Health and Economic Consequences of Population Ageing in the Context of Changing Families (7).
[11] Sehba Mahmood.2008. Professional preparation for older women: a view from New Zealand [J]. Educational Gerontology (6).
[12] United States. Social Security Administration.1909. Division of research and statistics，social security programs throughout the world : 1999 [R]. Washington D.C.

[13] 蔡树立.2004.使老年知识分子积极参与社会发展浅析[J].中南民族大学学报(8).
[14] 曹颖.2006.老年人力资源开发的意义与限制[J].宜宾学院院报(5).
[15] 陈茗,林志婉.2004.城市老年人参与社会公益活动的意愿及其影响因素[J].人口学刊(3).
[16] 戴维·L·德克尔.1986.老年社会学[M].天津:天津人民出版社.
[17] 丁娟.2006.社会参与,女性发展的一个全球性薄弱环节[J].浙江学刊(4).
[18] 段正江.2009.老年志愿者活动——一个积极老龄化的重要实现途径[D].博士学位论文.北京:中国人民大学.
[19] 顾秀莲,莫文秀.2009.多元化的中国老年教育[M].北京:中国妇女出版社.
[20] 郭平.2010.中国人口老龄化与老年人状况蓝皮书[M].北京:中国社会出版社.
[21] 国务院新闻办.2004.中国的就业状况和政策白皮书[Z].
[22] 韩青松.2007.老年社会参与的现状、问题及对策[J].南京人口管理干部学院学报(4).
[23] 韩淑琴.2003.论老年人的价值、需求及老年人的社会参与[D].硕士学位论文.大连:辽宁师范大学.
[24] 贺寨平.2002.社会经济地位、社会支持网与农村老年人身心状况[J].中国社会科学(3).
[25] 胡汝泉.1991.国外老龄对策辑要[M].天津:天津教育出版社.
[26] 霍曼.2001.周云,等译.社会老年学:多学科的视角[M].北京:中国人口出版社.
[27] 姜振华.2010.社区参与与城市社区社会资本的培育[M].北京:中国社会出版社.
[28] 联合国科教文组织国际21世纪教育委员会.1996.教育——财富蕴藏其中[M].北京:教育科学出版社.
[29] 林子利.2002.增强老年人社会参与意识的思考[J].发展研究(12).
[30] 刘静林.2005.老年社会工作,社区工作与管理专业[M].北京:中国轻工业出版社.
[31] 刘颂.2006.积极老龄化框架下老年社会参与的难点及对策[J].南京人口管理干部学院学报(4).
[32] 裴晓梅.2004.从"疏离"到"参与"老年人与社会发展关系探讨[J].学海(1).
[33] 全国老龄工作委员会办公室.2010.国外涉老政策概览[M].北京:华龄出版社.
[34] 宋健.2006.中国农村人口的收入与养老[M].北京:中国人民大学出版社.
[35] 孙晋富.2006.老年人参与社会的中日比较研究[D].上海:华东师范大学硕士学位论文.
[36] 王彦军.2010.日本应对人口老龄化的综合措施体系及其启示[Z].中国人口学会年会论文摘要.
[37] 王震.2009.养老保险中的性别政策评述[J].经济学动态(7).
[38] 韦璞.2007.老年妇女社会参与现状及其影响因素[J].市场与人口分析(16).
[39] 吴玉林,李玉江,刘勇.1995.老年人参与社会发展城乡差异对比研究[J].人口研究(3).
[40] 邬沧萍,杜鹏,姚远,等.1999.社会老年学[M].北京:中国人民大学出版社.
[41] 熊斌,杨江蓉.2002.我国人口老龄化与老年人力资源开发[J].重庆工学院学报(6).
[42] 小川全夫,桂世勋,陈晓娴.2006.关于终身参与社会意识的中日比较研究——日本山口县与中国上海市嘉定区的调查数据分析[J].华东师范大学学报(哲学社会科学版)(9).
[43] 徐勤,王莉莉.2005.中国女性老年人口状况分析[J].西北人口(3).
[44] 杨宗传.2000.再论老年人口的社会参与[J].武汉大学学报(1).

[45] 姚远 .2001. 中国家庭养老研究［ M ］. 北京：中国人口出版社 .
[46] 姚远 .2005. 非正式支持的理论与实践［ M ］. 北京：知识产权出版社 .
[47] 贠杰 .2004. 各国男女公务员退休年龄状况及同龄退休趋势概析［ C ］. 社会政策与性别平等——男女公务员同龄退休问题研讨会论文 .
[48]中国老龄科学研究中心 .2003. 中国城乡老年人口状况一次性抽样调查数据分析［ M ］. 北京：中国标准出版社 .